제국 이후의 동아시아

제국 이후의 동아시아

최원식 지음

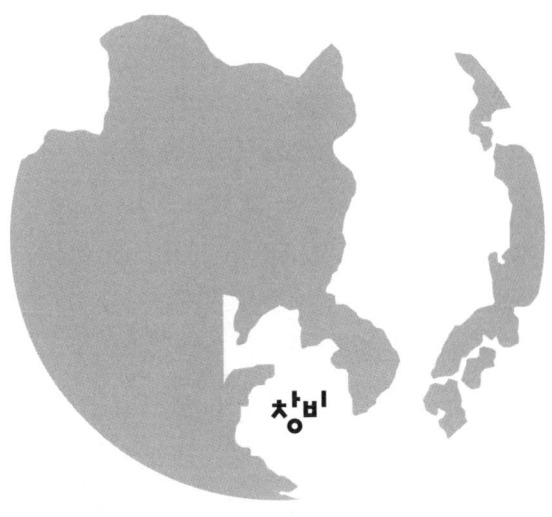

창비

| 책머리에 |

제국의 황혼, 동방의 길

얼마 전 인하대 한국학과에서 씨드니대학 판카즈 모한(Pankaj Mohan) 교수의 쁘띠 렉처가 있었다. 한국불교에 대한 대화가 진행된 3차모임에서 사회자 이강한 박사가 외국학자들이 주목하는 한국불교의 특징이 있다면 소개해달라는 요청에 대한 그의 대답이 특히 흥미롭다. 한국불교를 호국불교라고들 하지만 호국불교는 일본이고 한국불교는 통불교(通佛敎)라는 것이다. 알다시피 호국불교란 그 표면적인 자랑(?)에도 불구하고 국가권력에 대한 불교의 종속을 가리키는 숨길 수 없는 표지일 터. 국가주의와 손잡고 조선불교를 그 하부에 편제하려 한 근대일본불교의 행태를 상기하면 그 와중에도 3·1운동에 만해(卍海)와 용성(龍城) 두 스님이 지도부에 참여한 데서 단적으로 드러나듯 한국불교의 자율성이 일본보다 높다는 지적이 일리가 없지 않다. 그런데 호국불교론보다도 통불교를 우리 불교의 특점으로 보는 관점이 더 다가온다. 귀일심원(歸一心源, 한마음의 원천으로 돌아감)에 입각, 모든 분파를 회통하는 일승불교를 꿈꿨던 신라의 원효(元曉)와 정혜쌍수(定慧雙修)에 의거 교종·선종의 대립을 일거에 넘어선 고려의 지눌(知訥)을 보건대 한국불교에는 통불교적 전통이 맥맥하다고 하겠다. 회통의 상상력은 비단 불교에만 그치지 않으니, 신라의 풍류도에서 근대의 동학에 이르기까지 안팎의 분열을 치유하는 강력한 염력(念力)으로서 우리 사상의 기저를 이루었던 것이다.

한국사회는 목하 날카로운 갈림길에 도착했다. 우여곡절에도 불구하고 민주화와 경제개발이라는 두마리 토끼를 한손에 거머쥔 한국은 성공 이후의 덫에 치였다. 남북관계의 파행과 함께 찾아온 미국발 금융위기, 밖에서 기원한 이런 파도는 우리 내부의 징후들에 비하면 오히려 약과에 지나지 않을지도 모른다. 개혁파는 개혁파대로, 개발파는 개발파대로, 상황에 즉해 대처할 조절능력을 상실한 채 궤도를 오락가락하는 답답한 교착상태를 벗어나지 못하고 있다. 갈 길은 상기도 먼데 이 중대한 고비에서 이처럼 허송세월을 하니 민망하기 짝이 없다. 이를 타고넘어갈 혈로는 어디에 있는가? 갈래들은 그대로 존중하면서 그들을 일심으로 묶는 담대한 구상 아래 회통의 네트워크를 구축하는 작업이 지금보다 더 절실한 때는 없을 것이다.

이는 비단 한국만의 풍경은 아니다. 바야흐로 20세기에서 이월된 낡은 질서가 최종적 해체과정에 들어선 듯 세상은 소음과 분노로 가득하다. 제국들의 황혼이다. 오랜 전통의 비서구제국들을 해체하고 전세계를 석권한 서구의 신흥제국들도 이제 조용히 종착역을 향해 미끄러지고 있다. 아시아, 특히 동아시아가 나눠야 할 책무가 더욱 커지는 시대로 들어선 것은 아마도 분명한 듯싶다. 그런데 21세기가 20세기의 제국을 대체할 새로운 제국의 시대가 된다면 그는 또 하나의 배반이다. 대동세상으로 가는 중대한 디딤돌을 정성스레 놓는 획기로서 21세기를 맞이하기 위해 우리는 무엇을 할 것인가? 남 탓하지 말고 내가, 우리가, 먼저 제국의 망상을 거절하자. 내부의 분열을 근본적으로 치유할 적절 사회모형을 탐구하는 과정에서 한국의 미래를 개척하고 그 과정에서 자연스럽게 남북연합을 여는 출구가 열린다면 더없이 좋은 일이다. 그날이 멀지 않다. 우리 모두 동방의 일사(一士)로서 표표히 길을 나설밖에 없다.

그동안 더듬거리며 내 나름대로 동방의 길을 찾아왔다. 1993년 이후 써온 동아시아론들 가운데 그래도 좀 나은 것들을 거두어 내 가난한 학문적 삶의 한 흔적으로서 이 논집을 묶는다. 이번 기회에 다시 읽어보니 겨우 이 정도인가 아쉬움도 작지 않지만 한편 이만하면 됐다는 단(斷)의 마음이 홀가분하다. '새 일을 만드는 것이 일 하나를 더는 것만 못하다'는 지혜의 말씀대로 이 논집을 묶는 일이 이제 동아시아로부터 자유로워지는 그런 계기이길 바란다. 뒷날에 맡길 것은 맡기고 내가 좋아하는 문학연구에 잠심했으면 하는 희망이 생생해진다.

내 공부길의 한 매듭을 지을 수 있도록 도와준 분들의 은덕에 새삼 감사한다. 백낙청 선생을 비롯한 창비의 변함없는 지지는 나의 옹성이다. 동아시아론의 순조로운 성장을 보호한 서남재단 또한 나의 플랫폼이다. 창비 안팎에서 나와 길동무한 백영서 교수, 그리고 인하대 한국학과도 고맙다. 끝으로 이 책이 꼴을 갖추기까지 노고를 아끼지 않은 창비 편집부 염종선·안병률 두 형의 노고를 각별히 기억하고 싶다.

2009년 2월 20일
연구실에서 저자 삼가 씀

차례

책머리에 • 05

제1부
대국과 소국의 상호진화 • 13
동북아의 평화를 위한 비망기:민족주의와 민주주의 • 33
동아시아 공동어를 찾아 • 46
천하삼분지계로서의 동아시아론 • 63

제2부
세계체제의 바깥은 없다:소국주의와 대국주의의 내적 긴장 • 81
비서구 식민지 경험과 아시아주의의 망령 • 104
탈냉전시대와 동아시아적 시각의 모색 • 134

제3부
오끼나와에 온 까닭 • 169
근대문학과 유교, 길항하는 흔적들:『서유견문』이라는 원천 • 186
주변, 국가주의 극복의 실험적 거점:동아시아론 보유(補遺) • 215
한류, 동아시아 소통의 도구 • 237
1965년과 2002년:'포스트 65년'을 위하여 • 246
임진왜란을 다시 생각한다:『수길일대와 임진록』을 읽고 • 260
한국發 또는 동아시아發 대안? • 275

원문 출처 • 290
찾아보기 • 292

제 1 부

대국과 소국의 상호진화

동북아의 평화를 위한 비망기

동아시아 공동어를 찾아

천하삼분지계로서의 동아시아론

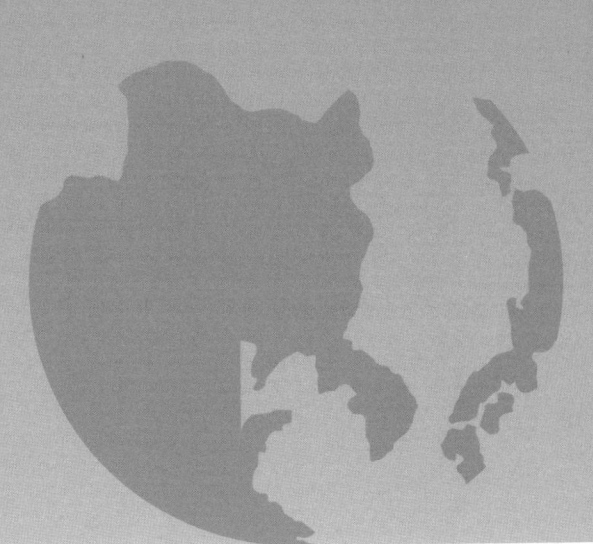

대국과 소국의 상호진화*

1. 이름의 전쟁

일본정부가, 모처럼 잔잔한 동아시아의 호수에 돌을 던졌다. 2008년 7월 14일 문부과학성은 중학교 사회과 새 학습지도요령 해설서에 독도(獨島) 영유권 분란을 기재하기로 결정함으로써 한·일 신시대를 선언한 한국정부로서는 믿는 도끼에 발등 찍힌 꼴을 면치 못하게 되었다. 사실 아시아 이웃과의 불화를 사양하지 않았던 전임 총리들과 다른 자세를 보인 후꾸다 야스오(福田康夫) 신임 총리에 대해 한국에서

---

* 이 글은 2008년 9월 30일 서울에서 열린 제1회 한·일·중 동아시아문학포럼에서 발표한 발제문「소국주의의 재구성을 위하여」를 개제·개고한 것이다. 발표 당시의 시사성은 두고 논의를 조금 보완하는 절충을 선택한바, 개고의 용기를 북돋워준 백낙청(白樂晴) 선생의 논평에 감사한다.

도 은근한 기대가 없지 않았다. 후꾸다 총리 취임 이후 한·일관계는 오랜만에 평화를 누리기도 했던 터인데, 그는 극적인 반전의 돌팔매를 선택하고 말았다. 도대체 왜 그런 무리수를 둔 것일까? 외교는 내치(內治)의 연장이란 말을 빌릴 것도 없이 이는 일본 국내정치가 봉착한 어떤 위기에서 비어져나왔기 십상이다. "단기적으로는 '지지율 떠받치기'라는 분석이 유력하다. 가뜩이나 지지율이 바닥을 기는 상황에서 우익세력의 집단적인 반발을 사 국정 장악력을 완전히 상실하는 위험을 피하기 위해 한국과의 관계 악화를 감수했다는 해석이다."(『동아일보』 2008.7.15) 지금 와 생각하니 지난 6월 11일 일본 참의원에서 민주당이 제출한 총리 문책결의안이 통과된 것이 이번 사태를 야기한 화근이었던가 보다. 법적 구속력이야 없지만 헌정 사상 초유의 일이라는 상징성이 추락하는 지지율과 겹쳐 기어코 이런 거사로 나타난 것이라는 점에서 차라리 안쓰럽기조차 하다.

일본정부는 그래도 한국을 배려하느라 애썼다고 변명한다. 실제로 그 표현이 너무 온건하다고 일본 우익들은 비판하는 모양인데, 잠깐 해설서 그 부분을 보자. "북방영토는 우리나라 고유의 영토이지만 현재 러시아연방에 의해 불법 점거되어 있기 때문에 그 반환을 요구하고 있는 것 등에 대해 적확하게 다룰 필요가 있다. 또한 우리나라와 한국 사이에 타께시마(竹島)를 둘러싸고 주장에 차이가 있다는 점 등도 언급하여, 북방영토와 마찬가지로 우리나라의 영토·영역에 관해 이해를 심화시키는 것도 필요하다."(같은 신문) 독도를 일본 영토로 명토박지는 않았으니 그나마 다행이란 말인가? 이 대목의 중심은 확실히 북방영토 분쟁이다. 쿠릴열도(Kuril Islands, 千島列島) 남쪽 네 섬, 즉 에또로후(擇捉, Iturup), 쿠나시리(國後, Kunashir), 시꼬딴(色丹, Shikotan), 하보마이(齒舞, Khabomai)를 가리키는 북방영토는 2차대전 이후 소련이 점령한 뒤 현재 러시아가 실효적으로 지배하고 있는 섬들이다. 원래 아이누(Ainu)의 땅이라는 점은 차치하더라도 이 네 섬의 사정은 독도와는 비교할 수 없이 복잡하다. 그럼에도 이곳에 독도를 슬그머니 끼워넣은 것은 떳떳함과는 거리가 먼 태도다. 이렇게 교묘히 우회하면서 실제로는 독도문제를 북방영토와 거의 동격으로 올려놓는 일본정부의 꾀 아닌 꾀에 한국 여론이 더욱 끓어올랐던 것이다.

독도사태가 일파만파(一波萬波)로 번져간다. 한국과 일본, 두 정부의 힘겨루기가 전개되는 것과 함께 두 나라의 시민들도 오프라인과 온라인 두 전선 모두에서 전투로 돌입한다. 급기야 한·일 두 나라 밖으로 불똥이 튄다. 당장 러시아가 강력한 항의를 제기한 것은 당연한 일인데, 중국도 짐짓 쾌재를 부른다. "중국이 공격 소재로 사용할 수 있는 논리를 일본이 스스로 제공해주었기 때문이다."(『동아일보』 2008.7.17) 알다시피 중국/대만과 일본은 미군이 1972년 오끼나와(沖繩)를 일본에 반환하면서 함께 넘겨준 땨오위따오(釣魚島, 일본 이름 쎈까꾸尖閣열도) 영유권을 둘러싸고 갈등중이다. 일본이 실효적으로 지배하고 있는 쎈까꾸열도를 중국이 일본을 따라 중국령이라고 명기하더라도 일본이 할 말이 적게 된 것이다.

그런데 분쟁영토들을 대상으로 비등하는 동아시아 각 나라들의 민족주의적 충돌이란 '이름의 전쟁'이라고 할 수도 있다. 한국에서는 독도 일본에서는 타께시마, 중국에서는 땨오위따오 일본에서는 쎈까꾸, 한국에서는 백두산 중국에서는 창빠이샨(長白山) 등등, 접경의 특정 장소들을 나라마다 다르게 호명하는 경쟁 속에서 두 이름의 평화공존보다는 한 이름의 독재로 달려가려는 경향, 즉 단일언어를 꿈꾸는 욕망의 정치가 비등한다. 민족주의는 그리하여 변경 또는 접경의 장소를 둘러싼 이름의 전쟁, 정치적 무의식이 격돌하는 그 촛점에서 강렬히 폭발하곤 하는 것이다.

2. 무명으로 가는 길

이 난국으로부터 자유로워질 길은 어디에 있는가? 유토피아에는 이름이 없을지도 모른다. 이름이야말로 분쟁의 모태니까. 이름을 바루는 정명(正名)을 근본으로 삼음으로써 이름을 나누는〔名分〕쟁론에 쉽게 빠져들곤 했던 유가(儒家)와 달리 근본적 차원에서 이름 너머를 사유하는 도가(道家)는 그리하여 무명(無名)을 꿈꿨다. "저녁(夕)에 어두워 누구인지 보이지 않을 때 입으로 불러내는 것(口)을 상형"[1]하여 名이란 글자가 만들어졌다는 데서 분명히 짚이듯이, 이름은 창조질서의 혼돈을 분화하는 문명의 논리다. 명(名)과 실(實), 요즘식으로 말하면 기표(記表)와 기의(記意) 사이는 자의적이고 강제적이거니와, 도가가 '반듯한 이름의 세상'이 아니라 '이름 없는 세상'의 원초성을 '오래된 미래'로 선취(先取)하려고 한 것은 자연스럽다면 자연스럽다. 물론 도가도 이름 자체를 완전히 경시한 것은 아니다. "도는 본시 무명〔道常無名〕"[2]이라고 거듭거듭 강조하면서도 유명(有名)을 그 짝으로 들었던 바, 잘 알려진 『도덕경(道德經)』1장의 그 대목을 보자.

無名天地之始 有名萬物之母
무명(名分이 없는 혼돈)은 천지의 비롯됨이요 유명(이름으로 분별

---

1) 기세춘 『노자강의』, 바이북스 2008, 672~73면.
2) 蔣錫昌 編著 『老子校詁』, 成都古籍書店 1988, 32장 214면.

함)은 만물의 어미다.[3]

현실로서 존재하는 유명의 세상과 그 너머에서 고요히 빛나는 무명의 유토피아, 유명을 축으로 삼는 유가에 대해 도가에 있어서는 무명이 중심이다. 유명을 짝으로 무명을 사유한다는 점에서 유명을 간과한 것은 아니로되, 도가는 아나키즘답게 일거에 무명으로 비약한다. 비약이라는 근사한, 그렇지만 쉬운 길이 아니라 '지루한 성공'으로 가는 어려운 길을 유명과 무명 사이로 낼 수 있다면 작히나 좋으랴!

도가가 물론 그저 비약만 하는 것은 아니다. 무명의 유토피아에 걸맞은 사회모형으로 "작은 나라, 적은 인민〔小國寡民〕"[4]을 제시한 바 있기 때문이다. 좋은 권력이든 나쁜 권력이든 권력이란 근본적으로 마성(魔性)을 뿜어내는 것인지라, 부국강병(富國强兵)을 추구하는 패도(覇道)는 물론, 인정(仁政)에 근거한 왕도(王道)를 주창한 유가에도 반대한 도가는 조숙한 아나키즘으로서 부족함이 없다. 그런데 소국주의를 지향한 도가가 대국을 간과하지 않았다는 점에도 유의할 필요가 있다. 대국에 대한 흥미로운 사유를 시적으로 드러낸 61장은 다음과 같이 시작된다.

大國者 下流 天下之交; 天下之牝 牝常以靜勝牡 以靜爲下
대국은 하류인지라 천하가 어울리는 곳이다. 천하의 암컷, 암컷은 항상 고요함으로써 수컷에 이기니 고요함으로써 겸양하기 때문이다.[5]

---

[3] 같은 책 3면. 이 글의 번역은 기세춘의 『노자강의』를 따랐다.
[4] 같은 책 80장 459면.
[5] 같은 책 372면.

대국을 모든 물줄기가 합수(合水)하는 장강의 하류에 비기는 상상이 아름답다. 이 보드라운 비유에는 '대국'이 흔히 환기하는 강력한 능동성이 결여되어 있다. 소국들을 집어삼키는 대국의 잡식성 대신, 가없는 포용성이 전경화(前景化)하는 것이다. 다시 말하면 도가의 대국은 남성이 아니라 여성이다. 여성 중에서도 모성이다. 그래서 대국을 '천하의 암컷'으로 찬미한 것이다.

이런 몽상 속에서 대국과 소국의 관계 또한 비(非)산문적이다.

> 故大國以下小國 則取小國 小國以下大國 則取大國
> 고로 대국은 소국에 겸양한즉 소국을 취하고 소국은 대국에 겸양한즉 대국을 취한다.[6]

이 대국은 소국들을 속국으로 거느린 패자로서의 대국이나 소국들의 자율성을 파괴한 일통제국(一統帝國)이 아니라 실제태로서의 소국연합을 지칭하는 이름, 즉 무명의 기호일지도 모른다. 물론 이 대국이 단수가 아니라 복수로 존재한다면 조금 복잡해지겠지만, 『도덕경』의 대국이란 일종의 유토피아적 몽상인지라 설령 복수라 해도 큰 차이는 없다. 복수의 대국들이 투쟁한들 "천하의 암컷", 그 지극한 수동성의 경쟁이란 협동에 다름아닐 것이기 때문이다.

원리적으로 보면 사실 도가와 유가 사이는 멀지 않다. 유가가 도가보다 권력에 대해 더 관용적이라 할지라도 유가 또한 소국주의적이라는 점에 유의해야 한다. 한(漢) 무제(武帝)에 의해 제국의 지배이데올

---

6) 같은 책 375면.

로기로 축성(祝聖)된 이후의 유교를 유가와 그대로 혼동해서는 아니된다. 물론 유가는 유교로 변신할 종자를 내재적으로 지니고 있다는 것 또한 망각할 수 없지만. 이 점에서 대국과 소국에 대한 맹자(孟子)의 사유를 한번 도가와 비교해보자.

孟子ㅣ 曰以力假仁者는霸니霸必有大國이오以德行仁者는王이니 王不待大라湯이以七十里ᄒᆞ시고文王이以百里ᄒᆞ시니라
맹자 가라사대, "힘으로써 인을 가장하는 자는 패니 패는 반드시 큰 나라를 두고, 덕으로써 인을 행하는 자는 왕이니 왕은 큰 것을 기다리지 않는다. 탕이 70리로써 하시고 문왕은 100리로써 하시니라."[7]

여기서 패도에 대한 유가의 반대가 대국주의에 대한 거절이라는 점이 분명히 나타난다. 유가의 왕도도 도가처럼 소국주의다. 가까운 곳에서 차츰 먼 곳으로 사유를 확장하는 근사(近思)를 핵으로 삼는 유가는 이행의 절차들을 중시하는 현실주의인지라 대국과 소국의 관계를 실제적으로 생각한다. 그 요점이 사대(事大)다. 그런데 사대가 사소(事小)와 짝을 이룬다는 점은 잘 알려져 있지 않다. 다시 『맹자』를 보자.

齊宣王이問曰交隣國이有道乎ㅣ잇가孟子ㅣ對曰有ᄒᆞ니惟仁者ㅣ아爲能以大事小ᄒᆞᄂᆞ니是故로湯이事葛ᄒᆞ시고文王이事昆夷ᄒᆞ시니이다惟智者ㅣ아爲能以小事大ᄒᆞᄂᆞ니故로太王이事獯鬻ᄒᆞ시고句踐이事吳ᄒᆞ니이다
以大事小者는樂天者也ㅣ오以小事大者는畏天者也ㅣ니樂天者는

---

[7] 『懸吐具解 孟子』 卷二 公孫丑 上, 18~19면.

保天下ᄒ고畏天者ᄂ保其國이니이다

　제 선왕이 물어 가로되, "이웃나라와 사귀는 데 도가 있습니까?" 맹자 대답해 가로되, "있나니 오직 어진 자라야 능히 큰 나라로써 작은 나라를 섬기나니 이런 고로 탕이 갈을 섬기고 문왕이 곤이를 섬기시니이다. 오직 지혜로운 자라야 능히 작은 나라로써 큰 나라를 섬기나니 고로 태왕이 훈육을 섬기고 구천이 오를 섬기니이다.

　큰 나라로써 작은 나라를 섬기는 자는 하늘을 즐거워하는 자요 작은 나라로써 큰 나라를 섬기는 자는 하늘을 두려워하는 자이니 낙천자는 천하를 지키고 외천자는 그 나라를 지킬 것이니이다."8)

　유가의 국제질서를 대변하는 사대가 실은 사소라는 점을 이 대목은 잘 보여준다. 사대는 사소에 대한 응답이다. 다시 말하면 대국이 소국을 잘 섬겨야 소국이 대국에 귀의한다는 것이다. 맹자는 대국주의를 내건 당대의 패도를 부정하되 도가처럼 유토피아로 비약해버리는 대신, 대동(大同)으로 가는 중간에 소강(小康)9)을 두듯이, 과도단계로서 패도적 대국을 계몽하여 왕도적 대국으로 변화시키려 했던 것이다. 따라서 유가가 꿈꾸는 왕도적 대국은 '천하의 암컷'과 멀지 않다고 보아도 좋다.

　맹자의 소국주의에 기반한 사소주의는 물론 실현되지 않았다. 일통

---

8) 같은 책 卷一 梁惠王 下, 30~31면.
9) 모든 사적인 것의 폐기에 기초한 천하위공(天下爲公)의 대동세상은 유가의 유토피아다. 이행의 절차를 중시하는 유가는 천하를 한 집안으로 삼는(天下爲家) 소강사회를 중간에 두어 혼란을 막고자 했다. 임금을 아비, 왕비는 어미, 백성은 어린애로 비기는 유가의 왕도정치는 소강사회의 전형적 표현인데, 최근 중국공산당은 현단계 중국사회를 샤오캉(小康)으로 규정한 바 있다.

제국 진(秦)의 출현에서 보듯이 패도적 대국주의가 승리한 것이다. 이미 지적했듯이 대국주의로 개종한 유가, 즉 유교가 한(漢) 이후 제국의 국교로 등극했어도 맹자가 꿈꿨던 사소와 사대의 아름다운 고리는 이룩되지 못했다. 도리어 중국의 역대 제국들은 사소가 아니라 사대만 강조했다. 요컨대 도가보다 현실적인 유가의 소국주의조차 역사에서는 그저 아름다운 몽상으로 치부되고 말았던 것이다.

3. 중형(中型)국가의 역할

꿈길에 유폐된 소국주의를 어떻게 현실로 불러올 것인가? 근대의 충격 속에 잃어버린 자존을 회복하기 위해 대국굴기(大國崛起)를 꿈꾸는 중국, 패전의 폐허를 딛고 이룩한 경제대국을 바탕으로 '보통국가'로 부활하려는 일본, 분단과 전쟁의 고통 속에서도 민주화와 경제발전을 동시에 달성한 드문 경험을 먹이로 통일을 지향하는 한국, 세 나라 모두에 대국의 꿈이 비등한다. 또한 세 나라는 이미 큰 나라 또는 작지 않은 나라다. 중국은 가장 모욕받은 시대에도 소국으로 대접받은 적이 없는 태생적 대국이요, 영토적으로는 손색이 없지 않지만 선진국의 반열에 오른 지 오래인 일본 또한 실질적 대국이다. 한국 또한 왕년의 소국이 아니다. 더구나 세 나라가 소속한 동북아시아는 현재 가장 역동적인 자본주의 동력으로 주목받고 있는 터가 아닌가? 따라서 세 나라 정부가 충심으로 소국주의를 집합적 강령으로 세운다 하더라도 동북아시아의 대두를 직·간접적으로 경계하는 다른 지역 국가들의 반응이 진지하리라고 생각하기 어렵다.

그렇다면 소국주의를 어떻게 이 지역의 현실에 맞게 재구성할 것인가? 우선 한·중·일 세 나라의 소국주의 전통에 대한 새로운 점검이 요구된다. 중국은 소국주의론, 최초의 발신자다. 또한 그런 나라답게 제국으로서 군림했던 때나 그렇지 못한 때를 불문하고 기묘한 수동성을 간직하고 있었다. 나는 앞에서 중국의 역대 제국들이 사대보다 사소를 더욱 중시한 유가의 국제주의를 사대 중심으로 재편한 왜곡을 지적했거니와, 그럼에도 중화(中華)체제는 사소적 측면을 흔적으로 간직하던 것이다. 물론 예외적인 시기들이 없지 않았지만 무한히 팽창하는 욕망에 내달리지 않는 드문 자족성을 과시한 터인데, 주변국들이 중화체제의 우산 안으로 들어오면 내정에는 거의 간섭하지 않는 방임주의를 채택한 것 또한 유가의 소국주의 또는 사소의 전통에 말미암았다고 판단된다. 이 흔적은 근대로도 계승된다. 아편전쟁 이후 오래 지속된 반(半)식민지 상태와 단절하고 새로이 출범한 중화인민공화국이야말로 소국적 대국에 가까운 것은 아니었을까? 이 점에서 개혁개방 이후 중국이 걸어온 길은 그동안 절제된 대국주의가 전통적 소국주의에 승리하는 과정이라고 볼 수도 있다. 과연 중국은 대국주의로 질주할 것인가?

중국은 무모한 나라가 결코 아니다. 오래된 제국들은 물론이고 근대 이후 흥기한 신흥제국들도 사라진, 그리하여 그 최후를 장식할 미국마저 황혼을 맞은 이 시기에 다시금 홀연히 부활한 '지속의 제국'이 체득한 지혜와 책략이 만만치 않기도 하거니와, 미국의 견제란 또 얼마나 예리한 것인가? 미국의 봉쇄가 결국 소련의 붕괴를 야기한 전설을 여전히 기억하는 중국은 아직도 미국에 대해서 도광양회(韜光養晦)[10] 중이다. 그런데 고려할 점이 또 있다. 중국은 이미 미국에 깊숙이 의존적

---

10) 빛을 감추고 흐릿한 곳에 웅크린다는 뜻으로 『구당서(舊唐書)』가 출전이다. 약자가 강자로 상승하기 위한 냉철한 전략으로, 유비(劉備)가 조조(曹操)에 몸을 붙이

이다. 다시 말하면 미국의 위기를 중국이 도와야 하는 반어적 상황이 연출된 것이다. 미국을 돕는 한편 미국을 추월할 기회를 엿보는 양면 전술을 구사할 중국이 대국주의로 질주할 가능성은 그만큼 낮다고 보아도 좋다.

그런데 정작 핵심적 문제는 중국이 미국 이후를 감당할 준비가 되어 있느냐다. '급속한 시장화'를 핵심으로 하는 '워싱턴 컨쎈서스'의 파산과 "국가 주도의 점진적 시장개방"으로 요약되는 '베이징 컨쎈서스'의 흥기에도 불구하고 '중국모델'이 새로운 국제적 표준이 될 수 있을지 의구하는 분위기가 만만치 않다.(『한겨레』 2009.1.22) 이 점에서 쑹 훙빙(宋鴻兵)의 지적은 음미할 만한 것이다.

> 아직까지 중국은 서양의 생산기술을 대규모로 모방하는 쪽에만 큰 진전이 있을 뿐 사상이나 과학기술 혁신 면은 한참 모자란다. 특히 사상·문화영역은 문명의 자신감이 많이 부족하다. 이에 (…) 서양에 없는 새로운 시도를 할 엄두를 못 낸다. 따라서 새로운 세계의 규칙을 만들어내고자 시도하는 담력이 부족하다.[11]

고 있을 때 부러 못난 짓을 해 의심을 풀고 탈출한 고사는 그 대표적 예다. 떵 샤오핑(鄧小平)이 개혁개방 이후 1980년대 중국 대외정책의 기본 방침으로 도광양회를 제시했다. 중국의 위상이 높아진 요즘에는 폐기된 지침이라는 판단이 중국 안팎에서 제기되기도 하지만, 특히 미국에 대해서는 여전히 유효하다고 보는 것이 합리적이다.

11) 쑹 훙빙 지음, 차혜정 옮김 『화폐전쟁』, 랜덤하우스코리아 2008, 427면. 중국 출신으로 미국에서 활동하는 금융전문가 쑹 훙빙은 이 책에서 음모론에 입각하여 아시아의 부흥을 저지하는 서양자본의 책략을 폭로한다. 이 책이 중국 독자들에게 강한 호소력을 얻게 된 것은 바로 다음 목표인 중국의 경각심을 일깨웠기 때문일 것이다. 2007년 베이징에서 출간된 후 1백만부 이상 팔린 베스트쎌러다.

그의 언급이 비록 과도한 단순화라 할지라도 어떤 직정성은 없지 않다. 중국이 그 덩치에 걸맞게 세계의 새로운 규칙을 담대하게 제출하는 모습을 보일 때가 되었기 때문이다. '뻬이징 컨쎈서스'가 실다워지기 위해서는 쓰촨(四川)참사(2008) 이후 더욱 새로워진 민주주의의 문제를 독자적이되 설득적 방식으로 해결하는 것이 관건이다. 뻬이징올림픽 성공을 바탕으로 민주화에 대해 한층 대담해질 때 오히려 양안문제와 티베트문제의 전향적 해결도 가능할 것이다. 최근 양안관계가 비교적 순풍을 탄 점은 다행이거니와, 티베트문제가 답답한 교착상태를 벗어나지 못하는 점은 안타깝기 그지없다. 독립적 지위에서 민주화와 산업화를 이룬 대만도 그렇지만 티베트 역시 중국 내정문제만은 아니다. 그렇다고 티베트를 보통의 독립국처럼 여기자는 것은 아니다. 라마교가 원(元)이나 청(淸)과 같은 유목제국 안에서 특수한 지위에 있었던 점을 감안하면, 티베트가 중국의 완벽한 바깥이라고 보기도 어렵기 때문이다. 이러한 양면성을 잘 감안하여 티베트문제를 지혜롭게 해결하는 것이 중국을 위해서 더욱 좋을 터인데, 소국주의 또는 왕도적 대국의 길을 새롭게 활용하기를 기원하는 마음 간절하다.

메이지유신(明治維新) 이후 일본은 대국의 길에 매진(邁進)했다. 그런데 아시아의 맹주를 꿈꿨던 그 시대에도 소일본주의를 주창한 선각적 흐름들이 있었다는 사실은 잘 알려져 있지 않다. 그중에서도 이시바시 탄잔(石橋湛山, 1884~1973)이 이채롭다. 일찍이 1921년 일본을 파멸로 몰아갈 대국의 환상에서 깨어나 식민지전폐론(植民地全廢論)에 입각해 "학대받는 자의 맹주"로 거듭나자는 주장을 펼친 그의 소국주의론[12])은 일본을 전범(戰犯)국가로부터 면제할 급진적 대책이었다. 그저 하나의 삽화에 지나지 않았던 소일본주의가 "메이지 이후의 대국주의의 역사적 파산"인 패전으로 결정적 계기를 맞이한 것은 극적이다.

부활한 소국주의는 바로 평화헌법으로 결실을 맺는다. 평화헌법은 승전국 미국에 의해 강제된 이식의 산물만이 아니다. 일본의 선각적 지식인들이 스스로 다듬어온 소국주의 이념이 패전이란 외압을 중개로 현실화한 내발적 성과가 바로 평화헌법이라는 것이다.[13] 최근 일본 우파는 바로 이 평화헌법의 근간인 소국주의를 수정하려고 한다. 이미 파산한 대국주의로 회귀하는 길과, 대국주의의 유혹을 거절하고 자신과 이웃을 함께 살리는 소국주의로 귀환하는 길 사이에서 과연 일본, 아니 일본 인민은 어느 길을 택할까?

일각에서는 일본의 회심에 비관적인 견해가 비등하기도 한다. 물론 그 내부에는 전전(戰前)의 군국주의에 대한 향수를 못내 버리지 못하는 집단도 없지 않을 터인데, 그에 대해서는 날카로운 경각심을 벼려야겠지만, 일본이 패전 이후 평화헌법 아래에서 오랜 기간 번영을 누려왔다는 점을 망각할 수 없다. 그만큼 민주와 자치의 뿌리가 얕지 않다는 것이다. 설령 일본이 끝내 대국주의의 꿈을 버리지 못한다 할지라도, 아니 그렇다면 더욱이 일본을 성심으로 달래야 한다. 마침 긴 자민당(自民黨) 지배의 끝이 보이는 지점에 도달했다. 아마도 소국주의의 재평가에 기초한 실천의 숲길이 일본에 새로이 열리지 않을까?

아마도 소국주의의 우등생은 한국일 것이다. 중화체제의 충실한 일원으로서 사대와 교린(交隣)이라는 두 축으로 중국과 일본이라는 버거운 이웃나라들을 상대해온 조선왕조는 결국 식민지로 추락함으로써 그 혹독한 복수를 받았다. 서구의 충격으로 중화체제가 붕괴하는 근대의 길목에서 대국주의자들이 등장한 것은 자연스런 일이다. "가난함을

---

12) 田中彰 『小國主義』, 岩波書店 1999, 136~37면.
13) 같은 책 194~95면.

근심하지 말고 고르지 않음을 근심하라〔不患貧而患不均〕"를 모토로 근대적 소국주의를 추구한 운양(雲養) 김윤식(金允植)과, 중립론으로 조선의 활로를 모색한 구당(矩堂) 유길준(兪吉濬) 같은 동도서기론(東道西器論)자들의 지혜가 없었던 것은 아니지만, 당대의 개화파들은 거개 부국강병을 추구한 대국주의자였다. "일본이 아시아의 영국이 된다면 조선은 아시아의 프랑스가 되지 않으면 안된다"[14]고 강조한 고균(古筠) 김옥균(金玉均)은 대표적이다. 일본의 힘을 빌려 쿠데타를 감행해서라도 조선을 '아시아의 프랑스'로 비상시키려고 했던 그는 조숙한 대국주의자였던 것이다. 대국주의건 소국주의건 근대와 마주친 첫세대 개화파들의 운동이 실패로 돌아가자, 우등생에 대한 열망은 더욱 내연(內燃)했다.

　우등생과 열등생의 차이는 무엇인가? 뜻밖에도 분단 한국이 '네마리의 용' 중 하나로 승천하는 순간 소국주의 열등생은 다시 우등생으로 변신했다. 미국과 일본을 끼고 약소국에서 탈출하려는 개발독재파와, 정치적 자유 및 경제적 평등에 기초한 내부개혁을 무엇보다 우선한 민주화투쟁파 사이의 겨룸 속에서 한국은 문득 민주화와 경제발전을 동시에 이룩한 나라로 상승했던 것이다. 그런데 개발파와 민주파를 소국주의에 비춰보면 간단치가 않다. 전자는 미·일과 협력적이란 점에서는 소국주의인 데 반해 부국강병을 추구한다는 점에서는 대국주의적이다. 개발파의 대부 박정희(朴正熙)가 '부활한 친일파'와 '성공한 김옥균'이라는 두 얼굴의 복합성을 보여주는 것은 그 단적인 예의 하나다. 후자 또한 복잡하다. 개혁을 강조하는 점에서는 소국주의지만, 통일에 대한 의식이 점차 강조되는 과정에서 민족주의가 강력하게 발현

---

14) 姜在彦『近代朝鮮の思想』, 紀伊國屋書店 1971, 102면에서 재인용.

되는 대목에서는 대국주의다.

당시 개발파들의 서슬퍼런 단죄(?)에도 불구하고 민주파야말로 숙명처럼 유전된 약소국의 비애로부터 자유로워지는 그날을 열렬히 꿈꾼 한국의 애국자였으니, 민주파가 친일파의 후계적 지위에 있는 개발독재에 대한 저항운동 속에서 민족운동가들을 재발견하는 과정을 잠깐 상기하자. 먼저 불퇴전의 항일지사 단재(丹齋) 신채호(申采浩)가 역사 속에서 걸어나왔다. 단정(單政)에 반대하고 결연히 북행을 감행한 백범(白凡) 김구(金九)는 더욱 널리 공유되었다. 당시 민주파가 그들을 들어올린 데는 맑스주의 혁명가들을 내세우지 못한 제약을 우회한 측면도 없지 않지만, 한편 그런 사이 웅숭한 공감이 배양되었던바, 공유의 진행이 상(像)의 단일화를 촉진하기도 했다. 제국을 몽상한 대조선주의자 단재가 무정부주의 혁명가 단재를 압도했다. 남한 민주파 일각에 스민 단재의 꿈은 마침내 '강성대국' 북조선에서 비등한다. 무정부주의로 기운 뒤에도 대조선주의가 우련한 단재와 달리 백범은 뜻밖에도 소국주의적이다. 널리 알려진 「나의 소원」은 대표적 문헌이다.

나는 우리나라가 세계에서 가장 아름다운 나라가 되기를 원한다. 가장 부강한 나라가 되기를 원하는 것은 아니다. 내가 남의 침략에 가슴이 아팠으니 내 나라가 남을 침략하는 것을 원하지 아니한다. 우리의 부력은 우리의 생활을 풍족히 할 만하고 우리의 강력은 남의 침략을 막을 만하면 족하다. 오직 한없이 가지고 싶은 것은 높은 문화의 힘이다.[15]

---

15) 『김구주석최근언론집』(1948), 백범김구선생 기념사업협회 1992, 70~71면.

백범의 문화국가론은 탈식민국가 지도자들이 항용 취하곤 한 대국주의를 분명히 거절한 드문 지혜의 건국강령이다. 절실한 체험에서 우러난 발언이 가지는 한없는 위엄으로 환한 그의 소국주의가 도가와 연관된다는 점이 더욱 흥미롭다.

> 나는 노자(老子)의 무위(無爲)를 그대로 믿는 자는 아니거니와 정치에 있어서는 너무 인공을 가하는 것을 옳지 않게 생각하는 자이다. 대개 사람이란 전지전능할 수가 없고 학설이란 완전무결할 수 없는 것이므로 한 사람의 생각, 한 학설의 원리로 국민을 통제하는 것은 일시 속한 진보를 보이는 듯하더라도 필경은 병통이 생겨서 그야말로 변증법적인 폭력의 혁명을 부르게 되는 것이다. 모든 생물에는 다 환경에 순응하여 저를 보존하는 본능이 있으므로 가장 좋은 길은 가만히 두는 것이다.[16]

도가를 바탕으로 한 소국주의를 꿈꾼 백범사상의 고갱이에 대한 내적 공감의 확산에도 불구하고 민주파도 담론의 진화 위에서 그 실천적 통로를 탐색하는 작업을 제대로 수행하지 못한 것이 현실이었다.

과연 한국은 어떤 길을 갈 것인가? 나는 "대국주의를 반성하고 소국주의를 재평가하되, 국제분업의 주변부에 안주하는 소국주의로 전락하지 않는 것", 즉 "소국주의와 대국주의의 내적 긴장을 견지하는 일"[17]을 한국사회의 과제로 삼자는 주장을 편 바 있는데, 여기서 한걸음만 더 나아간다면, 소국주의를 멀리 내다보며 대국과 소국이 함께 모이는

---

16) 같은 책 66~67면.
17) 본서의 「세계체제의 바깥은 없다」, 102면.

중형(中型)국가로 현재 한국의 위치를 조정하는 집합적 슬기를 발휘했으면 싶다. 소국주의의 고갱이를 중형국가론에 접목하는 작업과 함께 우리 안의 대국주의를 냉철히 의식하면서 그를 제어할 실천적 사유의 틀들을 점검하는 일이 우선이다.[18] 조선왕조의 소국주의를 다시 살피되 그 실패는 엄정히 평가하는 복안(複眼)이 요청된다. 가령 망국의 원흉으로 지목되는 쇄국(鎖國)만 해도 그렇다. 쇄국으로 표현된 전근대 소국주의의 속사정을 섬세하게 짚되 지금은 오히려 활발한 교류가 소국주의의 인큐베이터라는 점에도 새로이 착목하는 것이 중요롭다. 이 점에서 합법/비합법의 경계에서 운동의 혈로를 개척한 개벽종교 원불교의 지혜도 중요한 참조점이다. 특히 강자·약자의 진화에 대한 소태산(少太山, 박중빈朴重彬)의 법어(1916)가 주목된다. 강자와 약자를 배타적이 아니라 상호적으로 파악하는 그의 사유는 유연하다.

> 강자가 약자에게 강을 베풀 때에 자리이타(自利利他—인용자) 법을 써서 약자를 강자로 진화시키는 것이 영원한 강자가 되는 길이요, 약자는 강자를 선도자로 삼고 어떠한 천신만고가 있다 하여도 약자의 자리에서 강자의 자리에 이르기까지 진보하여 가는 것이 다시 없는 강자가 되는 길이니라.[19]

이 대목은 앞에서 거론한 사대·사소와 상통하거니와, 강자의 위치에 선 중국이 아니라 약자의 지위에 선 조선에서 발신된 바라 더욱 절

---

18) 중형국가론은 "소국주의와 친화적인" 복합국가론과 상통한다. 이에 대해서는, 백영서 「20세기형 동아시아문명과 국민국가를 넘어서」, 『동아시아의 귀환』, 창비 2000, 32~35면 참조.
19) 『원불교전서』, 원불교출판사 1994, 제1부 정전 제13장 최초법어, 85면.

실하다. "다만 자리타해(自利他害—인용자)에만 그치고 보면 아무리 강자라도 약자가 되고 마는 것"(86면)이라고 넌지시 지적함으로써 조선의 독립을 위한다는 명분으로 조선을 식민지로 삼은 일본을 비롯한 제국주의를 비판하는 한편, "다만 강자를 대항하기로만 하고 약자가 강자로 진화하는 이치를 찾지 못한다면 또한 영원한 약자가 되고 말 것"(같은 곳)이라고 경고함으로써 우리 내부의 이분법적 사고의 극복을 제기한다. 소태산의 회통적 사유는 주인과 노예의 변증이 황혼을 맞이한 오늘날 더욱 유효하다. 다시는 약소국의 비애를 반추하는 일이 발생하지 않도록 소국주의의 안과 밖을 냉철히 분석하는 한편, 대소국의 차별이 폭력적 위계로 전락하지 않을 후천세상을 준비하는 집합적 노력이 절실하다.

 자리타해하는 강자가 자리이타하는 강자로, 자해타리(自害他利)하는 약자가 자리이타하는 약자로 진화하는 그 겸허한 고리에 중형국가가 있을진대, 문제는 통일론의 향방이다. '북한'의 붕괴를 전제로 흡수통일을 지향하는 대(大)한국주의적 통일론이, '남조선'을 무력으로 해방하는 대(大)조선주의적 통일론과 함께 이제는 일단 수면 위에서는 거의 사라져 다행이라면 다행이지만, 특히 통일문제에 있어서 대한국주의의 포기를 명백히 선언하는 데 이르지 못한 것은 문제다. '남한'과 '북조선'이 하나의 나라가 되는 극적인 사건이 아니라 느슨한 연방 또는 국가연합이 통일의 최종단계라도 무방하다는 소(小)한국주의를 국민적 합의 아래 안팎에 천명하는 작업이 긴절하다. 그런데 소한국주의는 어떤 통일에도 반대하는, 또는 냉담한, 소국주의가 아니다. 분단체제의 극복과정에서 출현할 사회란 "한결같이 가난을 나누는 사회라기보다 각자가 넉넉하면서도 검약과 절제를 터득한 사회, 그리고 사회 차원에서는 인간의 다양한 욕구를 충족시킬 물질적 부(富)를 축적하되 그 처분이 민주적으로 이루어지는 사회", 즉 "'공빈(共貧)'보다는 '중용(中庸)' 혹은 '중도(中道)'에 친숙한"[20] 소국주의라고나 할까.

'논리적 양심'[21]까지 말살하는 민족주의의 충돌을 근본에서 억지하는 소국주의를 평화의 약속으로 회상하면서 대국 또는 대국주의의 파경적 충돌을 완충하는 중형국가의 역할에 한국이 충성한다면 동북아의 평화도 먼 일이 아닐 것이다. 그리하여 한·중·일 세 나라의 정부와 시민이 함께, 서로 섬기는 평화체제의 구축에 충심으로 합의할 때 동북아의 내부충돌을 주둔의 빌미로 삼아온 미군의 명예로운 철수와 적대적 국제환경을 탓하며 지연된 '북조선'의 변법자강(變法自疆)이 앞서거니 뒤서거니 이루어질 희망을 가까스로 품을 수 있다. 동북아 세 나라 사이의 협동을 도모할 뿐 아니라 동북아와 미국의 화해도 이끌어낼 이 상호진화의 쉽지 않은 길이 안개를 뚫고 떠오를 때, 한국(또는 남북 국가연합)·중국·일본 세 나라가 문명적 자산에 근거하여 인류의 미래를 비추는 새로운 사회모형을 집합적으로 탐구하고 실천하는 본질적 작업에 매진할 조건이 성숙할 것이라는 예감이 긴절하다.

한·중·일 세 나라 모두 역정(歷程)의 한 중대한 고비에 처해 있는 이때 우리 문학인들의 임무가 중차대함을 새삼 새기며, 식민지시대의 조선 소설가 횡보(橫步)의 발언을 함께 음미하고 싶다.

우리 문학의 도(徒)는 자유롭고 진실된 생활을 찾아가고, 이것을 세

---

20) 백낙청「근대 한국의 이중과제와 녹색담론」,『창작과비평』 2008년 여름호 462면.
21) 이 말은 독일의 철학자 프리드리히 파울젠(Friedrich Paulsen)에서 따왔다. "내셔널리즘은 극단에 이르러서는 (…) 윤리적 양심뿐만 아니라 논리적 양심까지도 말살한다." 마이네케 지음, 이광주 옮김『독일의 비극』, 을유문화사 1984, 69면에서 재인용.

우는 것이 그 본령인가 합니다. 우리의 교유, 우리의 우정이 이것으로 맺어지지 않는다면 거짓말입니다. 이 나라 백성의, 그리고 당신의 동포의, 진실된 생활을 찾아나가는 자각과 발분(發奮)을 위하여 싸우는 신념 없이는 우리의 우정도 헛소리입니다.[22]

---

[22] 염상섭『만세전』(1924), 창비 1995, 162면.

동북아의 평화를 위한 비망기*
민족주의와 민주주의

평화재단에서 내게 준 주제는 「동아시아 공동의 미래를 찾아: 한·중·일 3국의 민족주의를 넘어」이다. 순항하다가도 기회만 오면 타오르는 민족주의의 충돌들로 문득 퇴행을 거듭하곤 하는 동북아 정세를 돌아볼 때, 특히 한·중·일이 자신의 민족주의를 어떻게 넘어서느냐, 하는 문제는 동북아 또는 동아시아, 그 공존공영(共存共榮)의 미래를 여는 데 관건적 요소가 아닐 수 없다.

물론 민족주의는 근본적인 차원에서 극복되어야 할 것이지만, 그럼에도 오직 부정의 대상으로만 치부해선 곤란하다. 이는 꼭, 서구의 충격 이후 동아시아 각국이 간난 속에서 오늘의 형세를 이룩하는 데 기여한 민족주의적 동원력의 효용만을 염두에 두어서가 아니다. 긍정적

*이 글은 2008년 7월 10일 프레스센터에서 열린 평화재단 씸포지엄 '건국 60주년, 통일코리아를 바라보다'에서 발표한 원고를 수정·보완한 것이다.

이든 부정적이든 동북아에서 민족주의는 강고한 현실성을 획득했고, 또 앞으로도 일정한 역할을 맡을 것이 예상되기에, 그저 넘어서자고, 또는 넘어서야 한다고 공자 말씀만 외워서는 오히려 극복의 가능성으로부터 더 멀어질 염려가 없지 않기 때문이다. 우선 이 순진한 언어주술에서 벗어나야 할 터인데, 그동안의 민족주의적 충돌들을 곰곰이 살피건대 그들이 꼭 부정적인 것만은 아니지 않았을까 하는 엉뚱한 생각도 드는 것이다. 2002년 한·일월드컵 공동개최 같은 전화위복(轉禍爲福)의 사례도 없지 않았거니와, 최악의 갈등들조차도 상호교류 또는 상호침투의 심화를 반증하는 것이기도 하기 때문이다. 사실 관심이 없으면 충돌도 없다.

이 점에서 나는 한·중·일 세 나라에서 작동하는 민족주의의 기제를 좀더 냉철하게 관찰할 필요가 크다고 판단한다. 세 나라가 처한 현실에 즉하여 차별된 형태로 드러난/드러나는 민족주의의 생태를 실사구시적(實事求是的)으로 추구함으로써 오히려 그 안에서 극복의 싹을 탐색하는 방법적 선회가 요구되는데, 민족주의와 민주주의를 짝으로 세워 고찰하는 것도 한 방편이겠다.

소강상태의 최근 동북아 정세

최근 동북아시아 각국, 특히 한·중·일 세 나라는 국내문제로 소란하다. 중국은 쓰촨(四川) 지진참사로, 한국은 미국 쇠고기 파동으로, 일본은 헌정사상 초유의 후꾸다 야스오(福田康夫) 총리 참의원 문책결의[1]로. 그런데 내우(內憂)가 외환(外患)으로 연동되곤 하던 관례를 깨고 기이하게도 나라 사이의 관계들은 소강상태에 진입한 느낌이다.

사사건건 대립했던 중·일이 수교 35주년(2007)을 전후해 본격적인 밀월시대로 들어섰다. 2006년 10월 아베 신조오(阿倍晉三) 전 총리의 '얼음을 깨는 방중', 2007년 4월 원 자빠오(溫家寶) 총리의 '얼음을 녹이는 방일', 그리고 2007년 12월 후꾸다 총리의 방중에 응답하여 2008년 5월 후 진따오(胡錦濤) 주석이 중국 정상으로서는 10년 만에 '봄나들이 방일'에 나섬으로써 2001년 10월 코이즈미 준이찌로오(小泉純一郞) 전 총리의 야스꾸니 참배 이후 조성된 중·일관계의 겨울에 마침표를 찍은 느낌이다. 그 사이 물론 해프닝도 있었다. 쓰촨에 구호품을 보내는 데 자위대 소속 수송기를 파견하려다 '불난 틈에 물건 훔치는(趁火打劫) 격'이라는 중국 여론의 강력한 반발로 무산된 경우가 그것이다. 중일전쟁 당시 국민당 정부의 임시 수도(1938~45) 충칭(重慶)이 지진지역 가까이 있다는 사실과 공습의 기억이 새로운 쓰촨 하늘에 비록 수송기일지라도 일본자위대 소속 비행기가 유유히 떠가는 것의 상징성을 일본 조야(朝野)가 경시한 결과다. 그럼에도 불구하고 6월 하순 일본의 미사일 구축함 사자나미(小波)가 2차대전 이후 처음으로 중국에 입항하리란 보도는 흥미롭다. 2007년 8월 30일 중·일 국방장관 회담에서 이뤄진 합의에 따라 같은 해 11월 말 중국 미사일 구축함 션전(深圳)이 일본 하루미(晴海)에 입항한[2] 데 대한 답방으로 일본 구축함이 드디어 중국을 방문한다니 수송기 파견 무산을 만회한 진전이 아닐

---

1) 보도에 의하면 6월 11일 일본 참의원에서 민주당이 제출한 총리 문책 결의안이 통과되었다. 이 결의안은 법적 구속력이 없기에 그 의의에 과민할 필요야 없지만 헌정사상 초유의 일이라는 점에서 귀추를 눈여겨보아야 할 일이다.
2) 2007년 11월 말 중국 구축함 션전이 토오꾜오 하루미항에 정박한 것은 북양함대 소속 전위앤(鎭遠)이 일본을 방문한 1891년 이후 무려 116년 만이라고 한다. 그런데 일본은 이 구축함의 시설과 성능이 기대에 미치지 못하다는 데 깜짝 놀랐다고 한다.

수 없다. 작은 물결들이 때로 훼살을 놓겠지만 큰 흐름을 뒤집기는 어려울 듯싶다. 요컨대 중·일의 화해는 이제 전략이다.

이 기조에서 본다면 중국이 최근 동중국해 가스전을 일본과 함께 개발하기로 했다는 것 또한 놀랄 일이 아니다. 춘샤오(春曉: 일본명 시라까바白樺) 등 4개의 가스전이 양국의 배타적 경제수역(EEZ)에 걸쳐 있다는 일본의 주장에 대해 그동안 중국은 단호했다. 결코 양보할 수 없는 주권이라는 방패로 무장했던 중국이 그런데 방패를 짐짓 비킴으로써 현안 중의 현안을 해결했던 것이다. 중국은 대국굴기(大國崛起)에서 도광양회(韜光養晦)로 복귀한 것인가? 뻬이징올림픽의 성공을 향해 질주하다가 티베트사태와 지진참사 등 뜻밖의 암초를 만난 중국의 곤경이 일본과의 화해에 박차를 가한 셈인데, 동아시아의 평화라는 대국(大局)에서는 의미있는 진전이라고 보아도 무방할 터이다.

중·일 화해에 반해 그동안 친밀했던 일본과 대만의 관계는 균열하고 있다. 2008년 6월 10일 대만 어선이 센까꾸(尖閣)열도 근해에서 일본 순시선과 충돌해 침몰한 사건을 계기로 센까꾸열도(중국명 땨오위따오釣魚島)를 둘러싼 영토분쟁이 비등한다. 그런데 대만과 일본의 긴장이라는 마이너스 국면은 간접적으로는 중·일 화해, 직접적으로는 양안관계의 봄이라는 플러스 국면과 동전의 양면을 이루고 있다는 점에 주목해야 한다. 탈중국을 지향했던 민진당의 천 수이뻰(陳水扁) 대신 국민당의 마 잉주(馬英九)가 새 총통으로 취임하면서 심각한 갈등을 겪던 양안은 바야흐로 봄을 맞이하고 있다. 같은 해 5월 국민당 주석 우 뽀슝(吳伯雄)이 뻬이징을 방문, 후 진따오 공산당 주석과 28일 정상회담을 가졌다. 양국 집권당 주석이 만난 것은 중화인민공화국 수립(1949) 이후 처음이라는데, 후주석이 공식석상에서 우주석의 지위를 공개적으로 거론한 것은 더욱 놀라운 변화다. 하루 전에 후주석과 회담한 이명박(李明博)대통령의 방중 보도 못지않은 대접을 받았다는 게 결코 과장이 아닌 모양이다. 그동안 대만의 행보에 어지간히 애를 끓였던 중국으로서는 마총통의 취임을 3차 국공합작으로 이끌 절호의 기회로 파악하고 있다는 속내를 보인 터인데, 양안은 바야흐로 일로순풍(一路順風)이다. 9년 만에 복원된 중국의 해협회(해협양안관계협회)와 대만의 해기회(해협교류기금협회)는 6월 13일 회담을 통해 7월부터 주말 직항노선을 열고 중국 관광객의 대만관광을 허용하기로 합의했다. 일중각표(一中各表, 하나의 중국을 인정하되 중국에 대한 각기 다른 해석을 용인한다)의 원칙 아래 드디어 역사적인 첫 하늘길이 열리는 결실을 얻게 된 것이다. 이런 측면에서 대만과 일본의 갈등이 이 지역에 최근 조성된 평화무드를 뒤집을 파괴력으로 발전될 가능성은 높지 않을 것이다. 양안관계와 중·일관계가 모두 양호하기 때문이다. 미국이 대만에 대한 무기판매(전투기와 미사일 등 120억 달러)를 보류했다는 보도에 유의하면, 양안관계의 진전에 미국 또한 우호적인 게 아닌가 하는 판단을 가지게 된다.[3] 6월 20일 일본이 대만에 공식 사과함으로써 일본과 대만의 긴장이 일단 진정국면에 들어선 것은 양안관계와 중일관계의 양호함이 일본과 대만의 갈등에 긍정적 억지력을 행사하고 있음을 잘 보여준다고 하겠다.

이명박정권 등장 이후 자칫 갈등할 소지도 없지 않았던 한·중관계는 이대통령의 방중으로 균형을 잡았다. 정상회담(5. 27)을 통해, 비록 북·중관계보다 낮은 단계지만, 기존의 '전면적 협력 동반자' 관계에서 '전략적 협력 동반자' 관계로 한·중관계를 격상시키는 데 합의한 것은

---

[3] 한편, 중국과 급속히 가까워지고 있는 대만의 마잉주정부에 대한 미국 보수파의 경고라는 해석도 있다.

그 단적인 표현이다. 한·미관계와 한·중관계는 상호보완적이며 한국이 한쪽으로 치우치는 것은 바람직하지 않다는 입장을 밝힌 이대통령의 언명도 새정부 출범 후 기존의 한·미동맹 일변도로 복귀하는 게 아닌가 하는 중국측의 우려를 불식하는 데 일정하게 기여한 터다. "한·중·일 3자 협력을 위하여 올해 9월 일본에서 3국 정상과 외교부장관이 만날 예정"(『동아일보』 2008. 5. 30)이라는 대통령의 발언 또한 주목할 대목이다. 기존의 한·미·일 관계를 다시 중시하면서도 탈냉전 이후의 동아시아 지역협력은 그것대로 챙긴다는 복선을 깐 것인데, 해볼 만한 줄타기라고 하겠다. 김대중(金大中) 전대통령의 '1동맹 3우호체제'[4]를 굳이 들지 않더라도 한국 또는 한반도의 운명에 미치는 중국의 그림자는 장대하다. 이 점에서 어렵게 성사된 이대통령의 쓰촨방문도 긍정적이었다. 문제는 방문 이후다. 한국정부의 성의가 구체적인 실천으로 실현되어야 이번 방중이 단순한 달래기 차원을 넘어서는 것이라고 중국정부와 인민이 수긍할 것이기 때문이다. 사실 한·중 사이에는 증대하는 교류에 자연스럽게 부대(附帶)하는 갈등의 품목들, 예컨대 무역마찰, 동북공정, 탈북자 송환 그리고 무엇보다도 북한문제 등이 엄존한다. 특히 "한·중관계보다도 한차원 높은 전통우호협력관계를 유지하고 있는 북·중관계"야말로 "향후 북한문제를 한·중이 공동으로 관리하

---

4) "우리도 다극화해야 한다. 우리는 미국과 군사동맹을 유지하면서 중·러·일과는 우호관계를 유지해야 한다. '1동맹 3우호체제'가 우리가 나갈 길이다. 중·러 다 우리를 침략했고 마침내 일본이 병탄하지 않았나? 미국이 일본의 식민지 침략을 지지해줬는데 만약 미국이 그때 반대했으면 일본이 못했다. 미국은 그렇게 중요하다. 미국이 안정자, 균형자 역할을 해주면 그 셋에 대한 견제가 된다. 그러나 동시에 이 세 나라와도 관계를 잘 유지해야 한다. 그래야 우리가 안정이 되는데, 그게 6자가 되면 동북아 안보체제다."『한겨레』 2008. 5. 19.

는 데 극복해야 할"5) 중요과제가 아닐 수 없다

한·일관계 역시 안정적이다. 지난 5월 일본 문부과학성이 독도문제를 들고 나와 예민했지만 한국의 반발에 일본이 후퇴함으로써 더이상 연소하지는 않았다. 한·일은 오랜 충돌의 경험 속에서 간헐적으로 다투지만 그럼에도 공생할 수밖에 없음을 인정한 부부처럼 싸움의 규칙에 암묵적으로 적응한 것 같다. 미국 일변도의 코이즈미 퇴장 이후, 특히 동북아시아의 협력을 중시하는 후꾸다 총리가 등장한 이래, 한·일관계에 오랜만의 평화가 찾아온 것이다. 북·일관계도 변화의 조짐을 보이고 있다. 뻬이징에서 열린 북·일회동(6. 13)에서 북한이 일본인 납치문제 재조사와 요도(淀)호 관계자문제 해결에 협력하기로 약속하면서 전세기 입항 등 대북경제제재 일부를 해제하는 데 합의하였다는 보도는 눈길을 끌기에 충분하다. 물론 6·13 합의 사흘 만에 여론의 악화로 일본정부는 유보로 돌아섰지만 결국은 북·일 교섭이 진전될 공산이 크다고 판단된다. 요도호 납치 사건만 해도 그렇다. 현재 북에 남아 있는 7명의 납치 관계자들은 무고한 인민들에게 폐를 끼친 이 사건에 대해 깊이 반성하면서 강력한 귀국의사를 보이고 있다는데, 야마나까 유끼오(山中幸男) 구원연락쎈터 사무국장에 의하면 "일본정부, 특히 경찰은 요도호 관련자들이 귀국해 북한이 미국의 테러지원국 명단에서 해제되는 것보다 현재 상태로 남아 있는 게 북한 봉쇄를 위해 더 낫다고 생각"(『한겨레』 2008. 6. 20)한다니, 기가 막힌 일이다. 이번 북·일회동이 "일본을 존중하면서 상황을 타개하려는 미국의 중재로 마련된 것"(『동아일보』 2008. 6. 14)이라는 점도 그렇거니와, 최근의 동북아 정세를 감안할 때, 이제 북·일교섭도 때가 꼭 찬 듯싶다.

5) 전병곤「한·중정상회담」, 『통일시대』 2008. 6, 13면.

소강과 변법

이처럼 동북아가 잠재적인 갈등들을 안고 있음에도 최근 소강상태에 들어선 것은 왜 그런가? 아마도, 부시의 일방주의가 한풀 꺾이면서 도래한 북·미관계의 변화가 큰 원인이 아닐까 싶다. 일본교과서 문제(2001)와 중국의 동북공정(2002년에 시작되었으나 한국에서 비등한 것은 2004년) 등으로 동북아시아가 한창 시끄러웠던 21세기 입구 어름이 바로 식량난에 이은 NPT(핵확산금지조약) 탈퇴(2003)로 북한의 2차 핵위기가 발발한 시대라는 점을 상기하면, 한반도의 분단에 급격한 변경이 시도된 때 한·중·일 사이의 갈등도 착종했음을 다시금 확인하게 된다. 북의 붕괴를 겨냥한 부시정부의 정책이 한반도 분단체제의 평화적 해소를 지지하는 안팎의 역량에 부딪혀 변화하면서 한반도가 상대적 안정으로 돌아섰으니, 과연 북한문제는 이 지역의 평화에 관건 중의 관건이 아닐 수 없다.

한반도의 안정이 긴요하다는 데 동의한 국제정치적 타협 속에 간신히 이룩된 최근 동북아시아의 소극적 평화를 하나의 체제로 들어올리기 위해서 먼저 무엇이 요구되는가? 일언이폐지(一言以蔽之)하면 각 나라 국민들 사이에 진정한 우애가 싹터야 한다는 점이다. 정부간 타협에 의거한 소강적 평화상태에도 불구하고 국민간 우애는 아직도 멀다. 후주석의 방일에 대한 일본매스컴의 반응은 의외로 냉랭했다. 역도 마찬가지다. 일본을 바라보는 중국의 여론은 더욱 강경하다. "정부간 교섭만으로 국제관계를 안정시키기는 어렵다. 상대국 여론의 신뢰를 받게 하는 '퍼블릭 디플로머시'에 유독 서툰 두 나라지만, 이런 대(對)여론 외교를 잘하지 않으면 중·일관계의 장래는 어두울 수밖에 없다"는 후지와라 키이찌(藤原歸一)의 지적은 정곡을 얻은 것이다(「훈풍속 중일, 국민끼린 왜 멀까」, 『동아일보』 2008. 5. 30). 이 현상이 어찌 중·일에만 적용될까? 외압으로 또는 자발적으로 외톨이 신세인 북한은 우선 제외한다손 치더라도, 한·일, 한·중은 물론이고 양안 사이도 그렇다. 국민당의 친대륙정책에 대한 야당을 비롯한 대만의 여론이 비등하고 있다는데(백영서 「제3개념의 중국과 분단체제론」, 서남통신 2008. 6. 10), 두 정부의 정치적 친선이 양안의 국민적 우호와는 거리가 있다는 반증일 터다.

국민간 화해를 기초로 정부간 화해가 이루어지면 말할 나위 없거니와, 후자가 전자를 이끈다면 그 또한 차선일 수 있다. 그런데 동북아 3국에서, 물론 국민간의 교류 면에서 냉전시대와는 비할 바 없는 진전이 있었음에도 불구하고, 아직도 정부간 화해가 국민간 화해로 잘 이전되지 않는다. 사실은 이 지역에서 국민 사이 또는 인민 사이의 국경을 넘는 교류 자체가 일천하다는 점에 착목하자. 그처럼 유구한 인접성에도 불구하고 쇄국이 장기지속함으로써, 특히 한반도의 분단을 경계로 신판 쇄국이 교착하면서 교류는커녕 적대적 무관심이 이 지역에 팽배했다고 해도 지나친 말은 아닐 것이다.

이 점에서 최근 인터넷을 통해 분출되곤 하는 한·중·일 세 나라 젊은이들의 민족주의 전쟁이란 반일, 반중, 반일의 형태로나마 폭발하는 상호관심의 표출이라는 역설이 성립할지도 모른다. 타까하라 모또아끼(高原基彰)는 "인터넷을 서식처로 삼는 새로운 도시적 하위문화의 하나"[6]로 자리잡은 신민족주의의 차이에 주목한다. "경제성장이라는 공통된 국민적 목표를 설정함으로써 성립할 수 있었던 '고도성장형' 내

---

6) 타까하라 모또아끼 『한·중·일 인터넷 세대가 서로 미워하는 진짜 이유』, 삼인 2007, 34면. 이하 이 책 인용은 따로 주를 달지 않고 이 책의 면수만 표시함.

셔널리즘"(19면)에 대해서 젊은이들의 신민족주의는 "사회유동화 속에 내던져진 계층의 내셔널리즘" 즉 '개별불안형' 내셔널리즘(61면)으로 분화되었다는 것이다. 그리하여 "고도성장은 일부 기득권층의 배만 불려왔다는 일종의 억울한 감정"과 "중간층의 대열에 끼지 못할지도 모른다는 불안감"에 기초한 후자는 전자에 비판적인데(20면), "반(半)유희적 움직임"(21면) 또는 "취미화한 내셔널리즘"(123면)이라는 형식 또한 그렇다. 중간층이 분해의 압박에 직면한 동시성, 그 불확실한 미래에서 속절없이 흘러오는 불안이야말로 아시아 이웃에 대한 취미적 적대의 기원이라는 진단이 흥미롭다. 세계적 경제대국으로 우뚝하지만 그만큼 그늘이 깊은 일본, 개발독재를 통한 압축성장 이후, 민주화와 불황이 손잡고 찾아온 한국, 그리고 개혁개방 이래 경제적 풍요를 향해 질주한 끝에 신판 양무(洋務)의 위기에 직면한 중국, 다른 경로들을 통해 유사한 곤경에 직면한 한·중·일 세 나라 젊은이들이 신민족주의로 경사되는 현실이 침통하기조차 하다.

 그런데 두 민족주의를 섬세하게 분별하는 일의 중요성을 감안하더라도 과연 양자의 비연속성이 현실화할 수 있을지에 대해서는 회의적이다. 그는 후자를 "다원화 내셔널리즘", 전자를 "균질형 내셔널리즘"이라고도 지칭하는데(43면), 그 균열이란 실제 전투 속에서는 가뭇없이 사라지곤 하는 것이다. 인터넷이 차이의 토론이라기보다는 차이를 지우는 제론(齊論)으로 달려가는 경우를 우리는 종종 목격하기 때문이다. 신민족주의의 배경이 "아시아 멸시의 전통이 아니라 (…) 불투명한 미래의 전망"(115면)이라고 하더라도 불안이 멸시로 전화한 점에서는 양자는 연속적이다. 젊은이들의 신민족주의를 구민족주의로부터 구원하기 위해서도 불안이 멸시로 전화하는 회로를 차단해야 마땅할 터인데, 이제는 교류와 충돌의 지루한 또는 유희적 반복에서 한걸음 진화해야 한다. 충돌에 잠재된 친교에 대한 갈증과 신민족주의의 균열을 자상히 독해하면서도 우리 안에 억압된 아시아를 일깨움으로써, 한국인이면서, 일본인이면서, 중국인이면서도 동시에 **동아시아인이라는 공감각(共感覺)**을 어떻게 계발하는가, 이것이 문제다.

동아시아인이라는 공감각을 일깨우기 위해서라도 이제는 한걸음 더 나아가 세계시민적 차원을 더욱 강조해야 하는 단계에 도착한 것이 아닐까? "경제성장의 조(燥)는 정치적 무력감의 울(鬱)과 표리일체를 이루고 있다"(247면)는 타까하라 모또아끼의 지적처럼, 경제적 성장의 혜택을 듬뿍 받은 빠링허우(八零後: 80년대 출생자)세대의 거침없는 민족주의의 그늘이란 바로 민주주의의 문제인 것이다. 이는 비단 중국에만 해당하는 것은 물론 아니다. 한국도 일본도 민주주의는 아직도 도정에 있다. 민족주의를 근본에서 견제하는 민주주의의 재발견 또는 전인류적 가치에 대한 새로운 자각이 절실하다. 이미 지적했듯이 민족주의와 민주주의는 꼭 대립적인 것은 아니다. 민족주의가 민주주의를 통해 드러나기도 하고 민주주의가 민족주의를 통해 실현되기도 한다. 한국사를 돌아보건대, 민주주의가 민족주의를 각성시킨 4월혁명(1960)이 전자를 대표한다면, 민족주의가 민주주의를 일깨운 3·1운동(1919)은 후자에 가까울 것이다. 이처럼 민족주의와 민주주의가 흥미로운 관계를 이루고 있음에도 불구하고, 특히 독립과 자주가 초미의 과제인 나라에서는 민주주의가 민족의 이름으로 유보되곤 했다. 더구나 러시아혁명(1917) 이후 '20세기 사회주의'(레닌주의모델 및 그 아시아적 변종들)가 동아시아의 요괴로 횡행하면서 민주주의는 자주 형해화했다. 중국과 북한을 비롯한 사회주의 나라들은 물론이고, 일본과 한국 등 그에 대립한 자본주의 나라들에서도 민주주의는 반공을 빙자하여 자주 왜곡되었던 것은 주지하는 바가 아닌가?

이 점에서 최근 동북아 나라들 사이의 평화는 변법(變法)의 적합한 조건을 제공하고 있다. 바깥을 빙자하여 내부 개혁을 유보하는 핑계를 제거한다는 소극적 측면에서만 소중한 것이 아니라 지역의 평화가 변법의 추진을 안팎에서 돕는 인큐베이터라는 적극적 의미에서 더욱 그렇다. 쓰촨지진 참사가 부리는 마술에 주목하고 있지 않은가? 날림공사로 피해가 집중된 아이들을 잃은 학부형들의 집단적 항의와 구호품을 빼돌린 관리들의 파렴치 행위에 대해 현지 주민 수천명이 시위를 벌이다 경찰과 충돌했다는 보도 등을 감안컨대 이 재난의 폐허에서 민주주의가 싹트고 있다는 어떤 감동을 맛보게 된다. 티베트사태에 대해 "민족주의를 무기로 서방에 대항하면서 과연 소수민족에게 민족주의를 포기하라고 요구할 수 있느냐"고 반문한 중국 언론인 장 핑(張平)이 결국 당에 의해 직위박탈된 사건(『동아일보』 2008. 5. 8)과 비교하면 금석지감이다. 아마도 쓰촨 이후 중국 민주주의의 불씨는 새로운 분기점을 맞이할 터인데, 그렇다고 중국을 일방적으로 공격하는 서방 또는 그 아류 매체들의 방향 역시 긍정적인 것이 결코 아니다. 중국을 일방적으로 압박하면 민족주의가 폭발한다.[7] 티베트사태가 한창 달아올랐을 때 중국의 민족주의는 그 반동으로 더 거세게 타올랐으니, 빠링허우세대를 선봉으로 장 핑을 매국노로 규탄한 조리돌림이 인터넷을 타고 흘러넘쳤던 기억이 새롭다. 이 점에서 아시아에서 세번째로 치러지는 베이징올림픽의 역할이 또한 중요롭다. 북·미관계의 안정과 베이

---

[7] 김대중은 말한다. "만약 미국이 일본과 함께 중국에 과도한 군사적 압력을 가하면 중국의 민족주의는 폭발하고 군부가 세력을 장악하게 될 것이다. 그러면 위험한 시대가 올 수 있다. 그러나 미국이 중국이 위협을 느끼지 않을 만큼의 균형 잡힌 군사력만을 유지하고 중국의 내정에 전념하도록 유도한다면, 다시 말해 일종의 햇볕정책을 실시한다면, 중국의 민주화에 대한 희망을 가져볼 수 있다."『한겨레』 2008. 5. 19

징올림픽의 성공이라는 두 기둥이 이 지역의 평화기조를 적절히 받치니, 중국은 물론, 북한도 신판 변법으로 가는 길을 지혜롭게 모색할지도 모른다는 희망을 품을 수도 있을 것이다. 중국과 북한의 변화는 결국 그를 빙자하여 민주주의가 더 급진적이거나 더 보수화하는 일본과 한국의 민주주의를 공화의 이름으로 협치(協治)하는 더욱 성숙한 민주주의로 들어올리는 데 기여할 터인데, 이 연쇄야말로 동아시아라는 공감각 형성의 기초다. 동북아시아 각 나라의 국민들 사이에 동아시아인이자 세계시민으로서 진정한 우애가 강물처럼 흘러넘치는 그날, 그 '지루한 성공'으로 가는 길을 함께 만드는 일이야말로 진정 우리 시대의 보람이 아닐까?

동아시아 공동어를 찾아*

1. '보이지 않는 전쟁' 시대의 한반도

베를린장벽의 붕괴(1989)가 20세기의 마감을 고지(告知)하는 상징이라면, 9·11테러(2001)는 21세기를 여는 충격적 기호(記號)다. 한때 '근대 이후'를 밝히는 등불이었던 '20세기 사회주의'가 새로운 형태의 '근대 따라잡기'라는 인식이 더욱 분명해지면서 레닌주의(또는 스딸린주의)와 그 변종들의 전인류적 가치는 급속히 쇠퇴하였다. 이 환멸의 확산을 빌미로 자본주의를 '역사의 종말'로 찬송하면서 지상의 오지(奧地)는 물론 마음의 오지마저 상품화하는 자본의 운동이 목하(目下), 세계화의 이름 아래 전지구(全地球)를 석권하고 있다. 자본주의세계를

* 이 글은 2005년 5월 24~25일 개최된 제2회 서울국제문학포럼에서 발제한 원고를 개제·보완한 것이다.

일정하게 견제했던 사회주의라는 브레이크가 작동을 멈추자 미국의 헤게모니는 일통황제(一統皇帝)처럼 장엄했다. 그런데 세계화가 잉태한 새로운 형태의 테러리즘-테러의 고전주의를 일거에 붕괴시킨 이 거대한 섬광(閃光)이 유령처럼 미국을 엄습하면서 그 환상에 날카로운 금이 그어졌다. 소련의 해체는 미국의 쇠퇴를 동반할 것이라는 전망 아래 "일본 또는 일본/중국 또는 일본/동아시아의 근본적 부상"을 예측한 월러스틴(I. Wallerstein)의 지적이 상기된다.[1] 냉전시대의 소련이 미국의 헤게모니에 의존한 반쪽 헤게모니를 행사한 것에 지나지 않는다 하더라도 미국과 소련은 어느 한쪽이 기울면 같이 붕괴하는 20세기의 동반자인지도 모른다. 9·11도 그 중요한 지표의 하나가 아닐까? 외부의 공격에 한번도 노출되지 않았던 미국 본토, 이 '신성한 금기의 땅,' 그것도 심장부 뉴욕의 복판에 솟아오른 '자본주의의 바벨탑,' 쌍둥이빌딩이 굉음 속에 무너앉은 이 사건은 침묵 속으로 돌진한 무정한 테러리스트에 의해 희생된 무고한 영혼들의 '소리없는 아우성'으로 현대의 묵시록을 시현(示顯)하였던 것이다.

이 사건 이후 부시 미국정부는 반테러전쟁을 선포하며 '보이지 않는 적'들을 향해 마치 돈끼호떼처럼 돌진한다. 그러나 아프간전쟁(2001)에 이어 이라크전쟁(2003)에 돌입한 미국의 반테러전쟁은 그 헤게모니의 허약성을 오히려 전시하였다. 전통적인 동맹국들, 특히 유럽의 반대 속에 겨우 영국의 협조만을 얻어 시작된 이라크전쟁은 신속하게 후세인 정권을 붕괴시키고 기세좋게 전쟁 종결을 선언한 이후에도 여전히

---

1) 이매뉴얼 월러스틴, 백승욱 옮김『우리가 아는 세계의 종언: 21세기를 위한 사회과학』(*The End of the World as We Know It: Social Science for the Twenty-first Century*), 창작과비평사 2001, 82면.

진행형이다. 종전을 선언한 지 거의 2년이 가까워오건만 미군 전사자가 천명을 이미 넘어서면서 이라크전쟁이 제2의 베트남전쟁이 되리라는 당초의 어떤 예측이 불길하게도 적중되고 있는 형국이다. 일방주의라는 무리수가 강함이 아니라 약함의 표출이라는 점을 염두에 둘 때, 전세계를 '보이지 않는 전쟁' 속으로 몰아넣는 미국 역시 테러리스트의 짝패가 아닐까 우려하지 않을 수 없다.

미국의 일방주의는 북한도 '악의 축'으로 지목함으로써(2002) 한반도와 동북아시아를 유동성의 위기로 몰고간다. 9·11 이전 한반도와 동북아는 갈등과 분쟁으로 얼룩졌던 20세기를 결별하고 화해와 협력의 21세기로 나아갈 새로운 단초를 열어가는 중이었다. 탈냉전시대의 도래와 함께 한반도의 분단을 경계로 대치했던 남방 삼각동맹(한국·일본·미국)과 북방 삼각동맹(북한·중국·소련)의 대립이 유연화하면서, 오랜 군사독재를 끝내고 정치적 민주화가 새 단계로 진입한 한국과, 김일성 후계체제가 출범한 북한이 협력하여 한반도 평화통일의 기운이 차츰 익어갔다. 9·11 전해에 이루어진 6·15평양선언은 극적인 이정표가 아닐 수 없다. 남북이 오랜 반목을 씻고 이미 한국전쟁에서 확인된 일방통일의 불가능성을 솔직하게 인정하고 남의 국가연합제와 북의 '낮은 단계의 연방제안'의 공통성에 유의하여 평화통일의 길을 모색하는 이 선언의 핵심은 새로운 국내외적 분쟁의 씨앗이 될 수도 있는 급격한 통일 대신 남북화해의 안정적 구축 위에서 점진주의를 선택한 점에 있다. 내전에서 출발한 한국전쟁이 쉽게 국제전으로 확대된 사실에서 보았듯이 한반도의 분단은 이 지역 전체를 전쟁의 참화 속으로 끌고 들어갈 수 있는 잠재적 화약고다. 이 선언은 분쟁의 근원을 해체함으로써 한반도는 물론이고 이 지역 전체에 비둘기를 날리는 평화의 메씨지인 것이다.

그런데 9·11 이후 미국의 반테러전쟁이 북한도 잠재적 공격목표로 삼음으로써 동북아가 6·15 이전으로 복귀할 조짐을 보이고 있다. 코이즈미(小泉純一郞)수상의 평양방문(2002. 9)으로 상징됐듯이, 미국으로부터 일정한 자율성을 추구하던 일본정부가 북핵위기(2002. 10)를 빌미로 다시 미국의 품안으로 돌아간다. 흔들리는 단극(單極)체제를 수호하려는 미국의 최근 동향에 은밀히 동참한 중국도 동북공정(東北工程)으로 '제국'의 보위(保衛)에 유의한다. 9·11 3주년을 앞두고 벌어진 북오세찌야(North Ossetia)공화국의 끔찍한 테러사태를 기화(奇貨)로 러시아 또한 미국의 선제공격론을 추종한다. 한반도 주변 4강이 모두 미국을 모방하면서 남북관계도 일거에 정체국면에 들어섰다.

이 위기로부터 어떻게 탈출할 것인가? 미국식 일방주의가 야기할 위험요소를 회피하면서 북핵의 평화적 폐기를 위해서 나라의 경계를 넘은 시민적 평화운동의 연대가 절실히 요구되는 때가 아닐 수 없다. 마침 미국의 일방주의가 거의 소멸됐던 반전평화운동을 다시 구원하였다. 전세계적으로 평화운동의 물결이 고조되면서 한국에서도 정전 50주년(2003)을 즈음하여 처음으로 본격적 평화운동이 타올랐다. 한반도와 세계의 안녕을 기원하는 촛불들의 찬란한 점등(點燈)을 사유하면서 통일운동은 한반도라는 일국주의적 텍스트 바깥과 소통할 수 있는 통로를 열었던 것이다. 이 중요한 시기에 열리는 제2회 서울국제문학포럼의 주제가 '평화를 위한 글쓰기'(Writing for Peace)다. 세계의 문인·지식인들이 함께 모여 '평화를 위한 글쓰기'를 토론하는 이 자리가 9·11 이후 뒷걸음치는 평화를 동북아시아에 다시 불러들이는 세계시민연대의 겸허한 디딤돌의 하나가 되기를 나는 희망한다.

2. 한반도와 그 이웃들

분단 한반도의 지정학은 날카롭다. 동아시아 지도를 보면 한반도와 접경한 나라로 단연 중국이 먼저 눈에 들어온다. 물론 중국은 동아시아의 범위를 넘어선다. 동북아시아·동남아시아·서남아시아·중앙아시아 그리고 러시아와 길고 긴 국경을 접하고 있는 중국은 일종의 제국이다. 그것도 아주 오래된 제국이다. 아시아의 중심부에 웅거하고 있는 중화인민공화국은 제국의 모든 변경에 유의하고 있지만, 이 제국의 판도에서 유일하게 긴 해안선으로 열린 중국의 동부지역에 더욱 깊은 관심을 기울이고 있다. 개혁·개방 이후(1978), 중국이 발전의 축으로 삼고 있는 동부해안지역은 한편 제국의 해체를 야기할 수 있는 위험지역이기도 하기 때문이다. 이 해안은 바로 근대 구미(歐美)와 그 첨병 일제가 청(淸)제국을 종이호랑이로 만들어버린 침략루트였으며, 오늘날에도 여전히 세계제국 미국과 그 하위파트너인 일본이 거대한 세력으로서 현전(現前)하는 '접적지역(接敵地域)'이다. 이 점에서 중국은 동아시아의 범위를 넘어서면서도 동아시아의 일원이기도 한 양면성을 가졌다. 아편전쟁(1840~42) 이후 오래 움추렸던 중국은 현재 중화제국의 부활을 꿈꾸면서 태평양의 파고를 예의주시하고 있다는 점에서 가장 강력한 동아시아 국가의 하나인 것이다.

한반도와 경계를 접하고 있는 또 하나의 제국이 러시아다. 러시아의 중심은 유럽이지만, 몽골의 지배가 러시아를 주형(鑄型)했다고 해도 과언이 아닐 만큼 러시아는 태생부터 강한 아시아적 성격을 지닌 국가다. "러시아사람을 긁어내면 타타르사람이 나타난다"[2]는 농담이 있을 정도로, 러시아도 몽골제국의 후계적 성격을 지닌 것이다. 1480년 '몽골의 멍에'에서 벗어나 뾰뜨르 1세(재위 1682~1725) 이후 제국으로 일어서 몽골의 침략루트를 되짚어 '고요한 땅'[3] 시베리아를 횡단한 러시아는 1860년 뻬이징조약에 의해 연해주(Primorsky Krai)를 제국의 영토로 거둠으로써 마침내 한반도 접경에 도착하였다. '겨울의 제국' 러시아의 동아시아 출현은 이 지역 전체에 깊은 위기의식을 불러일으켰다. 긴 국경선으로 접한 중국은 물론, 바다로부터 대륙에 접근하고자 하는 미국과 일본 또한 그 남하를 막는 반러동맹에 대오를 같이했던 터다. 러시아혁명(1917) 이후 소련이 동아시아 민족해방운동에 연대를 표시하면서 중국이 이 대오로부터 한동안 이탈한 바 있지만, 2차대전 후, 소련이 미국과 함께 강력한 헤게모니를 행사하자, 흐루시초프(N. S. Khrushchov)의 스딸린비판을 계기로 중·소 이념분쟁(1956)이 비롯되어 급기야 대규모 국경분쟁(1969)으로 발전, 다시 균열이 재현되었으니, 이 틈을 타서 미국은 핑퐁외교(1971)를 통해 중국을 소련으로부터 결정적으로 이탈시켰던 것이다. 베트남전의 패배를 예감한 미국은 베트남을 포기하는 대신 중국과 화해하고 그럼으로써 소련에 대한 봉쇄를 강화하려는 고도의 전술을 구사하였다. 어쩌면 중·미 화해는 소련의 해체(1991)를 끌어낸 탈냉전의 단초적 징후인지도 모른다. 이후 동아시아에 대한 러시아의 영향력은 급속히 쇠락했지만, 강력한 러시아의 재건을 내건 뿌찐(V. Putin)정부의 등장 이후 사정은 변화하고 있다. '유럽과 아시아의 다리'로 자기정체성을 재규정한 러시아는 붕괴 이후 동아시아에서

---

2) Ruth Benedict, *The Crysanthemum and the Sword: Patterns of Japanese Culture*, Boston: Houghton Mifflin Company 1989, 290면에서 재인용. 'Scratch a Russian and you find a Tartar.'
3) 시베리아(Siberia)의 어원 시비르(Sibir)는 몽골어로 '조용한 땅'(the calm land)을 뜻한다.

잃어버린 영향력을 회복하고자 다양한 노력을 집중하는 중이다.

　북한과 국경으로 접한 중·러와 달리, 지경으로 이어지지 않으면서도 남한을 거점으로 이 지역 전체에 깊은 영향력을 행사하는 나라가 바다 건너 일본과 미국이다. 구미제국주의에 의해 '아시아의 헌병'으로 양육된 일본이 한반도와 만주를 식민지로 삼은 것도 성에 차지 않아 중국을 침략하고 급기야 주인에 도전한 태평양전쟁(1941~45)에서 패배함으로써 제국의 꿈이 좌절한 것은 이미 주지하는 터인데, 2차대전 후 미국은 일본에 의한 동아시아 위탁관리 대신 일본을 축으로 이 지역에 대한 직접관리에 나선다. 마오 쩌뚱(毛澤東)이 지도하는 중국혁명의 성공(1949)으로 대륙을 잃고 이어 발발한 한국전쟁(1950~53)에서 간신히 남한을 확보한 미국은 다시 베트남사태에 개입한다. 호찌민(胡志明)의 북베트남군에 의해 프랑스군이 패배하면서 베트남 북부에 대한 공산당 지배를 승인한 제네바협정(1954) 즈음부터, 축출된 프랑스를 대신하여 베트남사태에 발을 들여놓기 시작한 미국은 1965년부터 지상군을 투입한 본격적 개입에 나섰다. 1975년 하노이에 의해 베트남이 통일되면서 미군은 프랑스군의 전철을 밟았다. 한국전쟁이 미군이 승리하지 못한 최초의 전쟁이라면 베트남전쟁은 미군이 패배한 최초의 전쟁이었다. 미국에 의한 동아시아 반공포위망을 재구축하는 긴 과정에서 한국전쟁과 베트남전쟁의 거대한 후방 병참기지로 선택된 일본은 미국의 안보우산 아래 전후의 폐허를 딛고 부흥에 성공한다. 냉전이 동아시아에서 격화되면서 일본을 하위파트너로 키운 미국의 선택에 크게 부양된 결과다. 한국도 베트남전쟁 특수(特需)로 경제발전에 박차를 가하게 됨으로써 북한을 앞지르게 되는 발판을 마련하게 된 점에 유의할 필요가 있는데, 미국의 주도 아래 한·일협정(1965)이 체결됨으로써 한·미·일 삼각협조체제에 한걸음 다가선다. 이러한 장치들이 동아시아에서의 미국의 잇따른 실패에도 불구하고 미국을 결국 소련에 대한 승리자로 만들었던 것이다.

탈냉전시대의 도래에도 불구하고 동아시아는 아직도 불안정하다. '적도 아니지만 벗도 아닌(非敵非友)' 타협점에 처한 중·미관계를 언제든지 심각한 갈등으로 몰아넣을 수 있는 양안관계(兩岸關係)도 문제지만, 비대칭성이 너무나 명백하여 상대적으로 안정된 양안에 비해 대칭성 속에 비대칭성이 확대되고 있는 한반도는 유동성이 더욱 크다. 그럼에도 지구 최후의 분단국 남북한은 여전히 적대적 대립을 온전히 해소하지 못하고 있다. 냉전의 끝에서 통일에 성공한 베트남과 달리 한반도는 왜 그런가? 제국들에 둘러싸인 한반도의 지정학적 조건이 베트남보다 엄혹하기 때문이다. 베트남이 동아시아의 동남쪽 관문이라면 한반도는 그 동북쪽 관문이다. 북으로 중국과 접경할 뿐인 베트남과 달리, 팔자 사나운 한반도는 이미 지적했듯이 세계 4강에 둘러싸여 있다. 중국의 인민군, 러시아의 극동군, 일본의 자위대, 한국과 일본 주둔군을 비롯한 미국의 태평양군, 그리고 남북의 무력까지 집중된 동북아시아는 불명예스럽게도 세계적인 중무장지역의 하나인 것이다. 최고의 화력(火力)이 휴전선을 경계로 대치하고 있는 한반도의 이 불안한 평화에서 어떻게 반평화적 요소를 제거할 것인가, 이것이 문제다. 한국전쟁은 정전 반세기가 넘었건만 아직도 종결되지 않았다. 아다시피 한국전쟁은 휴전중이다. 다시 말하면, 교전당사국 사이의 합의로 전투는 일시적으로 정지됐지만, 전쟁상태는 계속되는 상태인 것이다. 더구나 한국은 휴전에 반대해서 협정체결에서 빠진 터라 그마저 불완전하니, 전쟁상태를 종결시키는 강화조약(講和條約)과는 한창 멀다.

이런 처지에도 불구하고 전후 반세기 넘게 아슬한 평화가 유지될 수 있었던 것은 한국전쟁이라는 열전의 교훈 덕분이다. 참혹한 국제적 내전을 겪었음에도 불구하고 전쟁 이전의 분단 상태로 복귀한 채 휴전한 데서 단적으로 보이듯이, 전쟁이라는 수단으로 한반도의 분단을 변경하는 것은 거의 불가능하다는 인식이 내밀히 공유되고 있다. 한반도가 주변 4강 어느 하나의 전일적 지배 아래 귀속되는 것을 누구도 원치 않기 때문이다. 이후 미·소는 비군사적 체제경쟁을 통해 남북을 서로에게 뽐내는 전시창으로 삼고자 하였다. 이 경제전쟁 속에서 전후 초기에는 북한이 부흥에 성공하였고, 1960년대 이후는 남한이 경제발전을 통해 반주변부로 도약했으니, 여기에 냉전의 역설이 숨쉰다. 한국전쟁 이후 동아시아는 남북이 적대적 공존 속에 기본적으로는 현상유지를 지킬 수 있을 만큼 일정하게 안정적이었다.

그런데 탈냉전시대로 접어들면서 다시 한반도와 그 주변이 요동한다. 한반도의 분단이 마침내 변경될 조짐을 보이고 있기 때문이다. 중국이 부상하고, 남한의 성공 속에 북한이 흔들린다. 대륙세력(중·러)과 해양세력(일·미) 모두에 전략적 요충인 한반도의 현상변경에서 우위를 잡기 위한 기세싸움이 한창이다. 이 위기 속에서도 미국의 일방주의에 대한 억지력이 작동하는 것은 동아시아가 현재 세계에서 가장 활동적인 경제축의 하나라는 점에 있을 터인데, 또한 자신의 경제성장을 보장할 한반도의 현상유지를 강력하게 원하는 중국이 북한의 후원자 역할을 맡고 있는 점, 그리고 무엇보다 위기의 최대 피해자가 될 한국의 자각이 그 어느 때보다 높다는 점에 더욱 의존할 것이다.

3. 다른 동아시아

한국발(發) 동아시아론은 그 모색의 하나다. 우리는 왜 동아시아를 말하는가? 다시 말하면 우리는 왜 다른 동아시아를 꿈꾸는가? **그것은 남북의 적대적 공존을 화해적 공생으로 바꾸는 일을 선차적으로 고려하는 공동의 작업을 통해서 세계 4강이 겯고트는 동(북)아시아에 항구적인 평화를 정착시키고자 하는 염원에 기초하고 있다.** 탈냉전시대의 입구에서 제기된 동아시아론[4]은 한반도(남과 북)·중국(그리고 타이완·홍콩·마카오)·일본(그리고 오끼나와)을 하나의 사유단위 또는 분석단위로 설정함으로써 민족주의와 국제주의(또는 세계주의)를 횡단하는 중도(中道)로서 '비판적 지역주의'를 실험한다. 동아시아론은 서구의 도착 이후, 특히 냉전을 실어온 미국과 소련이라는 손님들에 휘둘려 갈등과 반목을 거듭해온 20세기 동아시아로부터 탈주하려는 평화의 기획인 것이다. 물론 우리는 근대 이전의 동아시아를 결코 미화하는 것은 아니다. 그 시대에도 주로 한반도를 고리로 한·중·일은 때로 격렬한 갈등에 휩싸인 적이 적지 않기 때문이다. 그럼에도 그 시대의 갈등은 서구의 도착 이후처럼 항상적인 것은 아니었다. 더구나 제국주의의 모순 속에서 공산주의라는 유령이 이 지역에 강력한 마력을 행사하면서 분쟁은 더욱 복잡한 양상을 띠게 되었던 것이다. 그런데 '서구의 충격'이라는 공동의 위기 앞에서 이 시기에 동아시아론의 맹아가 싹텄다는 사실을 각별히 상기해야 한다. 파멸적인 서구의 위협이 실감되던 그 초입, 세 나라 모두에서 아시아연대론이 제기되었거니와, 일본이 서구의 첨병으로 변신함으로써 연대론이 무산된 사정은 주지하는 바다. 물론 이 무산을 일본 탓만으로 돌릴 수는 없다. 한국과 중

---

[4] 내가 동아시아론을 본격적으로 제기한 것은 「탈냉전시대와 동아시아적 시각의 모색」인데, 그 전후의 경과에 대해서는 「천하삼분지계로서의 동아시아론」을 참조할 것. 두 글 모두 본서에 수록됨.

국이 새로운 사태에 직면하여 능동적으로 구체제를 변혁할 수 있었다면 피침략국들은 물론이고 침략국의 민중도 가해자이자 피해자로 된 그 불행한 전쟁들을 막을 수 있었을지도 모르기 때문이다. 동아시아론은 한 세기 전에 좌절한 아시아연대론의 기획을 비판적으로 계승한다. 이미 지적했듯이 동아시아론은 일본제국주의가 내걸었던 '동아시아인의 동아시아 건설'이라는 배타적 지역주의가 아니라, 미국과 러시아도 진지하게 고려하는 비판적 지역주의다. 비판적 지역주의는 국제주의의 현실성과 풍부하게 소통한다. 한반도를 축으로 제국들의 이해(利害)가 착종하는 동아시아는 난해한 고르디우스의 매듭이다. 이 매듭을 슬기롭게 풀기 위해서는 민족주의와 지역주의만으로 대처할 수 없는 것이 냉엄한 현실이다. 해방 직후에 이강국은 일찍이 말했다.

> 조선민족은 그 과감하고도 집요한 반일제투쟁에도 불구하고 자력으로써 자기 자신을 해방하지 못하였다. (…) 민주주의연합국의 획기적 승전에서 그 해방의 행복을 향수하였다는 것은 조선민족의 무상의 환희이면서도 조선민족에게는 또 천추의 유한(遺恨)이 아닐 수 없는 것이다.
> 조선해방의 이러한 국제성은 조선문제 해결에 있어서 모든 국제적 제약을 받게 하는 것이다. (…) 조선문제의 해결은 언제나 전후문제의 국제적 민주주의적 해결의 일환으로서만 이해할 수 있는 것이며 기대되는 것이다.[5]

한반도의 해방/분단이 국제적으로 이루어졌기 때문에 그 해결 또한

---

[5] 李康國 『민주주의조선의 건설』, 朝鮮人民報社厚生部, 1946, 110면.

국제적으로 성수될 수밖에 없다는 이 냉엄한 통찰은 지금도 일정하게 유효하다. 한반도의 평화구축을 축으로 동아시아에 평화체제를 건설하려는 동아시아론 또한 세계주의를 내다보는 국제주의의 소산이다.

기왕의 일국주의적 접근을 넘어서려는 점 때문에, 동아시아론이 이 지역에 여전히 작동하는 냉전구조를 과소평가한 매우 순진한 탈민족주의론이라는 비판도 제기된다.[6] 만약 동아시아론이 민족주의를 단지 해체의 대상으로만 상정한다면 이는 비판받아 마땅한 것인데, 실제 그런 부류가 없지 않다. 민족주의는 근본적으로 극복되어야 할 것이지만, 중심/반주변/주변으로 구성된 세계체제의 위계제가 엄연히 작동하는 현재로서는 마냥 부정할 자산은 아니라고 나는 생각한다. 아니 위계제의 근사한 해체를 위해서도 민중의 복리가 온전히 구현되는 제대로 된 나라를 만드는 작업은 핵심적인 것이다. 민족주의를 구현하면서 그를 넘어서는 이중작업이 바로 동아시아론이라고 할 수도 있다. 또한 동아시아론은 이 지역에서 작동하는 냉전구조를 결코 과소평가하지 않는다. 전세계적인 탈냉전의 물결 속에서도 동아시아가 아직도 냉전의 유산에 지쳐 있는 현실을 타개하기 위해 이 논의가 제기되었던 점에서 동아시아론은 동아시아판 탈냉전의 기획인 것이다.

비판적 지역주의로서 동아시아를 세우기 위해 우선 우리 안에 억압된 동아시아를 호출함으로써 소통의 근거를 마련해야 한다. 서구에 의한 분리지배 속에 상호무지에 갇혀 있는 한·중·일이 우선 그 무지를 자각함으로써 학지(學知)를 풍요롭게 하는 공동작업이 선차적이다. 이런 시각을 훈련함으로써 서구적 근대를 근본에서 다시 보려는 희망을 묻어두고 있다는 점에서 동아시아론은, 표면적으로는 반서구주의로되,

---

6) 최장집 「동아시아 공동체의 이념적 기초」, 『아세아연구』 47권 4호(고려대 아세아문제연구소 2004), 106~7면.

속으로는 서구주의를 역모방한 일본의 아시아주의와는 선을 긋는다. 아다시피 결국 '대동아공영권'의 변증으로 전락한 일본의 아시아주의는 '반유럽중심주의적 유럽중심주의'(anti-eurocentric eurocentrism)[7]의 변종에 지나지 않을 것이다. 일본발 아시아주의의 어두운 그림자 때문에 동아시아에 초점을 두기보다는 아시아 전체에 대한 학지로 확대하자는 의견도 조심스럽게 제기된다.[8] 물론 이 우려는 충분히 존중되어야 하지만, 동아시아 역시 '상상의 공동체'로 여기는 전제를 가정하고 있는 점에서 문제다. '하나의 아시아'는 서구가 상상한 구성물일지 몰라도 동아시아는 근대 이전에도 하나의 권역으로서 지역체제가 작동했다는 점에서 '상상의 공동체'라고 보기 어렵다. 오히려 서구가 도착한 이후, 서구의 첨병으로 이 지역을 새롭게 구성하려는 식민주의적 지배욕망에 기초한 일본의 아시아주의야말로 '상상의 공동체'에 가깝지 않을까? 이 점에서 아시아에 대한 학지를 확대하고 심화하자는 데에는 이의가 없지만 동아시아를 아시아 전체로 해소하는 것에 대해서 나는 유보적이다. 서구의 충격 이후 단절된 동아시아 공동의 역사적 기억을 복원하고 그로부터 다른 동아시아로 나아갈 상상력의 자원으로 활용하는 작업이 지금 동아시아에 긴절하다고 믿기 때문이다.

4. 공동어(共同語)의 발견

버지니아 울프(Virginia Woolf)는 일찍이, 오랜 세월 연마된 남성적

---

7) 이매뉴얼 월러스틴, 앞의 책 251면.
8) 야마무로 신이찌(山室信一)「일본의 아시아주의와 '아시아' 學知」,『동아시아 근대지성의 동아시아 인식』, 성균관대 대동문화연구원 2005, 86~87면.

문장 형식 바깥에 "그녀가 이용할 수 있도록 준비되어 있는 공통의 문장이 없었다"고 고충을 토로한 바 있는데,[9] 오늘날 동아시아 문인·지식인들도 이와 유사한 곤경을 겪는다. 동아시아 문인·지식인들이 동아시아에 대해서 말하거나 쓰려고 할 때 우리는 동아시아의 경험을 소통할 공동의 언어 또는 공동의 문장이 결여되었음을 발견하곤 놀라게 된다. 이는 동아시아 사람들이 모여 대화할 때 공용어로 영어를 사용할 수밖에 없는 사정 이상을 의미하는 것이다. 설령 한국어로 말하고 쓸 때도 그 안에는 영어를 비롯한 서구어의 흔적들이 도처에 묻어 있다. 오늘날의 한국어는 겉으로는 한국어라도 속종으로는 서양어 또는 일본에서 가공된 서양어의 번역적 성격이 농후하다고 해도 지나친 말은 아니다. 바로 이런 사정이 동아시아인이 동아시아를 얘기하려 할 때, 오히려 일종의 말더듬을 자아내는 것이다.

우리는 서구의 눈으로 동아시아를 손님처럼 바라보고 있다. 가령 한국에서 일본을 알고자 할 때 가장 손쉬운 안내서로 루스 베네딕트의 『국화와 칼』을 선택하곤 한다. 이 책은 분명 일본을 이해하는 데 유익한데, 일본 식민지를 경험한 한국을 아는 데도 유효한 점이 흥미롭다. 예컨대 중매인이 우연히 만난 것처럼 꾸며 양쪽 부모의 입회 아래 두 당사자의 맞선을 보여 결혼을 성사시키는 풍습이 바로 근대일본에서 기원했다는 점은 대표적인 것이다.[10] 그럼에도 이 책이 1946년 미국에서 출간되자마자 바로 고전(an immediate classic)이 되었다는 미국인들의 찬사[11]에 우리는 선뜻 동의하기 어렵다. 저자가 밝히고 있듯이,

---

9) 버지니어 울프, 오진숙 옮김 『자기만의 방』(*A Room of One's Own*, 1929), 솔 2004, 144면.
10) R. Benedict, 앞의 책 120면.

태평양전쟁에서 일본의 패배가 실감으로 다가온 1944년 6월, 미국정부의 의뢰로 당장의 전쟁 수행과 전후 일본점령정책 수립을 위한 인류학자의 보고서로 작성된 이 책[12]은 미국을 표준으로 일본을 타자화한 철저한 서구중심주의 텍스트라는 점을 잊을 수 없다. "가장 낯선 적"(the most alien enemy)[13] 일본을 알고자 하는 열망에 지핀 이 책은 앎이 곧 지배와 정복의 사회심리에 기초하고 있음을 생생히 보여준다. 더구나 이 여성 인류학자는 일본을 한번도 방문한 적이 없다는 것이다.[14] 그리하여 그녀는 현지조사를 포기하는 대신 일본계 미국인들을 대상으로 한 면담조사 방식을 택한다. 그런데 그 조사는 말이 면담이지 이미 면담이 아니다. 그들을 마치 포로 심문하듯 또는 죄인 수사하듯이 쥐어짜서 이 책이 만들어졌던 것이다.[15]

베네딕트는 이 책에서 또끄빌(Alexis de Tocqueville : 1805~59)을 두 번 언급한다. 아다시피, 프랑스혁명으로 수난당한 귀족가문 출신이지만 혁명 이후의 세상을 일정하게 긍정한 그는 1831년 프랑스정부의 의뢰로 미국의 행형제도를 조사하기 위해 미국에 건너와 『미국 민주주

---

11) Ezra Vogel, "Forward," 같은 책 ix면.
12) 같은 책 4~5면.
13) 같은 책 1면.
14) 루스 베네딕트, 김윤식·오인석 옮김 『국화와 칼: 일본문화의 틀』, 을유문화사 1992, 4면 「역자서문」. 역자들은 이 점을 높이 평가하여 "학문의 연구에서 그 대상을 직접 목격하지 않은 쪽이 오히려 보다 엄밀할 수도 있다는 가능성을 이 저서는 입증하고 있다"고 긍정했지만, 과연 그럴까? 이 책의 경우는 그것이 바로 식민주의적 텍스트라는 점을 반증하는 것이라고 볼 수도 있다.
15) E. Vogel, 앞의 글 x면. 물론 보겔은 베네딕트의 이 철저성을 찬양했지만, 내가 보기에 이 면담은 끔찍한 것이다. 태평양전쟁 당시 미국에서 일본계 미국인들이 당한 박해를 상기하면 더욱 그렇다. 그들은 실제로 잠재적 간첩 또는 적군 포로로 취급되었다.

의』(Democracy in America)라는 뛰어난 보고서를 남겼다. 그녀는 이 책에서 의식적 또는 무의식적으로 또끄빌의 자세를 모방한다. 미국의 모태인 구대륙 유럽의 귀족청년이 낯선 미국을 관찰했듯이 그녀는 유럽의 헤게모니를 계승한 신대륙의 문화인류학자로서 미국에 겁없이 도전한 동아시아의 낯선 섬나라를 탐사하는 것이다. 그런데 '조건의 평등'(the equality of conditions)에 기초한 미국 민주주의를 미래의 선취로 평가한 또끄빌의 통찰을 준거로 일본사회의 뿌리깊은 위계제에 접근해가는 심경이 다소 복잡하다. 패전 일본이 미국의 권위를 승인하고 있는 상황에서 미국식 평등주의를 채택해야 한다는 미국 일각의 주장을 일축하고 그녀는 결론삼아 말한다. "한편 일본은 오늘날, 우리 것이 아니라 그녀 자신의 기초 위에서 그녀의 자존심을 재건해야만 하는 것이다."16) 다원주의적 관점에서 일본사회의 위계제를 긍정하고 있는 이 진술은 이미 전후 미국의 일본점령정책의 원형을 보여준다. 과연 미국은 전후 일본에서 천황제를 수선해서 이용하는 방식을 택했던 것이다. 이 점에서 또끄빌과 베네딕트는 차별된다. 그가 열린 눈으로 미국을 세계의 미래로 전망한 데 비해 그녀는 철저히 미국의 입장에서 일본을 보았던 것이다. 미국은 움직일 수 없는 북극성이다.

그런데 일본은 그 화풀이로 한국을 선택했다. 식민지지배를 준비하면서, 지배 기간 내내, 그리고 오늘날까지도 일본의 한국보고서는, 물론 예외도 없지 않지만, 왜곡으로 점철되기 일쑤였다. 이에 질세라 한국도 일본에 복수한다. '일본은 없다'식의 선정적 제목을 단 책들이 끊임없다. 이 우스운 연쇄가 동아시아에 횡행한다. 중국에 대한 서구의

---

16) R. Benedict, 앞의 책 150면. 'Meantime Japan will have to rebuild her self-respect today on her own basis, not on ours.'

상상을 복제한 일본과 한국의 중국론은 무릇 얼마며, 그 역으로 오래된 제국 중국이 그 주변국들에 대한 품었던 황당한 공상들은 또 그 얼마인가? 서구의 오리엔탈리즘이 동아시아 안에서 무한복제되면서 우리 스스로 서구의 분리지배에 즐거이 투항한 꼴인 것이다.

이런 사정이 동아시아의 소통을 방해한다. 근대 이전 동아시아 문인·지식인들은 이중언어 사용자였다. 각 모국어로 생활을 영위하지만, 공동문어인 한문을 매개로 한 상호소통 속에 문화사적 기억을 공유했던 것이다. 중국에서 기원한 유교와 인도에서 전파된 불교라는 동아시아 보편종교의 존재는 공동문어의 생명을 이 지역 전체에 더욱 깊이 착근하게 했으니, 근대 초에 아시아연대론이 제기될 수 있었던 것도 바로 공동문어의 전통이 쇠락한 형태로나마 살아 있었기 때문일 터이다. 중화체제 붕괴 이후 공동문어의 전통이 쇠약해지면서 동아시아는 서구의 상상을 자기화하는 치열한 경쟁에 빠져들었다. 이 상호불통을 치유하고 동아시아에 '공동의 집'을 건축할 방안은 어디에 있을까? 말이 '존재의 집'이다. 공동어의 창출에 서로의 지혜를 나눌 때다. 그렇다고 왕년의 공동문어로 복귀하자는 것은 물론 아니다. 20세기를 통과하면서 동아시아 각국이 겪은 고투의 경험을 충분히 고려하면서, 이 흔적들을 바탕으로 동아시아 '공동의 집'을 담지할 공동어를 발견하자. 동아시아 공동문화의 기억을 바탕으로 근대 이후 서구와 부딪치면서 획득한 경험을 나누는 공동어 창출의 과정 즉 다른 동아시아를 만드는 공동의 작업 속에서 단지 교전이 중지된 '소극적 평화'(negative peace)를 넘어서 동아시아 전체의 공동체적 안녕이 보장되는 "적극적 평화"(positive peace) 즉 진정한 의미의 평화가 동아시아에 깃들일 터전이 그만큼 커질 것이다.

천하삼분지계로서의 동아시아론

1. 제3세계론과 동아시아론의 싹

내가 '동아시아'를 처음 거론한 것은 1982년이다. 『한국민족주의론』(창작과비평사)에 기고한 「민족문학론의 반성과 전망」에서 "제3세계론의 동아시아적 양식을 창조"[1]할 것을 제안하였던 것이다. 이러한 주장을 내놓게 된 문맥을 잠깐 살펴보자. 당시 분위기는 암울했다. 박정희(朴正熙)의 암살 직후 찾아온 '서울의 봄'이 또다시 신군부의 집권으로 배반된 1980년대 초, 나라의 민주화와 민족의 통일을 목표로 온전한 의미의 국민국가 건설을 내다보면서 반유신투쟁의 선봉에 섰던 1970년대 민족문학운동 역시 느닷없이 엄습한 한파(寒波) 속에 혈로(血路)를

---

1) 졸저 『민족문학의 논리』, 창작과비평사 1982, 368면.

암중모색하는 처지였다. 자연히 1970년대를 되돌아보면서 숨을 고르는 형국이었으니, 지식사회의 이런 분위기 속에서 앞시기의 민족문학론들을 검토한 글이 「민족문학론의 반성과 전망」이다. 앞시기의 민족문학론들에서 물론 초점은 1970년대인데, 그 가운데서 1970년대 말에 제기된 제3세계론을 비판적으로 접수하면서 '제3세계론의 동아시아적 양식'을 거론하였던 것이다. 아다시피 1970년대 민족문학론은 제3세계론과 결합함으로써 세계로 통하는 한국문학의 새로운 출구를 마련하였다. 구미(歐美) 또는 동구라는 기원에 대한 안타까운 동경을 거절한 민족문학론은 그 댓가로 민족주의로 경사할 위험에 더 노출되기 마련인데, 이 점에서 제3세계론은 민족문학론 안에 내장된 민족주의라는 인화물질을 적절히 제어할 일종의 지렛대였다.

그럼에도 약간의 우려가 없지 않았다. 서구(또는 동구)문학을 전면적으로 부정하면서 아랍·아프리카·라틴아메리카문학을 새로운 전범으로 설정하는 일종의 제3세계주의적 경향이 떠올랐기 때문이다. 제3세계주의는 서구주의 또는 동구주의 못지않은 타자애(他者愛)의 표출인지라, 우리가 딛고 사는 이 땅과의 소외를 부추기는 것이다. 흔히 소외라면 정치·경제적 측면으로만 접근하지만 내 보기에 가장 심각한 것이 장소적 감각의 부박화(浮薄化)다. 민중의 숨결이 밴 독특한 장소들을 지우고 모든 것을 시간에 복속시키는 자본의 운동을 염두에 둘 때, '장소의 혼'과 소통하는 작업은 언제나 핵심적이다. 이 점에서 제3세계, 그 가운데서도 특히 종속이론과 함께 새로이 세계적 주목을 받은 라틴아메리카는 한국 또는 한반도와 처지가 일정하게 차별되는 것이 아닐까 하는 생각이 강하게 들었다. 당시 한국도 개발독재 드라이브 속에 사회적 양극화 현상이 초미의 문제였지만, 빈부격차가 거의 "두 나라"(two nations) 수준으로 격화된 라틴아메리카보다는 사회적

이동이 훨씬 유연하다고 판단되었다. 중심(core)과 주변(periphery) 사이에 만리장성을 쌓은 종속이론이 바로 이런 라틴아메리카의 현실을 반영할지도 모르는데, 신군부의 폭력적 등장이 가져온 암울 속에서도 나는 우리 사회에 대한 근본적 낙관을 포기할 수 없었던 것이다. 더구나 라틴아메리카문학에 대한 어떤 이질감이 이 경향을 더욱 부양하였다. 마술적 리얼리즘으로 이름높은 라틴아메리카문학은 결국 옛 식민지 모국, 즉 유럽문학의 비판적 확대에 가깝지 않을까 하는 의구가 들었다. 토착 인디오의 전통을 모태로 한다고 내세워지지만 마술적 리얼리즘은 유럽 초현실주의의 라틴아메리카 버전이 아닐까? 이 판단에는 19세기 서구리얼리즘에 너무나 익숙한 나의 마술적 리얼리즘에 대한 편견이 작용했을 수도 있겠다. 그런 면을 인정한다고 하더라도, 아니 그렇기 때문에 더욱, 라틴아메리카문학이 그 '장소의 혼'에 훈습하여 마술적 리얼리즘을 창안했듯이, 한국문학은 한반도 또는 동아시아의 문맥에 충실해야 하리라는 생각이 절실해진 것이다.

　이런 내 생각의 종자는 반유신투쟁의 전설이었던 김지하(金芝河)시인과의 만남을 통해 싹을 틔우게 되었다. 1980년 출옥 후 김지하는 바티칸이 아프리카의 생명력과 동아시아의 전통적 지혜의 학습에서 갱신의 방향을 잡고 있음을 전하면서 동아시아라는 화두를 들었다. 그렇다. 서구로, 동구로, 중동·아프리카·라틴아메리카로 우회하지 말고 우리가 딛고 사는 동아시아로 귀환하자. 이 회향 속에 '제3세계론의 동아시아적 양식의 창출'이란 활구(活句)를 얻었던 것이다.

2. 분단체제론과 동아시아론

북한을 의식적/무의식적으로 배제한 채, 남한의 문맥에서 접근하는 반국주의적(半國主義的) 시각을 넘어 북한을 시야에 넣은 한반도 차원의 일국주의로 나아간 것이 민족문학론이라면, 다시 일국주의를 넘어 한반도가 자리한 지역(region)을 숙고하자는 것이 동아시아론이다. 그런데 이 시기에는 운동론보다는 문명론적 감각이 승했다. 미국으로 대표되는 서구자본주의와 그 대안을 자처한 소련식의 사회주의, 양자 모두를 비판하면서 동아시아의 전통적 지혜를 바탕으로 제3의 선택을 모색하는 일종의 동도론(東道論)에 기울었던 것이다. 물론 이 생각의 밑에는 운동론이 숨쉬고 있긴 했다. 남한식의 자본주의도 북한식의 사회주의도 한반도의 평화통일을 추동할 남북 공동의 이념이 되기는 어렵다고 판단했기 때문에 새 사상을 꿈꿨으니까. 나는 우선, 서구의 도착 이후 더욱 깊은 분열에 빠져든 동아시아 세 나라, 즉 한·중·일을 함께 묶어서 사유하는 훈련을 시작하고자 하였다. 임형택(林熒澤)과 공편(共編)한 『전환기의 동아시아문학』(창작과비평사 1985)은 그 소박한 첫 작업이다. 서구의 충격을 전후하여 동아시아 삼국문학의 전환기적 면모를 점검한 글들을 모은 이 책의 편집과정을 거치면서 동아시아를 하나의 분석단위로 삼는 방법의 풍요로움을 예감할 수 있었다.

이러한 모색기를 거쳐 나는 「탈냉전시대와 동아시아적 시각의 모색」(『창작과비평』 1993년 봄호)을 발표하였다. 이 글은 무엇보다도 소련의 해체(1991)에 의해 촉발되었다. 1989년 베를린장벽의 붕괴를 기틀로 점화된 동구의 변혁이 마침내 사회주의의 '조국' 소련에서 붉은 깃발을 끌어내렸다. '자본주의 이후'를 자처했던 소련이 자본주의 대신 붕괴하는 '괴변'을 목격하면서 1980년대에 싹튼 동아시아론을 서둘러 얼개로나마 세운 것이다. 기왕의 문명론적 시각을 발전시켰지만, 이 글의 초점은 동아시아의 화약고인 한반도의 분단을 어떻게 평화적으로 극복하는가에 두었다. 베를린장벽의 붕괴 이후 도도해진 탈냉전의 물결이 동아시아에도 급격한 변모를 부축하고 있었다. 한반도의 분단을 계선으로 남방 삼각동맹(한국·일본·미국)과 북방 삼각동맹(북한·중국·소련)의 완강한 대치가 한국이 소련과 수교(1990)한 것을 기점으로 월남전에서 싸웠던 한국과 베트남이 정식 수교(1992)하고 급기야 한국전쟁의 적대적 당사자들의 두 축이었던 한국과 중국의 수교(1992)로 이어지면서 급속히 흔들리기 시작한 것이다. 냉전을 가로지르는 이들 교차수교는 탈냉전의 물결이 동아시아에 도착했음을 고지하는바, 이와 같은 국제적 환경의 변화는 국내 정치에도 중대한 영향을 미쳤다. 냉전의 짝패로 출현한 남한 군사독재의 점진적 유연화 과정을 둥지로 삼아 마침내 1993년 문민정부가 탄생하였던 것이다.

'20세기 사회주의'의 실패에 고무되어 자본주의를 '역사의 종말'로 찬미하는 논의가 미국에서 과감하게 제기된 데 단적으로 드러나듯이, 사회주의라는 견제장치가 소멸하면서 유일패권국의 지위에 올라선 미국의 일방주의가 다시 고개를 들기 시작하였다. 전지구화(globalization)의 이름 아래 자본의 공세가 전세계적으로 본격화하였다. 적화통일의 위험에 시달리던 남한에서도 독일통일에 고무되어 남에 의한 북의 흡수통일을 기대하는 논의가 은연중에 퍼져나갔다. 군사력이 아니라 자본에 의한 통일을 꿈꾸는 이 흡수통일론은 그동안 한갓 대내용이기 쉬웠던 북진통일론의 새로운 부활에 가깝다. 말하자면 '저강도 북진통일론'이라고 할까. 한국의 자신감은 남한경제의 성공에 기초하고 있는 것이다. 아시아사회의 자본주의 불임론(不姙論)을 전개한 막스 베버(M. Weber)의 판단을 뒤집고, 주변부사회의 중심부 진입 불가론을 폈던 종속이론을 수정하면서, 남한을 비롯한 대만(臺灣)·홍콩(香港)·싱가폴(星港) 등, 동아시아의 '네 마리 용'이 반주변부로 뛰어올랐다. 전후의 폐허에서 부흥한 일본경제를 선두로 동아시아 지역에서 자본주의가 성공적으로 출현한 새로운 사태에 직면하여 시장주의적 미국모델 대신 국가주의적 아시아모델 또는 일본모델이 찬미되었다. 이러한 움직임이 자본주의 진영뿐 아니라 소련 붕괴 후 옛 이름으로 복귀한 러시아와 시장사회주의의 이름 아래 개혁개방의 길을 선택한 중국에서도 은연중에 흥기하는 형국이었다. 특히 유교의 본고장 중국에서 이 경향은 더욱 눈에 띄었다. 그래서 동아시아형 자본주의의 변종인 유교자본주의론에 대한 비판적 시각을 이 글에 묻어 두었던바,[2] 유교자본주의와 제휴한 반북주의적 경향의 은근한 확산 앞에서 나는 동아시아론의 중추에 분단문제를 배치하였다. 이는 분단체제론의 문제의식을 적극적으로 수용한 결과다. 북을 기지로 삼는 NL적 경향(주사파)과 북을 괄호치는 PD적 경향 양자를 비판하는 데서 출발한 백낙청(白樂晴)의 분단체제론은 남과 북 어느 일방의 변화가 아니라 양방 모두의 변화를 통해 분단 이후의 한반도를 상정하는데, 이는 한·중·일 중심의 동아시아 연대가 반북동맹으로 미끄러지는 것을 제어한다.

분단체제의 극복을 동아시아론의 기초로 삼을 때, 또한 이 담론이 동아시아지역주의로 한정되는 것을 방지할 수 있다는 점도 유익하다. 다시 말하면 미국과 러시아를 포함한 사고가 가능해진다는 말이다. 요즘 6자회담으로 실현되었듯이, 분단의 극복에 있어서 한반도 주변 4강

---

[2] 본서의 「탈냉전시대와 동아시아적 시각의 모색」을 참고. 이 글에 묻어둔 유교자본주의에 대한 더 자세한 비판은 본서의 「세계체제의 바깥은 없다」를 참고할 것.

(미·중·일·러)의 협의를 생략한다는 것은 비현실적이다. 분단의 결정이 국제적으로 성립되었기에 그 해소 또한 국제적이지 않을 수 없기 때문이다. 이 점에서 이미 동아시아의 일원인 러시아는 물론이고 특히 국경을 맞대고 있지는 않음에도 이 지역 전체의 깊은 존재감을 드리운 미국을 동아시아론의 틀 안에서 고려하는 작업은 핵심적이다. 분단체제의 극복과정을 통해서 주변 4강과의 긴밀한 협의 아래 한반도 전체에 걸치는 평화체제를 구축하는 일은 동아시아론의 알파요 오메가가 아닐 수 없다.

3. 동아시아론과 탈국가주의

나는 최근 분단체제 극복을 중심축에 둔 동아시아론을 다시 풀어보고 있다. 백영서(白永瑞)의 제안으로 시작된 『주변에서 본 동아시아』(문학과지성사 2003)를 함께 편집하면서 주변이라는 시각을 조정중이다. 동아시아를 하나의 분석단위 또는 사유단위로 묶어보는 데서 출발한 동아시아론을 이제는 내부의 불균등에 주목하면서 다시 생각할 필요가 있다. 세계체제의 중심/주변은 이 지역 안에서도 복제된다. 특히 탈냉전시대로 접어들면서 체제 또는 제도적 차이가, 물론 아직도 중요한 변수지만, 탈경계화하고 있다는 점에서 더욱 그렇다. 이 지역 안의 비자본주의국가들에 대한 지구자본의 포섭이 강화되는 과정에서 냉전시대의 위계제가 목하 복잡한 재편의 도정에 들어섰다.

동아시아는 하나가 아니다. 동아시아를 하나로 묶어보는 훈련과 함께 일즉다(一卽多)의 관점에서 풀어서 볼 필요도 절실하다. 북한과 대만·홍콩·마카오와 오끼나와(옛 琉球)의 관점에서 동아시아라는 주변적 시각을 다시 주변화하는 이중의 작업이 요구되는 것이다. 사실 그동안 동아시아론도 국가주의에 다소 침윤되어왔다. 이 지역의 중심국가들 '중심'이었던 것이다. 동아시아론이 이 지역에 특히 우심한 일국주의 또는 국가주의를 넘어서기 위한 훈련이라면, 국민국가를 분해할 수 없는 원자로 실체화하는 오랜 관행에서 유연해져야 할 것이다. 국민국가의 안과 밖에 포진한 독특한 주변부와 함께 국민국가들의 경계를 가로질러 분산된 디아스포라의 문제 또한 중요하다. 중·일·미·러를 중심으로 이 지역에 널리 흩어진 한국/조선 동포, 가장 강력한 네트워크를 보유하고 있는 화교, 그리고 중국의 안과 밖에 널리 걸친 다양한 소수민족들은 그 대표적인 존재들이다. 그렇다고 기존의 틀들이 무효라고 주장하는 것은 아니다. 국가간 관계는 국민국가의 해체가 가시화하는 날까지 여전히 중요한 상수다. 그리고 무엇보다 계급이라는 심급이 주변의 관점으로 유실되어서는 안된다. 우리가 꿈꾸는 후천세상이란 국가·지역·계급·인종·젠더의 차이가 지워지는 대동(大同) 세상인데 동아시아론도 그로 가기 위한 소강(小康)[3]에 준하는 것이기 때문이다. 기존의 틀을 싸안되 동아시아론의 국가주의를 극복하기 위한 실험적 거점으로서 '주변의 관점'을 내세울 필요가 절실하다. 동아시아의 안팎을 주변이라는 키워드로 다시 보는 작업을, 대륙중심의 관점(중국)·해양중심의 관점(일본)·한반도 거점(hub)의 관점, 이 모든 관점을 비판적으로 조망할 수 있는 제4의 선택으로 주목하고 싶다.

---

[3] 유교적 유토피아인 대동세계는 천하를 공변된 것으로 삼는(天下爲公) 세상이다. 즉 사유제의 기원인 가족이 해체됨으로써 계급·국경·남녀 등 모든 차별이 사라진 세계다. 그 급진성 때문에 천하를 가족으로 삼는(天下爲家) 소강세상을 중간 단계로 두었다. 즉 임금은 아비요, 왕비는 어미로서 백성을 아이로 여겨 보살피는 유교적 왕도정치에 그 생각이 스며 있다.

동아시아론에 주변의 관점을 접목하고자 하는 것은 최근의 탈민족주의 경향에 대응하는 작업이기도 하다. 탈민족주의의 문제의식을 수용하되, 그 관념성에는 선을 긋는 것이 요구되기 때문이다. 더 나아가서 6·15남북정상회담(2000)을 기축으로 한반도문제가 중요한 고비를 넘어섰다는 낙관적 판단이 개재하고 있다. 물론 부시의 등장 이후 남북관계가 흔들리고 있지만 남북관계는 6·15 이전으로 회귀할 수는 없을 것이다. 이미 돌아올 수 없는 다리를 건넜다. 최근에는 오히려 기세등등하던 부시정권의 일방주의가 좌초할 운명에 직면하고 있는 것이 아닌가? 미국 안에서도 새로운 성찰의 기운이 솟아난다고 한다. 11·9(1989년 베를린장벽이 붕괴된 날)에 대한 미국의 열광과 자만이 9·11(2001)을 자초했다는 자각 속에 '잃어버린 10년'론이 부상한다.[4] 소련의 붕괴가 그 적대적인 공존의 짝패인 미국의 점진적 몰락을 초래하리라는 예견이 더욱 그럴 듯해지는 시점이다. 위기 속에서도 남북관계가 힘겨운 협력이 증진돼가는 이 대세 속에 동아시아 3국(한·중·일) 사이의 경제협력도 부단히 강화되고 있는 실정이다. "2002년 한·중·일 3국의 무역액은 2,000억 달러를 이미 넘어섰다. 중·일간 무역액이 1,019억 달러를 기록하였고 한·중 무역액은 440.7억 달러, 한·일 무역액은 570억 달러에 달하였다."[5] 한국전쟁 이후, 오랜만의 긴 평화를 누리면서, 동아시아의 탈냉전을 실험하고 있는 작금의 정세는 고무적인 것이 아닐 수 없다. 그럼에도 경제협력의 증대가 더 높은 단계의 공동체로 가는 출구를 아직은 찾고 있지 못한 실정이다.

이 교착상태를 타개하기 위해서도 주변의 관점은 중요롭다. 국가 중

---

4) 후나바시 요오이찌(船橋洋一)「9·11과 11·9」,『동아일보』2003. 11. 21.
5)『중국시장동향』제67호(인천발전연구원 2003. 11. 12), 2면.

심의 교류협력이 동아시아에서 특히 일본의 동향과 맞물려 복잡한 양상을 보인다. 반일감정은 한국과 중국에서 계기가 주어지면 일거에 타오를 수 있는 강력한 인화물질이다. 이 때문에, 지구화가 국민국가의 경계를 유연화하는 일반적인 경향성에도 불구하고, 오히려 동아시아에서는 국가주의가 강화되는 양상도 나타난다. 현실적으로 교류협력이 깊어지는 추세가 진행될수록, 한편 그에 대한 경계심리도 함께 발동되는 이중성이 동아시아 지역에 각별히 우심하다. 아슬한 가운데 순조로운 친교가 진행되다가도 순식간에 그 상태를 무로 돌릴 만큼 강력한 휘발성을 지닌 이 이중성을 어떻게 해체하는가? 결정적인 대국이 부재하지 않음으로써 비교적 지역협력이 잘 이루어지는 동남아시아와 달리 경쟁하는 대국들과 그를 부추기는 분단 한반도로 구성된 동북아시아에서는 아세안(ASEAN)이 좀체 출현하지 못하는 이유도 거기에 있을 것이다. 이런 조건이 'ASEAN+3'처럼 아세안에 동북아 3국이 껴묻어서 참가하는 기묘한 형국을 짓고 있는 것이다.

　동북아시아에 나타나는 지구화의 불균등성을 상생의 조건으로 변환시키기 위해 국가주의를 극복하는 한 훈련으로서 앞에서 거론한 주변들과 함께 도시 사이의 교류를 진지하게 사유할 때다. 예컨대 2002년에 처음 열린 인천·샹하이(上海)·요꼬하마(橫濱) 세 도시회의는 매우 흥미로운 예가 될 것이다. 서구 또는 아서구(亞西歐)인 일본에 의해 개항당한 경험을 지닌 세 항구도시가 서로의 경험을 나누면서 국가 사이의 틀을 넘어 교류협력의 길을 모색하는 일은 훨씬 수월할 수 있다. 이 도시들은 각각 서울·뻬이징(北京)·토오꾜오(東京)라는 강력한 국민국가적 중심에 대한 저항적 연대를 내포하고 있기 때문이다. 지방도시들 사이의 지역주의적 교류가 거꾸로 각 나라 안의 지방분권을 촉진함으로써 이 지역에 우심한 국가주의를 해체하는 선순환의 효과를 거두리라는 낙관을 가져봄직하다.

　동아시아론을 지방분권과 단단하게 결합하는 작업이 요구된다. 지방분권의 실현이 권력지향적 정치주의를 해체하면서 우리 사회의 고질의 하나인 지역감정을 해소하는 데 기여할 것을 기대한다. 지역감정은 지방에 대한 절망이 중앙권력에 대한 질주로 분출한 일종의 전도(顚倒)현상이다. 자기가 살고 있는 지방에서 인간다움을 실현할 길들이 존재한다면 구태여 서울을 애타게 바라볼 필요가 없을 터인데, 이 취약점을 박정희 이후 군사독재정권들이 악용하면서 사태가 악화되던 것이다. 또한 그에 대항한 민간정치지도자들 역시 싸우면서 배우는 적대적 동반자로 변모하면서 일종의 구조로 내재화하였던 터다. 이것이 해체되지 않는 한 동아시아시대의 개화도 없다. 인천에서 1993년 겨울, 『황해문화』 창간에 참여하여 10호(1996년 봄호)까지 편집에 관여한 경험은 이 생각을 더욱 굳게 하였다. 나에게, 『황해문화』가 지방분권론과 동아시아론의 젊은 실험실이라면, 1995년 6월에 출범한 서남재단의 '동양학술총서' 간행은 이론적 실천의 긴절한 훈련터다. 2001년 인천을 근거지로 탄생한 '동북아시아지식인연대'(NAIS) 또한 그 시대의 증표가 아닐 수 없다.

4. 동아시아, 정족(鼎足)의 터전

　동아시아론의 실험은 한반도 생존전략의 모색이다. 20세기를 지배해온 미국 중심의 세계질서와 그에 대항했다가 몰락한 소련 중심의 세계질서, 그 틈바구니에서 20세기의 동아시아는 격동했다. 그리고 이제, 중국혁명 성공 이후 긴 잠행 끝에 중국은 탈냉전의 물결 속에서 부활을 꿈꾸고, 구미의 후원 아래 동아시아의 새로운 패자(覇者)로 군림하다가 탈냉전시대로 접어들면서 일본은 주춤한다. 이 복잡한 합종연횡의 중추에 한반도가 존재한다. 이 십자로에서 한반도가 나아갈 길은 어디에 있는가?

 탈냉전 이후 20세기적 이념의 구도는 붕괴됐다. 사실 탈냉전의 기미는 이미 1960년대의 격렬한 중·소분쟁에서 싹텄다. 사회주의 형제국 소련과 중국이 서로를 비난하는 뜻밖의 사태는 결국 1971년 핑퐁외교를 계기로 1979년 중·미수교로 구현되었다. 사회주의 중국이 한국전쟁에서 적으로서 마주한 자본의 심장부, 미국과 수교함으로써 동아시아에서 탈냉전의 단초가 마련되었던 것이다. 그런데 중·미수교는 중국으로 하여금 제3세계 지도국으로서의 위치를 약화시키는 효과를 초래하기도 했다는 점에 유의할 필요가 있다. 개혁개방 이후, 세계무대에 화려하게 복귀한 중국이 요즘은 오직 미국만을 겨냥하면서, 제3세계를 거의 잊고 있는 형국임을 감안하자.

 아다시피 1955년 인도네시아의 반둥에서 제1차 아시아·아프리카회의가 열림으로써 '제3의 길'로서 비동맹이 처음으로 출현하였다. 이 세계사적 회의의 기원은 1954년 인도의 델리에서 개최된 인도의 네루(P.J. Nehru)와 중국의 저우 언라이(周恩來)의 회담이다. 당시 동아시아는 냉전의 격렬한 충돌장으로 변모하였다. 한국전쟁과 베트남전쟁의 폭발에서 깊이 자극받은 인도와 중국은 이 회담에서 '평화5원칙'을 선언함으로써 다음해 성사된 '반둥10원칙'의 바탕을 마련했던 것이다.

 반둥의 정신은 그후 아프리카 신생 독립국들이 속출하고 라틴아메리카가 가세한 1960년대에 절정을 이룬 뒤 양적인 팽창에도 불구하고 서서히 내리막길을 걷기 시작하였다. 비동맹의 실질적 주창자인 네루가 1964년에 서거하고 그 이듬해 비동맹의 굳건한 터전의 하나였던 인도네시아에서 미국이 지원하는 쿠데타가 발생하여 수카르노(A. Sukarno)가 실각하였다. 비동맹에 대한 미국의 공격과 함께 소련은 중국을 비판함으로써 중국마저 분쟁에 휩싸인다. 이 위기 속에서 중국과 미국이 제휴하는 길을 선택한다. 이 점에서 중·미수교는 반둥의 종언을 뜻한다고 보아도 지나친 말이 아니다. 이 일련의 과정에서 제3세계는 자본주의 1세계와 사회주의 2세계 사이에서 제3세력으로 정족(鼎足)하는 대신 다시 분할되었다. 아프리카는 구 종주국 유럽에 포섭되고, 라틴아메리카는 미국의 뒷마당으로 편입되고, 아시아는 미·소의 각축장으로 화하였다.

이 각축의 축에 한반도가 존재한다. 비동맹운동이 활발하게 전개되던 1960년대, 한반도에서는 냉전과 맞물린 분단체제가 본격적으로 작동되었다. 38선의 부분수정으로 휴전된 한국전쟁은 한반도에서 무력통일의 불가능성을 확인하였다. 주변 4강 누구도 한반도가 일방의 전일적 지배 아래 들어가는 것을 원하지 않기 때문이다. 한반도의 남북 양쪽에서 통일은 어느 순간 정권을 보호하는 이데올로기로 변모한다. 남북 사이에 격렬한 체제경쟁이 시작된다. '20세기 사회주의'의 전반적 퇴화과정 속에서 남한이 반주변부로 올라서는 가운데, 탈냉전의 세계적 물결 속에 분단체제가 흔들리면서 마침내 6·15정상회담이 실현되었던 것이다. 동아시아 분쟁의 축인 한반도의 분단을 평화적으로 해소하여 동아시아에서 탈냉전을 완결할 절호의 기회가 다가온 것이다. 비로소 분쟁과 갈등으로 얼룩졌던 동아시아의 20세기로부터 탈주할 출구가 출현하였다. 동아시아론은 이런 현실에 대응하기 위한 새로운 제3세계론이다. 아시아·아프리카·라틴아메리카와의 연대를 기본으로 하면서 제3세계주의로 미끄러지지 않는 현실적 대안으로서, 세계로부터 한국으로 내려먹이는 제국주의적 시각과 한국으로부터 세계로 나아가는 아제국주의적 시각을 넘어서는 제3의 선택이 바로 동아시아론이다.

유비(劉備)가 초야에 은거한 제갈공명(諸葛孔明)을 찾았을 때, 공명은 천하삼분지계(天下三分之計)를 제출했다.

> 장군께서 패업을 이루려시거든, 북으로는 조조(曹操)에게 사양하시어 천시(天時)를 차지하게 두시고, 남으로는 손권(孫權)에게 사양하시어 지리(地利)를 차지하게 두시고, 장군께서는 가히 인화(人和)를 차지하셔서, 먼저 형주를 취하시어 집을 삼으시고, 뒤에 곧 서천을 취하시어 기업을 세우셔서, 저 조조와 손권으로 더불어 정족의 형세를 이루신 연후에, 가히 중원을 도모할 것이겠습니다.[6]

이 큰 계책은 실은 공명의 독창이 아니다. 이미 오(吳)의 모사 노숙(魯肅)이 손권에게 올렸던 계책이다. 손권이 제환공(齊桓公)과 진문공(晉文公) 같은 패자가 되는 길을 묻자 노숙은 대답한다.

> 지금의 조조는 가히 항우(項羽)에 비할 자라, 장군이 무슨 수로 제환·진문이 되실 수 있으리까? 숙이 가만히 생각하오매 한실(漢室)은 가히 다시 일어나지 못할 것이요, 조조는 또한 졸연히 멸하지 못할 것이니, (…) 오직 강동에 정족하여 천하의 흔극(釁隙)을 볼 것이라 (…) 장강(長江)을 지경하여 지킨 연후에 건호제왕(建號帝王)하여 써 천하

---

[6] 『三國志』上, 正音社 1974, 540면. 이 책의 판권란에는 '번역 및 발행자'로 최영해(崔暎海)란 이름이 나온다. 그는 당시 정음사의 사장이다. 그런데 이는 부득이한 조치였다. 원 번역자는 소설가 박태원(朴泰遠). 월북작가인지라 이런 편법으로 이 최고의 명역본을 유통시켰던 것이다.

를 도모하신다면[7]

　노숙은 쇠망하는 한과 신흥하는 조조, 이 북의 두 세력에 대하여 강동을 터전으로 한 정족의 세(勢)로 손권의 오를 마주세웠던 것인데, 북의 조조와 남의 손권이 대립하는 틈을 엿보아 공명은 유비로 하여금 서진(西進)하게 함으로써 마침내 삼국시대를 열었던 것이다. 정책론에 기울 뿐 아니라 실질적으로는 이분론에 가까운 노숙의 이론을 공명은 천시·지리·인화라는 철학적 원리에 입각한 명실상부한 삼분론으로 발전시켰다. 천재적 발상이다.
　노숙의 이분론이 미·소 대결을 축으로 하는 냉전시대의 구도와 닮았다면, 공명의 삼분론은 냉전시대의 비동맹론과 유사하다. 동아시아론은 후자와 연속적이되 비연속적이다. 무엇이 연속적인가? 소련의 몰락 이후, 내부의 작은 모순이 없지 않았지만 근본적으로는 한통속이었던 미국과 유럽이 갈수록 틈이 벌어지고 있다. 동아시아론은 미국과 유럽연합에 대한 새 터전을 구한다는 점에서 정족론이다. 소련이 몰락했지만 '20세기 사회주의' 실험의 경험을 미국식 자본주의와 함께 중요한 평가대상으로 삼으면서 제3의 선택을 모색한다는 점에서도 또한 그러하다. 무엇이 비연속적인가? 삼분론의 목적은 결국 천하통일이다. 그런데 동아시아론은 동아시아를 미국과 소련 또는 미국과 유럽연합을 제치는 새로운 중심으로 내세우려는 패권론이 아니라는 점에서 공명의 삼분론과 날카롭게 차별된다. 세계적 차원뿐만 아니라 지역 안에서도 일국의 패권을 허용하지 않는다는 점에서 더욱 그렇다. 냉전의 발화점으로서 탈냉전시대에도 여전히 휘발성을 내장한 한반도의 분단

---

[7] 같은 책 434면.

을 평화적으로 극복하는 과정을 통해 국가주의와 민족주의를 넘어 세계형성의 새로운 원리를 탐구하는 동아시아론은 평화의 간절한 메씨지다. 타자성을 용해하는 도가니(melting pot)가 아니라 주체와 타자의 위계를 해체함으로써 모두가 자기로서 공생하는 쌜러드대접(salad bowl)을 동아시아 공동체가 지향하는 문장(紋章)으로 검토할 만하다. 다시 강조하건대 '신판 삼분론'=동아시아론은, 약자가 강자를 이기기 위한 위장전술이 아니라 강약 자체를 해소하는 그림으로써 궁극적으로는 사해동포를 실현하는 무사기(無邪氣)한 전략인 것이다.

  넘어야 할 산은 아직도 높다. 공명의 천재로도 삼분론은 결국 실패했다. 남과 북이 손잡고 여전히 이에 대해 의구심을 감추지 못하는 주변 4강을 달래 동아시아에 탈냉전의 완결을 도모하기 위해서는 수많은 공명이 요구된다. 아니 시민 하나하나가 공명이 되어야 할 터인데, 특히 한국 지식인들의 책무가 무겁다.

제 2 부

세계체제의 바깥은 없다
비서구 식민지 경험과 아시아주의의 망령
탈냉전시대와 동아시아적 시각의 모색

세계체제의 바깥은 없다
소국주의와 대국주의의 내적 긴장

1. 분단체제의 위기

 1997년 12월 대선을 통해서, 쿠데타의 위협 없이 정권교체라는 지난한 과제의 하나를 해결함으로써 한국민주주의는 새로운 역사적 걸음을 내딛게 되었다. 물론 4월혁명 직후 자유당독재의 붕괴와 함께 민주당이 집권한 역사적 경험이 있지만, 이번처럼 선거에 의해 평화적으로 여야의 정권교체가 비교적 순조롭게 이루어진 경우와는 차별된다는 점에서, 15대 대선의 의미는 각별하다고 아니할 수 없다.
 무엇이 각별한 것인가? "한국에서 민주주의를 기대하는 일은 쓰레기통에서 장미가 피기를 바라는 것과 같다." 자유당 시절, 어느 외국기자의 이 방자한 야유를 통쾌하게 뒤집어서인가? 그런 측면의 기쁨도 없는 것은 아니지만, 15대 대선 결과는 여당의 불패신화를 거의 보증

해온 분단체제가 위기국면으로 접어들고 있음을 알리는 징후라는 점에서 더욱 주목되는 것이다. 알다시피 세계적인 냉전체제의 종결에도 불구하고 동아시아에서는 전후(戰後)가 아직도 지속되고 있다. 세계 4강의 이해가 교차하는 한편, 적대적인 듯 상호의존적인 두 정부가 마주한 한반도는 그 결절점의 핵심이라고 할까. 따라서 한반도 분단상태의 해소는 동아시아 전후의 지혜로운 종결을 위한 선차적 과제의 하나가 아닐 수 없다. 그런데 냉전의 해체에도 여전히 완강했던 분단체제가 최근 극히 유동적인 상황으로 진입하였다. 북한의 식량위기에 이은 남한의 금융위기로 한반도 전체가 총체적 난국으로 급속히 빠져드는 작금의 사태를 조망컨대, 그 와중에서 이루어진 남한의 정권교체는 더욱, 분단체제의 균열이 심화되는 한 중대한 고비를 가리키는 지표로서 다가오는 것이다.

그러나 여권 속으로 들어가 문민정부를 탄생시킨 김영삼정부가 그러하듯이, 이탈한 구여권을 싸안아서 정권교체에 성공한 김대중정부의 출현도 변칙적이라는 점을 지적하지 않을 수 없다. (어찌 보면 이 변칙성이야말로 기로에 봉착한 분단체제가 자기를 관철하는 독특한 방식의 하나인지도 모른다.) 양자 사이에는 미묘한, 그럼에도 주목할 만한 질적 차이가 있다는 점을 간과해서는 안되지만, 김대중정부가 21세기로 가는 한국의 최선의 선택에는 미치지 못한다는 것 또한 명백히 할 필요가 있다. 물론 미리 한계를 긋고 비판만 하는 것이 능사가 아니다. 그런 일이 주관적인 선의에도 불구하고 자칫 김대중정부의 개혁작업의 전진을 가로막는 수구적 책동에 놀아나는 꼴이 될 수도 있기 때문이다. 종당에는 수구의 포위를 뚫지 못하고 좌절한 김영삼정부의 전철을 상기하면, 취약한 정권기반을 두터이 보호하는 범개혁세력 대통합을 위해 대국적 입장에서 조력하는 고도의 정치적 지혜가 요구되는 때라는 점이 더욱 고려되어 마땅하다. 그렇다고 해도, 아니 그렇기 때문에, 한갓 정부만 쳐다볼 것이 아니라, IMF관리체제에 대응하여 출범한 김대중정부의 개혁작업을 새로운 수준의 진보운동의 이론과 실천을 모색하는 본격적 계기의 하나로 삼아야 할 필요가 절실해진다.

2. IMF사태를 둘러싼 분분한 논의들

영국의 『더 타임즈』가 마침내 무릎을 꿇은 한국을 비롯한 아시아정부들을 메피스토펠레스에게 영혼을 판 파우스트로 연민하는 가운데,[1] 한국정부는 1997년 12월 3일 IMF에 전면 항복하였다. 한국이 갑자기 IMF관리체제 아래 편입된 이 특단의 사태를 놓고 나라 안팎에서 논의가 분분하다. 한국경제에 대한 IMF의 강력한 구조조정 요구에 대해 미국기업과 싸우는 한국대기업을 견제, 무력화하려는 미국자본의 음모로 보는 시각이 있다. 뉴매카서(New MacArthur)프로그램으로 불리는 미국중심의 IMF지배체제가 경제적일 뿐만 아니라 군사적인 체제임을 상기시킨 정성기(鄭成基)는 지난해 11월 24일 미국의 한국 조기지원 결정을 월가(街)가 유엔군의 인천상륙작전에 비유한 점을 지적한다.[2] 이 음모론은 최근, IMF가 중심이 되어 90년대 초반에 작성한 워싱턴 컨쎈서스(Washington Consensus)의 존재가 알려지면서 더욱 힘을 얻은 형편이다. 냉전이 종식된 이후 국제금융자본은 신자유주의적 경제질서의 전지구적 관철을 집행하기 위해 한국 및 개발도상국가들의 시

---

1) 정성기「IMF체제하 공황과 생존의 길」,『세상만들기』1998. 1, 7면.
2) 같은 곳.

장개방을 핵심으로 하는 구조조정을 강제하는 다양한 계획을 수립한 바, 한국정부가 이들의 치밀한 작전에 말려 'IMF신탁통치'를 받아들일 수밖에 없었다는 것이다.[3]

도대체 IMF란 무엇인가? "IMF는 1945년 미국과 영국을 중심으로 한 연합국들이 2차대전 이후의 국제경제질서를 구축하기 위하여 맺은 브레튼우즈 협정에 의해 세워진 기관이다. IMF의 원래 목표는 국제경제체제의 질서를 회복하는 데 있었으며 특히 국내 및 국제 경제체제의 규제에 있어 정부가 핵심적 역할을 맡아야 한다는 일반적 합의가 있었다. 그러한 합의의 이론적 근거는 1930년대의 케인즈혁명에 의해 주어졌다. 1929년의 세계대공황에 따른 대량실업과 사회적 혼란 그리고 이로부터 비롯된 각국의 보호무역주의, 블록경제와 군비확장 등이 2차 세계대전을 야기시켰다는 반성에 토대를 두고 전후 국제경제질서 구축에 있어 각국 정부가 적극적 역할을 맡아야 한다는 인식이 확고했던 것이다."[4] 이처럼 정부의 역할을 강조하면서 출범한 IMF는 1970년대 중반 이후 선진자본주의가 만성적인 경기침체로 빠져들면서 사회민주주의 또는 케인즈주의 정책의 실패가 도드라지자 미국을 중심으로 한 다국적기업과 국제금융자본의 이해에 기초한 신자유주의로 대전향을 감행했던 것이다.[5] 신자유주의 프로젝트는 냉전 종식 이후 더욱 가속화하여, 급기야 급부상하는 아시아를 주요 타격목표로 삼기에 이르렀으니, 미국의 대한(對韓)정책이 미묘한 변화의 양상을 보였던 터다. 북한과의 관계개선을 추구하는 미국은 사회주의에 대한 자본주의의 우

---

[3] 『시사저널』 1998. 3. 19, 38~41면.
[4] 윤진호 「IMF시대의 노동시장과 고용위기의 극복방안」, 『황해문화』 1998년 봄호, 48면.
[5] 같은 글 49면.

월성을 전시하는 진열창으로 특별대우했던 한국을 하나의 경계대상으로 간주, 미국의 자유시장 개념에 맞게 한국경제의 재편을 강력히 요구하면서 한국의 위기가 초래되었다는 것이다.[6] 이러한 국제적 흐름의 변화에 둔감한 채, 내부 개혁은 중도폐기하고 OECD 가입을 무리하게 추진하며 북한에 대한 강경기조를 밀어붙이다가 IMF의 덫에 스스로 빠진 김영삼정부는 과대망상에 빠진 '우물 안 개구리' 꼴이 아닐 수 없다. 과연 IMF는 미국자본의 이익을 전지구적 차원에서 관철하는 도구다. 이 점에서 음모론적 시각에 대해서도 한결 괄목상대해야 하지만, 그럼에도 정부의 무능과 함께 정경유착 속에 일그러진 한국자본주의의 실상에 비추어볼 때 남의 탓만 할 수는 없는 노릇이다.

한국을 비롯한 아시아 금융위기의 원인이 구조적인 것이 아니라 갑작스레 조성된 심리적 공황(panic)에서 말미암았다는 희한한 논리도 있지만, 이 또한 우리에게 위안이 되지 못한다. 심리적 공황론보다는 정보통신원죄론이 오히려 흥미롭다. 정보통신의 발달로 투자자들이 주어진 정보에 대한 검증 없이 이리저리 급속히 한 방향으로 쏠리는 기울기에 따라 한 나라 경제의 사활이 좌지우지된다는 것이다. 실제 월가의 딜러들은 전자게임하듯 금융거래를 하고 있다니, 소련이란 '위협'이 사라진 대신 이익을 따라 정처없이 세계를 떠도는 자본이 새로운 요괴로 등장한 우리 시대는 일종의 총체적 위험사회로 진입한 것인지도 모른다. 하여튼 세계금융 개편을 위한 투쟁에서 막강한 일본 대장성과 한국 재경원이 일거에 위용을 잃어버리는 최근 사태의 추이를 바라볼 때 유일권력으로 부상한 IMF와 월가의 전자게임, 그 무서운 위력을 새삼 실감하게 되는 것이다.

6) 브루스 커밍스(Bruce Cumings)『한국일보』1998. 1. 1.

이와 함께 1997년 7월 타이의 바트화 폭락으로 촉발된 아시아 금융위기를 세계대공황의 서주로 보는 논의에 주목할 필요가 있다. 고철기(高喆基)는 국제금융시장을 교란시키는 투기성 자금의 거대화와 1930년대 대공황에서 회복된 이후 다시 허약해질 대로 허약해진 실물부문으로 상징되는 최근 자본주의의 실상을 직시할 때, 1930년대 대공황을 야기한 조건들이 점차 성숙하고 있다고 지적한다.[7] 금번 금융위기는 주변부와 반주변부에 국한되어 있기는 하지만, 선진자본주의 여러 나라들, 일본은 물론이고 독일을 비롯한 유럽, 심지어 최근 최고의 호황을 구가하는 미국경제도 겉으로는 양호한 듯하나 내면으로는 결코 낙관만 할 수 없다는 관측도 적지 않다. 70년대 이후 사멸하는 공룡에 비유되면서 일본을 비롯한 아시아경제의 추격에 초조히 쫓기던 미국이 창조적 파괴론을 내세워 내부 구조조정을 다그쳐 경제부활에 성공했음에도 실제로 미국경제는 "파괴된 것은 고용안정이고 창조된 것은 저임금"이란 비판을 받을 만한 약점(물론 단기적으로는 이 약점이 대외경쟁력 측면에서 강점이기도 하지만)을 안고 있는 게 사실이기 때문이다. 이 점에서 역사적으로 공황은 부의 세습이 이루어지는 30년을 주기로 반복되고, 이를 피하면 다음 30년, 즉 60년을 주기로 대공황이 내습한다는 라비 바트라(Ravi Batra)의 대공황설은 그럴듯하다.[8] 한국 재벌들이 대개 2세 경영으로 넘어간 시점에 금융위기가 발생했다는 공교로운 사실도 참고할 점이다.

과연 아시아 금융위기는 세계대공황의 서주인가? 1931년과 1997년의 금융위기를 비교한 박복영(朴馥永)은 중앙유럽에서 시작하여 곧장

---

7) 고철기 「대공황의 불가피성」, 『녹색평론』 1998년 1-2월호, 34~36면.
8) 정현숙 「네오휴머니즘의 예견」, 『녹색평론』 1997년 11-12월호, 140면.

국제금융의 중심부 영국으로 비화, 세계금융질서 자체를 전복해버린 전자에 비해 아시아에 국한된 후자는 그 강도가 훨씬 약하다고 진단한다. 그럼에도 순수자유시장이라는 정통교리의 파산으로 주어진 30년대 대공황을 케인즈혁명에 의해 극복했던 역사적 교훈을 망각하고, 1997년 아시아 위기를 신자유주의적 처방으로 막으려는 IMF의 기도가 일시적으로는 위기의 중심부 파급을 저지한다 할지라도 근본적으로는 아시아 위기를 심화시킴으로써 대공황으로 발전할지도 모른다고 조심스럽게 전망한다. "1931년 국제금융위기는 대공황의 종결을 유도한 위기였던 반면, 1997년 국제금융위기는 세계적 불황을 야기하는 위기가 되지 않을까 우려되는 것이다. 금융위기를 겪고 난 지금의 동아시아는, 전간기(戰間期)에 비유한다면 금융위기 이후의 1930년대가 아니라 대공황을 향하고 있는 1920년대에 해당하는 시점에 서 있는 느낌이다."9)

금번 아시아 위기가 대공황의 시작이라고 단정하는 것은 현재로서는 촉빠른 진단일 것이다. 신자유주의의 무한관철이 심각한 사태를 초래할 가능성은 언제든지 남아 있다고 보아도 좋지만, 설령 이번 사태가 세계대공황으로 번진다고 하더라도 자본주의의 대파국으로 귀결되리라고 보기는 어렵다. 알다시피 자본주의는 끊임없이 위기를 먹이로 새로운 형태로 부활을 거듭해왔기 때문이다. 자본주의도 역사적 체제인만큼 언젠가는 작동을 멈추게 되겠지만, 자본의 활동력은 아직 왕성하다고 판단된다. 그렇다고 대공황론을 그저 폐기할 일은 아니다. 이 사태를 야기한 우리 사회 내부의 약점들, 즉 무분별한 중복투자로 문어발식 확장에 급급한 재벌경제, 재경원 정책에 의존한 관치금융체제,

---

9) 박복영 「두 번의 국제금융위기: 1931년과 1997년」, 『역사비평』 1998년 봄호, 138면.

이와 얽혀 있는 낙후한 정치구조 등을 개혁하는 중단기적 과제는 그것대로 해결해나가면서, 이 위기를 기회로 삼아 우리가 딛고 사는 자본주의에 대한 좀더 근원적인 성찰작업이 더욱 절실해지는 것이다.

3. 소국주의와 대국주의

금번 아시아 금융위기의 진전과정을 살펴볼 때 우선 눈에 띄는 특징의 하나는 중심부의 위기가 반주변부·주변부로 내리먹었던 이전과 달리, 이번의 위기는 주변부 동남아에서 발원하여 반주변부 한국으로 역진하고, 다시 중심부, 일본·유럽·미국으로 파급할 가능성이 잠재되어 있다는 점이다. 물론 아직 중심부가 위기로 함몰한 것은 아니로되, 사태의 진전 여하에 따라서 그 가능성이 완전히 닫혀 있다고 보기도 어렵기 때문이다. 그런데 그 근원을 따지면 단순한 역진만은 아니기는 하다. 가령 아시아 외환위기가 3년 전 중국이 단행한 위안(元)화의 33% 평가절하에서 시작되었다는 분석에 의하건대,[10] 잠자는 사자 중국이 시장경제에 뛰어든 충격도 한몫을 한 것 같다. 자주 거론되듯이 아시아지역에 거대한 거품을 수출해놓곤 정작 위기가 닥치자 "아시아 위기의 구세주를 아시아 내부에서 찾기는 어렵다"며 꽁무니를 사리는 일본의 책임 또한 무겁다. 그런데 일본의 항변에도 일리가 없지 않다. 최근 심각한 장기불황에 빠져든 일본경제의 약체화는 이른바 일본적 씨스템의 구조적 문제가 근인(根因)이겠지만, 한편 일본의 대미(對美) 무역흑자로 말미암은 일·미 경제마찰에서 미국의 요구에 굴복한 나까

---

10) 『동아일보』 1998. 2. 11.

소네(中曾根) 정권의 규제완화정책도 일조를 했기 때문이다. "엔고(高) 불황과 일·미 경제마찰 타개의 방책으로서, 구조개혁정책과 내수확대가 쎄트로 실행"된 결과, "금융시장과 부동산시장에서 거품이 발생하고 그 붕괴를 계기로, 일본경제는 심각한 사태로 빠졌던 것이다."[11] 요컨대 아시아 금융위기의 근원에는 역시 미국을 비롯한 구미자본이 자리잡고 있는 것이다. 중세의 방랑기사단처럼, 또는 초원의 제국 몽골의 유목군단처럼, 이윤을 찾아 온 세상을 자신의 말굽 아래 정복하는 구미자본의 진군이야말로 아시아 금융위기의 진정한 원인제공자다. "안팎의 사회주의와 대치하면서 사회개혁을 실행해온 것이 자본주의 성공의 원인"[12]임을 상기할 때, 냉전의 종식과 함께 그나마 사회주의 체제의 견제로부터도 자유로워진 자본의 전지구화는 역으로 위기의 전지구화를 초래하고 있으니, 세계는 한발 재겨 디딜 틈조차 없이 상호의존(interdependence)의 촘촘한 그물망 속에 갇혀버렸다. 정말로 "얕게 통합된 국제체제에서 깊게 통합된 지구적 체제로"[13] 변모한 현재 세계경제지형을 실감하게 되는 것이다.

이제 어느 나라도 자본주의 세계체제로부터의 탈각이 거의 완벽하게 불가능한 시대로 들어섰다. 이 점이 이번 사태 최대의 교훈이라고 나는 생각한다. 세계체제의 바깥은 없다. 다시 말하면 자본주의 세계체제 안에서 비자본주의적 발전의 길은 없다고 할 수 있겠다. 미완의 근대성을 온전히 성취하는 일의 중요성이 다시 부각되는데, 문제는 근대의 완성이 근대 이후로의 이행 가능성을 봉쇄하는 측면이다. 청년

---

11) 海野八尋「規制緩和, 構造轉換論では答えは書けない」, 『世界』 1998년 3월호, 112면.
12) 같은 글 113면.
13) 피터 디켄「초국적기업과 국민국가」, 『유네스코포럼』 1997년 가을호, 229면.

그람시(A. Gramsci)는 러시아혁명을 맑스의『자본론』에 대한 혁명이라고 환영한 바 있는데,14) 영구혁명론의 폐기와 함께 단계론의 함정을 어떻게 넘어서는가? 이것이 문제다. 그런데 우리가 프랑스혁명이나 러시아혁명 같은 모델만을 염두에 두어서 그렇지 앞으로 그 이행의 모델은 다양할 것이다. 이 점에서 루이 보나빠르뜨의 제2제정 성립을 그후 위로부터의 혁명의 선구로 본 엥겔스의 시각이 흥미롭다. 그리고 보면 독일 및 이딸리아의 통일운동과 일본의 메이지유신 등 일련의 후발국 근대화혁명이 모두 19세기 후반에 이루어졌다는 점이 주목된다. 루이 보나빠르뜨와 비스마르크 같은 "1848년 혁명의 무덤파기 일꾼들이 그 유언 집행자로 되었다"는 엥겔스의 역설에 의하건대, 위로부터의 혁명이 가지는 복합성에도 새삼 유의할 필요가 있다.15) 또한 혁명을 꼭 그 폭발의 시점에만 국한하지 말고 전후 사정을 함께 고려하는 지속의 관점에서 파악하는 훈련도 필수적이다. 가령 1848년 봄 민중혁명의 요란한 폭발 직후, 여름 가을의 민주주의자들의 개혁적 운동을 재평가하는 시각도 매우 흥미롭다.16) 세계적인 차원에서 지배의 기술이 점점 정교해지고 있는 오늘날 광범한 대중이 참여하는 아래로부터의 혁명은 거의 불가능해졌다. "아래로부터의 혁명은 국가기구가 현상을 유지하거나 위로부터의 혁명을 추진할 능력을 상실했을 때만 가능"17)한 것인

---

14) Michael Löwy, *The Politics of Combined and Uneven Development*, Verso 1981, 2면. 저자는 그람시가 러시아혁명을『자본론』과 고전적 맑스주의에 대한 살아있는 부정으로 파악한 견해가 경솔한 것임을 이 책에서 치밀하게 논증한다. 맑스는 후발 자본주의사회가 사회주의로 이행하는 데 있어서 자본주의적 성숙문제를 고민했지만, 사회민주주의자들처럼 단계론에 빠져든 것은 아니다. 그렇다고 영구혁명에 기초한 레닌주의 및 그 변형들이 여전히 유효하다고 할 수는 없다.

15) 같은 책 5면, 28면.

16) 김인중「1848혁명의 새로운 평가」,『역사비평』1998년 봄호, 322면.

데, 세계체제에서 이제 약한 고리는 거의 없다고 보아도 좋다. 요컨대 위로부터의 혁명과 아래로부터의 혁명을 결합하는 제3의 길, 너무나 불가역적(不可逆的)인 폭력을 제한하고 갈등을 비파괴적으로 또는 창조적으로 이용하는[18] 쌍방향성 또는 순환성의 회복에 기초한 새로운 모델을 우리 사회의 현실에 즉해서 여하히 구성해내는가, 이것이 더욱 큰 문제가 아닐 수 없다.

  이 지점에서 나는 소국주의를 숙고할 필요가 절실하다고 판단한다. 중국문명의 거대한 흡인력, 북방 유목민족과 일본의 끊임없는 침략에 시달려온 전근대에는 물론이고 세계자본주의체제에 강제로 편입된 근대 이후 더욱, 한국사회는 우리가 딛고 살아온 소중한 터전 한반도로부터 내적 탈주를 기도하며 민족주의의 이름 아래 대국주의(부국강병에 기초한 대국지향의 민족주의)를 꿈꿔왔다. 물론 이 강렬한 저항적 민족주의는 세계적으로도 유례를 찾기 힘든 한국사의 중첩된 간난을 뚫고 민족을 보위하고 민중의 생명력을 보존하는 데 결정적 기여를 해온 셈이다. 그런데 대국주의의 꿈이 현실로 나타날 기미를 보이자 우리 역사를 이끌어온 긍정적인 원천의 하나인 민족주의는 그 모든 폐단을 한꺼번에 노정하기에 이르렀으니, 어찌 보면 오늘날 IMF사태를 초래한 병통이 여기에 있는지도 모른다. 새로운 건국기를 맞이한 한반도에 신자유주의의 화신인 작은 정부가 아니라 작지만 단단한 나라, 민족의 존엄과 민중의 권익이 민주적으로 지켜지는 나라를 세우는 일을 분단체제 극복의 핵심으로 삼을 만하다. 소국주의의 추구는 기존의 왜곡된

---

17) Ellen Kay Trimberger, *Revolution From Above: Military Bureaucrats and Developmemt in Japan, Turkey, Egypt, and Peru*, Transaction Books 1978, 서문 viii면.
18) 요한 갈퉁 「문화적 평화: 몇가지 특징」, 『유네스코포럼』 1997년 가을호, 271면.

중앙-지방 2분법을 극복하는 데에도 크게 기여할 것이다. 대국주의가 부추기는 한반도로부터의 내적 망명은 지방으로부터의 심리적 탈주와 긴밀한 연쇄를 이루고 있기 때문이다. 신판 소중화론이 아니냐는 비판이 나올 수 있지만, 병자호란 이후의 조선 지배층이 추구한 소중화론은 어디까지나 정권보위의 현상유지책이란 점에서 진정한 소국주의와 차별된다.

한국사를 한반도 중심으로 다시 보자. 모든 사실을 한반도 안으로 꾸겨넣은 김부식(金富軾)도 문제지만, 뭐든지 압록강 너머 대륙 또는 바다 건너 일본에다 끌어붙이는 국수주의도 산통이다. 고조선이고 고구려고 백제고 신라고 발해고, 중원땅이 아니라 아름다운 한반도가 종착지요 중심이었으니, 한반도 사람으로서의 자각이 지금보다 절실히 요구되는 때는 드물 것이다. 영국 역사상 가장 인기없는 결지왕(缺地王, Lackland) 존(재위 1199~1216)의 노르망디 실지(失地)가 오히려 영국인의 정체성을 확립케 함으로써 마그나 카르타로 상징되는 민주주의의 이정표를 건립하는 데 기여했다는 역설은 극히 시사적이다. 존의 아버지 헨리 2세는 영국뿐 아니라 프랑스 서부 전역을 영토로 거느려 재위 35년간 영국에서 지낸 기간은 겨우 13년뿐이었고, 1158년부터 1163년까지 줄곧 프랑스를 떠나지 않았으니, "영국을 하나의 속국으로밖에 보지 않는 황제"처럼 처신했던 터다.[19] 프랑스 땅의 상실이 영국에는 오히려 약이 되어, "마그나 카르타에의 서곡" 역할을 했던 것이다.[20] 이 점에서 신라의 통일 이후, 더 늘려 잡아서 발해의 멸망 이후, 대륙의 고토를 상실한 일을 애통해만 할 것은 아니다.

---

19) 앙드레 모르와, 최을림 옮김 『영국사』(上), 서문당 1975, 168면.
20) G.M. Trevelyan, *A Shortened History of England*, Penguin Books 1960, 145면.

또한 한국사를 "아(我)와 비아(非我)의 투쟁" 즉 침략과 저항의 역사로만 보는 단선성을 이제 극복할 필요가 있다. 당장 위에 든 노르만 정복왕조가 영국사에서 차지하는 의의를 상기해도 그러하거니와 몽골의 지배 이후 러시아사의 전개과정을 살펴보면 더욱 침략의 양면성에 주목하게 된다. 물론 러시아사는 이 시기를 '몽골의 멍에'라는 용어로 부정하지만, 실상을 살피건대 그 멍에에서 벗어난 이후 눈부시게 발전한 러시아제국은 동서 초원지대를 일통한 몽골제국의 유산을 고스란히 계승한 셈이었던 것이다. 1237년에 개시된 몽골의 러시아 침략은 공국(公國)들로 나누어진 루스 지역을 통일시켰다. 물론 이는 효율적 지배를 위한 일이었지만, 결과적으로는 러시아의 통일된 힘으로 몽골 지배를 구축(驅逐)하는 데 기여함으로써 러시아제국은 몽골의 유산이라는 역설이 성립하는 것이다. 몽골의 침략 이전 보잘것없던 모스끄바 공국이 몽골제국에 굴종하면서 성장하여 루스 지역의 맹주 노릇을 해온 끼예프공국(우끄라이나)을 제치고 러시아의 중심으로 발전하는 과정에도 유의할 필요가 있다. 이는 몽골의 중국 침략에서도 다시 확인된다. 몽골은 장성 밖의 탕구트(西夏), 중국 북부의 금(金), 중국 남부의 송(宋)을 차례로 자신의 판도 안에 거둠으로써 중국을 통일했으니, 결국 몽골을 몰아내고 원(元)을 계승한 명(明)의 건국을 초래하였다. 그런데 이 한족 정권은 청(淸)의 흥기를 위한 에피쏘드에 지나지 않는다. 동양의 로마제국 당(唐)의 멸망 이후는 북쪽 유목민족의 시대였으니, 몽골에 멸망당한 바 있던 금의 후신, 청의 흥기 역시 몽골제국의 유산이었다. 또한 몽골의 지배에 의해 형성된 중국이 현대중국의 근본적 골격으로 유지되고 있다는 점에 주목하면 몽골의 유산, 그 광대한 영향력에 감탄하게 된다.

팍스 몽골리카(pax mongolica)는 중세유럽에도 심대한 충격을 선사하였다. 중세유럽을 강타한 몽골의 침략이 결과적으로 자본주의 세계체제의 탄생에 기여했다는 월러스틴(I. Wallerstein)의 지적과, 동서결합을 촉진한 몽골제국의 붕괴가 동양의 몰락과 서양의 흥기를 초래했다는 아부-루고드(Abu-Lughod)의 분석을 고려할 때, 몽골제국의 세계사적 사명이 얼마나 막중한 것이었는지 실감하게 된다.[21]

왜 고려는 러시아나 중국이나 서구처럼 되지 못했나? 이 점에서 팍스 몽골리카의 붕괴와 함께 성립된 조선왕조의 개국을 재음미할 필요가 있다. 하여튼 항몽사관만으로 이 시기를 파악하는 단선성에 대한 반성[22]을 진지하게 물어봄직하다. 저 치열했던 항몽전쟁의 기억을 소중하게 갈무리하면서도, 몽골이 고려를 솔롱고스(Solongos) 즉 무지개의 나라로 불렀다는 사실도 아울러 참고할 일인데, 한국사를 세계사적 시야에서 파악해가는 훈련이 절실하다.

이런 관점에서 식민지시대를 둘러싼 최근의 논쟁을 다시 볼 필요가 있다. 일제의 조선침략에도 +개발과 −수탈의 양면성이 어김없이 나타난다. 가령 통감부 설치 이후 일제가 구한국정부에 강제했던 사법개혁의 과정을 살피건대, 한국 사법제도의 골격이 그때 마련되었음을 확인하게 된다.[23] 그리고 그 과정에서 전근대적 인치(人治)를 대신한 근대적 법치의 합리성이 일정하게 진전한 점도 눈에 띈다. 그럼 일제가

---

21) Faruk Tabak, "Ars Longa, Vita Brevis?: A Geohistorical Perspective on Pax Mongolica," *Review* 1996년 겨울호, 25면.
22) 임형택 「고려말 문인지식층의 동인의식과 문명의식」, 『목은 이색의 생애와 사상』, 일조각 1996, 293면.
23) 남기정 옮김 『일제의 한국사법부 침략실화』, 育法社 1978. 이 책은 1940년 토오꾜오 법조회관(法曹會館)에서 구한말과 일제 초기 조선사법계에서 활동했던 일본인들이 모여 이틀간에 걸쳐 좌담한 내용의 속기록을 번역한 것이다.

추진한 식민지근대화는 누구를 위한 것인가? 이에 대해 당시 통감 이또오 히로부미(伊藤博文)는 명확히 대답하고 있다. "한국의 정치개선은 즉 한국에 있어서의 일본의 세력확장이라는 점이다."[24] +개발과 −수탈은 둘이 아니라 바로 하나인 것이다. 근본적으로 조선의 효율적 지배를 위해서 강제로 추진된 일본에 의한 식민지조선의 근대화는 "밀봉된 관 안에 조심스럽게 보관되어오던 미라가 바깥 공기와 접촉할 경우 분해를 피할 수 없는 것"[25]처럼 조선의 전통사회 처처에서 균열을 야기하게 된다. 그런데 이는 망외의 효과를 산출하기도 한다. 분해에 저항하는 강력한 민족주의와 분해에 힘입은 공화주의가 조선사회 안에서 동시에 전진하면서 전세계 피압박민족 해방운동의 한 기념비로 되는 3·1운동이 폭발하였던 것이다.

토지조사사업의 경우도 양면성은 분명하다. 근대적 토지소유권의 확립이 전통사회에 행사한 분해력은 가위 혁명적이라고 해도 좋다. 흔히 전통적 양반지주가 식민지 지주로 거의 이행했다고 보지만, 대한제국의 붕괴를 즈음하여 상당한 정도의 신분교체가 이루어진 것 같다. 최찬식(崔瓚植)의 소설들이 잘 보여주듯이 전통적 신분의 주변부에서 근대교육을 통해 부르주아지로 상승하거나, 채만식(蔡萬植)의 『태평천하』에서 보듯이 토지조사사업 과정을 전후해서 지주로 상승한 평민들이 식민지 지주의 전형으로 자리잡는 한편, 양반과 일반 농민은 급속한 추락의 길을 걸었던 것은 아닐까? 미야지마 히로시(宮嶋博史)는 재지(在地)양반층의 동족부락이 식민지시기에도 강고히 존속하다가

---

24) 같은 책 42면.
25) Karl Marx, "Revolution in China And in Europe," *On Colonialism*, International Publishers 1972, 21면.

도시화가 본격화하는 1960년대 이후 해체의 길로 들어섰다고 지적한 바,26) 이는 조금 과장 같다. 재지양반층은 재경(在京)양반층에 비해 형편이 나았겠지만, 그럼에도 양반층의 분해는 식민지화를 전후해서 본격적으로 시작되었다고 보아야 할 것이다. 따라서 60년대 이후는 해체의 시작이라기보다는 그 종언이기 십상이다. 하여튼 폴라니(K. Polanyi)가 시장경제에서 일어난 이상한 일 세가지(화폐·토지·노동의 매매) 가운데 하나로 꼽는 토지매매가 바로 이 사업을 통해 확립되었다는 점을 염두에 둘 때, 본래 자연의 일부인 토지의 상품화가 얼마나 치명적인가는 오늘날 한국자본주의의 왜곡에서 차지하는 토지투기를 상기하면 족할 것이다. 일본제국주의의 조선지배를 생각하면서 맑스의 인도론을 음미할 필요가 있다. "문제는 아시아 사회상태의 근본적 혁명 없이 인류가 그 사명을 다할 수 있겠는가 하는 것이다. 그렇다면 영국이 저지른 죄가 아무리 크다 하더라도 그러한 혁명을 일으킴으로써 영국은 역사의 무의식적 도구 노릇을 하였던 것이다."27)

식민지근대화 논쟁은 박정희 개발독재에 대한 평가와 맞물려 있기도 하다. 식민지근대화가 60년대 이후 남한 공업화의 기반이라는 점에 대한 비판도 만만치 않다. 가령 히라까와(平川均)가 지적하듯이, 북부의 공업화와 남부의 농업 중심이란 구도에 기반한 식민지조선의 상황을 상고할 때, 남한이 공업화에 성공했다는 역설28)을 설명하기 어렵고, 해방과 6·25라는 총붕괴의 상황에 대한 분석을 생략한 채 60년대 경제개발과 직접 연결하는 무리를 비판한 야마무로(山室信一)도 일리

---

26) 宮嶋博史 『兩班: 李朝社會の特權階層』, 中央公論社 1995, 214면.
27) Karl Marx, "The British Rule in India," 앞의 책 41면.
28) 粕谷信次 編 『東アジア工業化ダイナミズム: 21世紀への挑戰』, 法政大學出版局 1997, 13면.

가 있다.[29] 그런데 이러한 비판은 조금 지엽적이라는 생각이 든다. 박정희의 근대화 추진은 일제의 방식, 특히 일제말 총동원체제와 유사하다는 점에 주목하고 싶다. 생각을 더 밀고 나가면, 유격대국가(和田春樹) 또는 농성체제(白樂晴)의 북한의 발전전략 역시 그 변형일지도 모른다. 한국적 근대의 특수성뿐 아니라 서구적 근대 자체에 대한 부정적 인식을 심화하면서, 이제는 그 유효성이 거의 탕진된 남과 북의 발전모델에 대한 발본적 재검토가 절실하다. 대국주의의 꿈을 공유하고 있는 이 모델들을 어떻게 넘어서는가? 민중의 고통 위에 구축된 대국주의의 꿈을 버리고 소국주의와 대국주의의 긴장을 견뎌나가는 일의 긴절성을 자각하고 싶다.

4. 아시아적 가치

일본을 비롯한 아시아경제의 부상과 함께 홍콩 반환으로 아시아의 세기가 열리는가 싶더니 반환의 축제무드가 채 가시기도 전에 아시아 주가가 폭락하였다. 아시아모델의 우등생 한국이 IMF에 항복하고, 급기야 그 모델의 맹주 일본에서 대장성으로 상징되는 관치금융에 대한 서구 다국적 금융자본의 공격에 유수한 은행과 증권사들이 연쇄도산하자, 월가는 "사요나라 일본주식회사, 굿바이 한국주식회사"를 외치며 아시아적 가치의 폐기를 자축했다. 지난 20년간 일본모델과 미국모델의 우열론에 시달리던 미국은 아시아의 공포로부터 해방되어 아시아 관료주의 신화를 해체한 시장의 승리를 기쁘게 선포했던 것이다.

---

29) 『世界』 1997년 12월호, 277면.

물론 일본의 제조업 경쟁력은 여전히 세계 최고라는 사실에 근거하여 일본불패론을 고수하는 저항적 논의가 들려오지만, 어딘지 허장성세라는 느낌을 지울 수 없다.

과연 아시아적 가치는 초상집 개 신세로 굴러떨어졌는가? 만약 그것이 일본모델 및 그 변형인 박정희식 개발독재모델을 포함한 유교자본주의를 뜻한다면, 대체로 수긍할 수밖에 없다. 그럼 경제적 자유의 확대(규제완화)와 국제분업의 추진(구조조정 및 구조전환)을 축으로 하는 서구식 신자유주의에 일방적으로 적응하는 것만이 만병통치약일까? 물론 아니다. 이미 지적했듯이, 신자유주의의 무한관철은 근본적으로 더 큰 위기로 가는 지름길이기 때문이다. 종국에는 지구 전체를 파멸로 이끌 신자유주의시장을 민주적으로 통제할 공평한 규제, 즉 시장의 특권이 아니라 공익을 수호할 규제를 여하히 구성해내는가가 핵심인데, 유교자본주의를 넘어서 진정한 아시아적 가치를 숙고하는 문제가 더욱 절실하다.

여기서 잠깐 유교자본주의론에 대해 생각해보자. IMF사태를 맞이하기 전, 일본을 선두로 동아시아 신흥공업국(한국·타이완·홍콩·싱가포르)들이 부상하고, 그 뒤를 동남아시아의 타이·말레이시아·인도네시아가 잇고, 거기에 중국이 시장경제에 뛰어들어 새로운 경제강국으로 부상하면서, 유교자본주의론은 상종가를 쳤다. 물론 아시아모델은 값싼 노동력의 양적 팽창에 불과하다는 크루그먼(P. Krugman)의 강력한 비판이 제기되지 않은 것은 아니지만, 아시아경제의 실물은 그 비판을 무색케 하기에 족했다. 이런 배경에서 서구의 프로테스탄티즘과 달리 유교는 자본주의 발전의 내적 계기가 결여되어 있다는 베버(M. Weber)의 논의를 비판하는 유교자본주의론이 제기된 것이다. 뚜 웨이밍(杜維明)은 일본과 동아시아 신흥공업국들을 구미자본주의의 유형이나 소련 및 동구의 사회주의 유형과 구별되는 '세번째 공업문명'이라고 명명하면서, 동아시아모델이 '후기 유가사회'라는 문화적 공통기반에 구축된 점에 주목하였다. 그런데 문제는 동아시아모델을 "시장경제로 대표되는 자본주의적 모델도 아니고 계획경제로 대표되는 사회주의적 모델도 아"[30]닌 독자적 유형으로 파악할 수 있는가 하는 점이다. 그 독특한 자질을 인정한다 하더라도 동아시아모델은 근본적으로 서구자본주의의 아시아적 변종이기 때문이다. 말레이시아의 화교를 연구대상으로 삼아 그 유가적 요소를 재평가한 바 있는 앨러타스(S. H. Alatas)는 오늘날 화교들의 경제적 성공에 긍정적 영향력을 행사하는 유교가 전통 중국에서는 왜 그러지 못했는가라고 매우 날카로운 질문을 던졌다. 그는 그 매개항으로 말레이시아를 식민지로 경영했던 영국자본주의의 유산을 설정했으니,[31] 서구자본주의 세례 없이 동아시아모델의 탄생도 없다고 할 수 있겠다. 더구나 뚜 웨이밍이 강조하는 가족주의와 정치적 영도를 특징으로 하는 동아시아모델이 내우외환 속에 낙후한 유형으로 저무는 요즘 상황을 돌아볼 때, 그 대안적 독자성은 심각하게 훼손되었다고 치부해도 무방할 것이다.

이 점에서 유교자본주의론을 정면으로 부정하는 프랜씨스 푸쿠야마(F. Fukuyama)의 「사회적 자본과 세계경제」[32]는 그 정치적 의도에도 불구하고 흥미롭다. 아시아 금융위기 직전에 발표된 이 글에서 그는 제임스 콜먼(James Coleman)의 '사회적 자본' 즉 "특정사회의 성원들

---

30) 뚜 웨이밍 「유가철학과 현대화」, 『동아시아, 문제와 시각』, 문학과지성사 1995, 382면.
31) 金耀基 「유가윤리와 경제발전」, 『동아시아, 문제와 시각』, 411면.
32) 이 글은 원래 *Foreign Affairs* 1995년 9-10월호에 실린 것인데, 여기서는 미 공보원이 배포한 번역본을 참고하였다.

이 새로운 단체 및 결사를 형성할 때 서로 신뢰하고 협력할 수 있도록 해주는 인적 자본 구성요소"를 키워드로 미국이 주도하는 북미자유무역지대, 유럽연합, 그리고 일본이 주도하는 동아시아, 세 그룹으로 나누어진 "세계경제의 재래식 지도"를 분해하여 두 그룹으로 재편한다. 하나는 높은 신뢰를 바탕으로 가족주의를 넘어 법인 형태의 조직체를 채택하여 전문경영인이 움직이는 거대회사를 갖게 된 미국·일본·독일 등이고, 다른 하나는 낮은 신뢰 때문에 가족주의적 경영에 바탕을 둔 소기업체 중심의 프랑스·이딸리아·홍콩·대만 등이다. 요컨대 그는 지금까지 범박하게 뭉뚱그려진 동아시아모델을 가족주의적 중국형과 가족주의를 넘어선 일본형으로 나눔으로써 그 모델의 단일성을 분해해버렸던 것이다. 그런데 문제는 일본형이 또다른 의미의 가족주의라는 점이다. 가(家)를 철저히 혈연집단으로 파악하는 중국과 달리 일본은 혈연을 넘어선 '하나의 조직'으로 간주하기 때문에 혈연적 가족주의를 극복할 수 있게 되었음은 분명하지만,[33] 조직을 가족으로 삼는 것 또한 가족주의인 것이다. 하여튼 일본형을 동아시아모델에서 분리, 미국형에 붙여 구원하고자 했던 푸쿠야마의 노력은, 중국형은 물론이고 일본형 가족주의도 개혁의 대상으로 전락한 오늘날 거의 허사로 판가름날 운명에 처했다고 볼 수 있겠다.

그런데 동아시아모델을 유교자본주의로 파악할 때, 그 '유교'의 성격을 세심히 따져야 한다. 이는 왕도론에 입각한 공자시대의 원시유교가 아니라 한(漢)제국의 국가이데올로기로 채택된 경학시대의 유교, 즉 부국강병의 패도론에 바탕을 둔 법가의 영향을 입음으로써 중앙집권적 관료제 기구에 적응하는 데 성공한 시대의 변질된 유교에 가깝기

---

[33] 加地伸行『儒教とは何か』, 中央公論社 1996, 250~51면.

때문이다. 이 점에서 패도론적 대국주의에 입각한 동아시아모델을 왕도론적 소국주의의 재평가를 통해 근본적으로 교정하는 작업을 제안하고 싶다.

일찍이 메이지유신을 모델로 삼은 급진개화파의 대국주의적 부강론(富强論)을 비판하고 왕도론적 소국주의의 자강론(自强論)을 내세운 온건개화파 어윤중(魚允中)은 춘추전국시대가 소(小)전국이라면 자기 시대 곧 19세기 말은 대(大)전국이라고 규정하였다.[34] 이 말을 흉내낸다면 우리가 사는 20세기 말은 대대(大大)전국 또는 초(超)전국시대라고 할 수 있겠다. 노골적인 무력침략이 자제되는 점에서 초전국시대는 대전국시대보다 나아진 측면이 있는가 하면, 바로 무력의 은폐가 우리의 대응을 한층 곤란하게 만든다는 점에서는 더 고약해진 시대이기도 하다. 신흥공업국으로 면모를 일신하며, 주변부에서 반주변부로 신분상승한 한국은 이 고약한 시대에, 한반도 안에서는 흡수통일을, 국제적으로는 선진강국을 꿈꾸며 비교적 단순한 부국강병의 대국주의로 대처해왔다. 그런데 속삭이듯 찾아온 금융위기로 일거에 대국주의의 순진한 꿈은 굉음 속에 붕괴하였다.

대국주의의 바탕인 부국강병론의 발본적 재검토가 시급하다. 우선 강병론을 재조정하자. 무(武)는 그칠 지(止)와 창 과(戈)의 합성이니, 적의 침략을 저지하는 것, 전쟁 자체의 종식, 나아가 무기의 소멸을 뜻하는 글자다. 바로 무의 본뜻으로 돌아가 안으로는 민중억압, 밖으로는 외국침략의 유혹에 휘둘리기 쉬운 강병론을 명예로운 전수(專守)방위론으로 전환하는 일이 무엇보다 중요하다.

---

34) 趙景達「朝鮮における大國主義と小國主義の相克: 初期開化派の思想」,『朝鮮史研究會論文集』, 22號(1985. 3), 71면.

강병론의 재조정은 부국론의 재검토와 짝을 이룬다. 부국론을 폐기하고 중세적 안빈론(安貧論)으로 복귀하자는 일부의 논의는 아름답지만 공상적이다. 국부의 일정한 증진 없이 '함께 자유로운 사회'의 실현도 기대하기 어렵기 때문이다. 기존의 재벌 중심 부국론도 이미 낙후하였다. 농어업을 부양하면서 지역경제의 활력 위에 건강한 중소기업정책이 추진되어야 하지만, 대만형으로 가는 길은 문제가 없지 않다. 아시아 금융위기에도 바람을 타지 않고 건실한 성장을 거듭하는 중소기업 일변도(전체기업의 98%가 중소기업)의 대만 경제는 모범적이지만, 작은 아이디어로 틈새시장을 파고들어 돈을 버는 대만 중소기업의 전략이란 기실 국제분업체제에 겸허히 자기를 적응하는 전형적인 소국주의에 지나지 않는다. 푸쿠야마가 예리하게 지적하고 있듯이, 대만의 중소기업 중심은 체질적인 가족주의에다가 국민당정부의 전략적 배려에 의해 주조되었다. 국민당정부는 당의 경쟁자가 될 수 있는 대기업 육성을 의도적으로 기피함으로써 결과적으로 대만 경제를 중소기업 중심으로 굳힌바, 이는 정치·경제적 불구성의 징표인지도 모른다. 대만형 중소기업의 산업연관성 박약을 회피하면서 재벌개혁을 추진하는 고도의 지혜가 요구된다. 대국주의를 반성하고 소국주의를 재평가하되, 국제분업의 주변부에 안분하는 소국주의로 전락하지 않는 것이 요체다. 국민경제의 달성이 미완의 과제인 한반도의 실정에 비추어볼 때 더욱 그렇다.

소국주의와 대국주의의 내적 긴장을 견지하는 일이 밖으로는 전지구화 또는 지역화, 안으로는 지방화의 요구에 직면한 국민국가의 미묘한 지위변동에 적극적으로 대응하는 것이라는 점에도 주목해야 한다. "초국적기업이 갖고 있는 막강한 힘과 지리적 유연성 앞에서, 고정된 경계선 안에 갇혀 있는 늙고 가련한 국민국가"는 이제 "장기판의 졸"

인가? 피터 디켄(Peter Dicken)은 초국적기업들이 개별 국민경제의 일부를 통제하고 있는 현실을 인정함에도, "초국적기업과 국민국가는 고도의 상호의존성과 거래가 존재하는 지극히 복잡하고 역동적으로 상호작용하는 관계 속에 서로 맞물려 있다고 보는 것이 훨씬 현실에 가깝다"고 판단한다. 기업과 국가가 "협동적이자 동시에 경쟁적이요 상호지지적이자 동시에 갈등적"이라는 현실인식에 투철할 때, 국가를 불변의 것으로 실체화하거나 또는 '졸'로 보는 편향에서 벗어나, 종래의 국민국가의 틀을 넘어선 통일한반도의 유연한 미래상을 구상할 수 있을 것이다. 와다 하루끼는 동북아시아에는 중국·러시아·중앙아시아·미국 등에 조선족이 널리 살고 있다는 점에서, 동남아시아가 화교의 세계라면 동북아시아는 조선족의 세계라고 지적한바,[35] 이는 백낙청의 다민족공동체론과 복합국가론을 재음미하게 한다. 우리들 하나하나가 한반도의 역사적 운명에 괄목상대하며 자유시장의 방종을 공익적 차원에서 개입해가는 민주적 통로를 확보하는 새로운 구상에 지혜를 모아나갈 때, 분단체제의 위기를 그 극복의 단서로 바꿀 새로운 가능성이 비로소 열릴 수 있을 것이다.

---

35) 『世界』 1998년 1월호, 137면.

비서구 식민지 경험과 아시아주의의 망령*

올해는 병자년(丙子年)이다. 서기 1996년을 전통적인 간지(干支)로 따져 병자년으로 환산하는 순간, 병자년을 에워싸고 있는 역사적 추억이 문득 우리들 현대의 두터운 지층을 뚫고 살아나온다. 그것은 일종의 위기의식이다. 자본의 광범한 물결이 우리들 생활 곳곳에 밴 '종족의 기억'을 급속히 지워버린 탓으로 요즘은 이 의식이 심각히 탈색되었지만, 지난 병자년(1936) 때만 해도 난리의 예감이 민중 사이에 널리 퍼졌던 모양이다. 채만식(蔡萬植)의 단편 「명일(明日)」(1936)에는 흥미로운 삽화가 나온다. 막벌이꾼의 아내, 문간방 색시가 말한다. "올에

---

*이 글은 1996년 4월 25일 계간 『창작과비평』 창간 30주년 기념 국제학술대회에서 발표한 필자의 발제문을 수정·보완한 것이다. 공개적으로 또는 사적으로 필자의 발제문에 대해 논평해준 참석자 여러분께 감사한다.

난리가 난대유! (…) 올이 뼁자년이람서유? 그래서 난리가 난대유. (…) 큰일 났어유. 도루 시굴루 가야 헐까배유."[1] 이 참언(讖言)은 그대로 들어맞지는 않았지만, 태평양전쟁(1941~45)의 단초를 연 중일전쟁이 그 이듬해 발발한 사실을 상기할 때 그냥 유언비어는 아닌 셈이다. 병자년이 돌아오면 생생히 살아나는 이 공포의 근원은 무엇인가? 그것은 청(淸)의 대규모 침공으로 나라가 쑥밭이 됐던 병자호란(丙子胡亂, 1636)과 메이지(明治)정부의 함포외교에 굴복하여 병자조약을 통해 '은둔의 왕국' 조선이 세계자본주의체제에 강제로 편입된 이른바 '개국'이란 일대 사건(1876)에서 비롯할 터이다. 세계사적 격동과 직·간접으로 연동한 동아시아의 대격변 속에서 조선의 운명을 가파른 도정으로 몰아넣은 사건들이 모두 병자년에 폭발했다는 점을 나는 먼저 음미하고 싶다.

병자호란과 중화체제의 변용

병자호란은 청 태종(太宗)이 10만 대군을 몰아 인조(仁祖) 14년 (1636) 12월 조선을 침공한 사건을 이른다. 군신관계를 강요하는 청의 요구를 거절한 조선조정에 대한 보복을 구실로 한 이 침략은 명(明)을 치기 위해 배후의 안정을 도모하려는 데서 감행된 것인데, 이미 지는 태양에 지나지 않았던 명에 대한 의리를 내세우며 대책 없는 강경책으로 나서던 조선조정은 이듬해 1월 항복으로 전쟁을 종결했다. 짧지만 가장 치욕적인 이 전쟁은 그후 한국인의 마음속에 아주 민감한 치부

---

[1] 『채만식전집 7』, 창작과비평사 1989, 143면.

(恥部)로 또는 다시는 꾸고 싶지 않은 악몽으로 역사적 기억의 창고 속에 숨겨져온 것이다.

우리나라는 외침(外侵)의 역사 속에서도 명예로운 의병의 전통을 가지고 있다. 가령 일본의 침략으로 7년에 걸친 전쟁에 시달렸던 임진왜란(壬辰倭亂, 1592~98) 때에도 관군이 무너지자 초야에서, 민중 사이에서 크고 작은 의병부대가 자발적으로 조직되어 왜군과 싸웠으니, 의병의 전통이 박약한 일본의 침략자들이 이에 크게 충격받은 바 있었다는 것이다. 물론 임진왜란 시기에 활약했던 의병부대원들을 오직 민중으로만 파악하기는 어렵다. 알다시피 당시 의병은 "사림(士林) 가운데 명망있는 자가 창의(倡義)하여 문하(門下) 및 종유인(從游人) 등의 호응을 얻은 다음, 그 호응자들이 다시 각기의 노복이나 소거지(所居地)의 향민(鄕民)들을 동원하는 형태로 전개"[2]되었기에 그 주도층은 사림세력이기 때문이다. 그런데 재조(在朝)의 훈구(勳舊)에 대한 사림의 재야적 성격과 일반 인민이 관군이 아니라 사림의 의병에 가담하여 투쟁한 점을 아울러 생각하면 그 민중적 성격은 비교적 또렷이 부각될 듯싶다. 하여튼 역사의 고비마다 오늘날까지도 민중운동의 형태로 끊임없이 부활해온 이 의병전통은 한국 민주주의의 풍부한 원천의 하나인데, 병자호란에는 의병의 소식이 상대적으로 적막하다. 물론 이 전쟁이 너무나 빠르게 종결된 데 선차적 원인이 있겠으나, 그것은 이 전쟁을 바라보는 민중의 냉엄한 비판과 더욱 관련될 것이다.

준비 없는 강경책으로 전쟁을 자초하여 항복에 이른 당시 조정은 인조반정(仁祖反正, 1623)으로 일컬어지는 쿠데타로 광해군(光海君)을

---

[2] 이태진 「임진왜란 극복의 사회적 동력: 사림의 의병활동의 기저(基底)를 중심으로」, 『한국사학』 5호, 한국정신문화연구원 1983, 62~64면.

쫓아내고 집권한 서인정권이다. 광해군은 왕자의 몸으로 임진왜란의 참화를 직접 겪었던 사람이 가질 수 있는 매우 날카로운 현실주의로 당시 대륙에서 벌어지고 있던 명·청의 대결을 주시하면서 양자에 대해 일종의 등거리외교를 실험하였다. 이에 반해 서인정권은 광해군의 현실주의 외교노선을 폐기하고 전통적인 명분론으로 복귀하였다. 물론 우리는 당시 조정의 청에 대한 굴욕감을 이해한다. 알다시피 청은 본래 조선의 북방에 거주하던 유목민족, 여진족(女眞族)이다. 우리나라의 역대 조정은 이들을 때로는 정벌하고 때로는 회유하는 양면 전술로 변경의 안정을 도모해왔는데, 이들이 갑자기 강대해져 조선왕조에 대해 군신관계를 요구하니 기가 막힐 일이기는 하다. 문명국의 변경에서 복속하는 척 엎드려 있다가 일세의 영웅이 출현하면 삽시간에 위대한 제국으로 변신하여 중원천하를 덮치는 초원의 법칙이란 얼마나 기이한 일인가! 아마도 서인정권은 명과 연합하여 '문명국'이 아니라 '야만족'에게 사대(事大)하는 굴욕을 피할 수 있기를 간절히 그러나 부질없이 기원했던 것일까? 사정이 이러하매 병자호란을 바라보는 민중의 시각이 비판적일 수밖에 없었던 것이다.

이태준(李泰俊)의 「해방전후」(1946)에는 흥미로운 광해군론이 나온다.

"직원님 의향 잘 알겠습니다. (…) 명분을 말씀허시니 말이지, 광해조 때 일을 생각해보십시오. 임진란에 명의 구원을 받았지만, 명이 청 태조에게 시달리게 될 때, 이번엔 명이 조선에 구원군을 요구허지 않았습니까?"
"그게 바루 우리 조선서 대의명분론이 일어난 시초요구려."
"임진란 직후라 조선은 명을 도와 참전할 실력은 전혀 없는데 신하들은 대의명분상, 조선이 명과 함께 망해버리는 한이라도 그냥 있을 순 없다는 것이 명분파요, 나라는 망하고, 임군 노릇은 그만두드라도 여지껏 왜적에게 시달린 백성을 숨도 돌릴 새 없이 되짚어 도탄에 빠뜨릴 순 없다는 것이 택민파(澤民派)요, 택민론의 주창으로 몸소 폐위까지 한 것이 광해군 아닙니까? 나라들과 임군들 노름에 불쌍한 백성들만 시달려선 안된다고 자기가 왕위를 폐리같이 버리면서까지 택민론을 주장한 광해군이, 나는, 백성들은 어찌됐든지 지배자들의 명분만 찾던 그 신하들보다 몇배 훌륭했고, 정말 옳은 지도자였다고 생각합니다."[3]

해방 직전 일종의 반일연합을 형성했던 주인공 현(玄)과 김직원(金直員)이 해방 직후 각기 좌우합작론과 임시정부 봉대론(奉戴論)으로 균열하는 이 인상적인 토론에서, 광해군 옹호론이 전자의 근거로 활용되고 있다는 점이 흥미롭다. 그러고 보면, 병자호란 이후 명분론에 기초한 북벌론(北伐論)의 이데올로기화 자체가 이 전쟁에 대한 민중의 비판에 대한 지배계급의 강력한 대타(對他)의식에서 비롯되었음을 새삼 깨닫게 된다.

일찍이 지배계급의 무능을 이처럼 적나라하게 드러내 보인 바가 드물었던 병자호란 이후 조선왕조의 운명은 어떠하였는가? 임진왜란 직후 일본에서는 토꾸가와 막부(德川幕府)가 성립하고 병자호란 이후 중국에서는 명에서 청으로 왕조의 교체가 이루어져 동아시아 국제질서의 커다란 변화가 일어났음에도 불구하고, 두개의 호된 전쟁을 치른 조선왕조는 오히려 끄떡이 없다. 왜 그런 일이 일어났을까? 이 문제를 생각하는 데 있어서 하따다 타까시(旗田巍)는 흥미로운 통찰을 제공하

---

3) 이태준『해방전후』, 조선문학사 1947, 46면.

고 있다.

　외압에서의 해방은 조선의 발전에 있어서 언제나 불가결의 요건이었으나, 그것만으로 조선의 발전이 가능한 것은 아니었다. (…) 이를테면 토요또미 히데요시(豊臣秀吉)의 침입을 물리친 뒤에도 조선은 결코 눈부신 성장을 보이지 못했는데, 그것은 그 침략의 피해가 엄청나게 컸고, 그 회복이 참으로 곤란했다고 할 수 있으나 그것으로서는 석연치 않다. (…) 외압에서의 해방이 조선의 발전에 도움이 되었다는 것은, 그것이 단순한 외압에서의 탈출이 아니고, 동시에 조선 내부에 있어서의 해방과 결부되는 경우에였다.[4]

　그런데 이는 임진왜란보다 병자호란에 더 들어맞는 것 같다. 이미 지적했듯이 임진왜란에서 매우 활발했던 의병의 봉기에서 보는 것처럼 이 전쟁은 뜻밖에 민중의 생명력을 깨워냈다. 물론 전후에 지배계급은 이렇게 생기(生起)한 민중의 힘을 압살하는 방향으로 수습함으로써 지배체제의 재정비에 나서지만 그게 그렇게 용이하지만은 않았을 터이다. 광해군의 현실주의적 개혁노선을 쿠데타로 엎은 인조반정은 아마도 그와같은 위기의 표현이 아닐까? 이 점에서 병자호란이야말로 결정적이다. 병자호란을 통과함으로써 조선왕조의 지배체제는 일본에서 토요또미 정권이 붕괴하고 중국에서 명이 멸망하는 특단의 위기상황을 너끈히 헤치고 부활에 성공하는 기적을 연출했던 것이다. 상상을 조금 더 밀고 나가는 것을 허락한다면, 당시 서인정권이 전쟁의 도박을 선택했는지도 모르겠다. 이는 동족 반란군 이자성(李自成)이 아니

---

[4] 旗田巍, 이원호 역『일본인의 한국관』, 탐구당 1981, 181면.

라 이민족 청과 타협함으로써 자신들의 특권적 지위를 보장받으려 했던 명의 한족 지배층이나, 혁명의 예방을 위해 패망에 이르기까지 끝없는 확전(擴戰)의 길로 나섰던 일본 파시스트들의 행동양식과 비교해 볼 만하다.

요컨대 조선을 전쟁터로 삼아 조선·명·청·일본이 복잡하게 얽혀 싸운 임진왜란에서 시작하여 병자호란으로 마감되는 이 긴 전쟁은, 1618년에 발발하여 독일 역사를 2세기나 낙후하게 만들었다고 평가되는 유럽의 30년전쟁에 견줄 수 있겠다.

> 명백히, 농업 생산력의 가장 중요한 부분을 파괴시킨 것은 30년전쟁이었다. 많은 도시들의 동시적 파괴와 함께, 그로 말미암아 농민, 빈민, 그리고 영락한 시민 들의 생활수준은 오랫동안 가장 열악한 형태의 아일랜드적 빈궁상태로 격하되었다.[5]

동아시아와 유럽에서 거의 동시에 폭발한 이 큰 전쟁들은 17세기 위기설을 실감나게 한다.[6] 민중의 황폐 속에서 30년전쟁의 유일한 승리자는 제후였듯이, 임·병 양란(壬丙兩亂)의 궁극적 승리자는 조선의 완고한 지배체제였던 것이다. 그것은 조선의 불행이요 나아가 동아시아 전체의 화근으로 변모할 터인데, 여기에 중국과 일본이 한몫 거들었다는 점을 기억해야 한다.

한편 1911년 신해혁명으로 붕괴될 때까지 지속된 청의 중국지배는

---

5) F. Engels, *The Peasant War in Germany*, KARL MARX/FREDERICK ENGELS *Collected Works*, V. 7, Moscow: Progress Publishers 1978, 478~79면.
6) 나종일 「17세기 위기론과 한국사」, 『세계사를 보는 시각과 방법』, 창작과비평사 1992, 47~77면 참조.

서구자본주의의 비약적 발전이 거듭되고 있던 상황에서 중국이 내발적 근대화로 나아가는 도정을 근본적으로 제약하였다. 청은 중화에 대한 종족적 해석을 포기하고 종족을 불문하고 중화적인 문화전통을 계승하면 누구든지 중화가 될 수 있다고 선언함으로써, 다시 말하면 자신의 태생인 유목민족적 특성을 재빨리 벗어버리고 중국화함으로써 중국문명의 수호자로서 이미지를 변신하는 데 성공, 놀라운 효과를 거두었다. 이는 상대적으로 더욱 비중국적 요소를 강조했던 몽골(元)의 중국지배와 차별되는 것이다. 이로 말미암아 청은 만주족-한족 이원체제라고 불러도 좋을 만큼 한족 지식인의 광범한 협조를 얻어 효율적으로 중국을 지배할 수 있었던 것이다. 그런데 청의 성공이 마침내 중국의 불행으로 전화되고 만다는 점에 유의해야 한다.

    만주족의 공적을 고찰함에 있어서 우리가 놀라지 않을 수 없는 것은 그들이 중국의 전통적인 질서를 유지하는 데 성공한다는 바로 그 사실이 후에 가서 붕괴를 맞이하게 되는 요인이 되고 있다는 사실이다. 구질서의 위신이 다시없이 크게 생각되고 있었기 때문에, 그리고 구질서의 각 분야에서 유지되고 있던 평형이 지극히 안정되었기 때문에, 중국의 제 제도와 가치관념을 급진적으로 철저하게 변혁시킨다는 것은 쉽사리 생각할 수 없는 일이었다. (…) 만주족은 쇄신자로서가 아니라 계승자로서 성공한 것 ……[7]

만약 청이 중화체제의 계승자가 아니라 쇄신자, 더 나아가서 그 철

---

7) E.O. 라이샤워·J.K. 페어뱅크, 전해종·고병익 역『동양문화사』상, 을유문화사 1971, 438면.

저한 해체자로 나섰다면 어떠했을까? 아마도 동아시아사는 매우 흥미로운 전개를 보였을 터인데, 특히 호란 이후 청에 대한 복수와 복종 사이에서 정권을 담보한 조선조정의 기묘한 평형은 유지되기 어려웠을 것이다.

그럼에도 청의 중국지배는 대외적으로 미묘한 파장을 그리게 된다. 중화의 정통적 계승자 명이 변경 유목민족에 의해 멸망한 충격적 사건으로 동아시아 중화체제 내부에 은밀한 균열이 시작되었던 것이다. 조선왕조는 이미 멸망한 명의 연호를 그대로 사용함으로써, 겉으로는 청에 복속하면서도 속으로는 우리야말로 중화문명의 진정한 계승자라는 긍지를 자부했던 것인데, 이는 일본과 베트남에서도 두루 확인되는 것이다. 비록 왜곡된 형태일망정 근대민족주의의 맹아가 엿보이는 점에서 중세 보편주의 해체의 징후라는 일면 긍정적 의의도 없지 않으나, 그것이 대내적으로는 각 나라의 변혁을 억압하는 안보이데올로기로서 기능했다는 부정적 측면과 통합되어 있었다는 점을 명념하지 않으면 아니된다. 이 때문에 이 시기 한·중·일 세 나라는 지배층 사이에서 이루어지는 제한된 교류를 제외하고는 더욱 완강한 쇄국주의로 빗장을 걸어잠금으로써,[8] 서구자본주의에 대응할 유연체제의 감퇴를 초래하고 만 것이다. 이와같은 쇄국주의를 부추긴 것이 바로 조선을 전장으로 삼아 폭발했던 임·병 양란의 영향이라는 점을 염두에 둘 때 이들 전쟁은 비단 조선뿐 아니라 중·일 양국에도 부정적으로 작용했다는 사실을 다시금 확인하게 된다.

이와같은 맥락에서 조숙한 서구파 소현세자(昭顯世子, 1612~45)는

---

[8] 고병익 「동아시아 나라들의 상호 疏遠과 통합」, 『창작과비평』 1993년 봄호, 276~80면.

흥미롭다. 어둠속에서 섬광처럼 반짝이다 꺼져간 그의 삶은 광해군과 유사한 면이 없지 않다. 병자호란의 치욕으로 청의 인질이 되어 만주 심양(瀋陽)으로 끌려갔던 소현세자는 인조를 비롯한 완고한 지배층의 기대와 달리 청에 대한 복수 대신 조선의 개혁을 숙고하는 현실주의자로 귀환하였다.

그의 인질생활에서 특히 눈길을 끄는 대목은 1644년 북경에서 예수회 선교사 탕약망(湯若望, Johannes Adam Schall von Bell)과 교유한 사실이다. 리마두(利瑪竇, Matteo Ricci)의 후임으로 1622년 중국에 파견된 독일 출신 탕약망은 숙련된 천문가로 활약했는데, 명이 멸망하자 재빨리 새로운 지배자 청에 귀부한 노련한 인물이다. 1644년 명·청의 교체는 반전을 거듭했던 한편의 드라마였다. 이자성이 이끄는 농민반란군에 의해 북경이 함락되자 명의 마지막 황제 의종(毅宗)은 자살하고 이로써 명조 300년의 역사가 허망하게 막을 내렸다. 그런데 청에 항복한 명의 장군 오삼계(吳三桂)의 인도로 청군이 만주로부터 내습, 여기서 이자성이 패함으로써 천하는 순식간에 청으로 넘어간 것이다. 청 세조(世祖)는 1644년 9월 19일 마침내 북경에 도착하였다. 그 며칠 후 황제를 뒤따라 소현세자도 그때까지 유수되어 있던 심양을 떠나 입경, 그해 11월 26일 귀국의 허가를 얻었으니, 그의 북경 체재는 70일을 넘지 않는 것이다.[9] 중원 천하를 둘러싼 거대한 쟁투가 바야흐로 청의 천하통일로 귀결되는 이 역사적 현장에서 외로운 나라의 인질 소현세자는 과연 무엇을 꿈꾸었을까? 북경의 70일, 소현세자는 탕약망을 통해 서구의 과학에 매혹되었던 것이다. 소현세자를 통해 조선에 대한

---

9) 山口正之「昭顯世子と湯若望:朝鮮基督教史研究其四」,『靑丘學叢』제5호(1931. 8), 110면.

천주교의 무혈입성을 노렸던 탕약망이 세자의 귀국선물로 성물(聖物)과 천문학 기구 및 과학서적을 보내자 현명한 세자는 성물들은 정중하게 반환하고 서구과학만 소중히 안고 귀국길에 올랐던 것이다.

내가 나의 왕국으로 돌아가면 그것들을 궁정에 소개할 뿐만 아니라 출판하여 식자(識者)들에게 알리고자 합니다. 그들 또한 머지않아, 사막으로부터 박학의 전당으로 인도된 행운을 감사하게 될 것이고, 우리 국민들도 그들이 서구인의 과학 덕분에 그리 된 사실을 알게 될 것입니다.[10]

이는 8년의 유수 끝에 귀국하는 소현세자가, 작별의 선물로 서구의 과학기구와 서적 들을 보내온 탕약망에게 띄운 편지의 일부분이다. 숨막힐 듯한 중화체제의 압박 속에서 특유의 탈아론(脫亞論)을 꿈꾸었던

---

[10] 소현세자와 탕약망의 교유를 구체적 증거를 가지고 처음 밝힌 이는 야마구찌(山口正之)다. 그는 1928년 여름 경성제대 도서관에서, 주로 탕약망의 보고를 토대로 한 중국 천주교의 흥망성쇠를 서술한 라틴어 책(1672년 독일에서 간행됨)을 발굴하였는데 소현세자와 탕약망의 친교사적이 여기에 수록되어 있었던 것이다. 소현세자의 편지, 원래는 한문으로 씌어졌지만 라틴어로 번역된 편지가 이 속에서 발견되었음은 물론이다. 야마구찌는 이 부분 본문 전체를 당시 서울 주교 뮈뗄(Mutel)로 하여금 불역하게 하고, 그가 "본문 중의 꽃"이라고 감탄했던 소현세자의 편지를 스스로 일본어로 번역하여 불역의 본문과 일역의 편지를 자신의 논문에 수록하였다. 이 편지의 국역본은 김용덕(金龍德)의 「소현세자연구」(『사학연구』 18호, 1964)에 나오는데, 이는 당시 중앙대 불어교수 김의정(金義貞)이 뮈뗄의 불역본을 한글로 풀어낸 것이다. 세자의 편지는 한문 원본은 망실된 채, 라틴어·불어·일어·한국어, 4본의 역문만 남은 셈이다. 그나마 원본에 가장 가까운 라틴어본을 구해보기 어려운 터에 불역본은 오식투성이고 일역·국역본은 오역이 적지 않다. 위 인용문은 필자가 야마구찌의 논문에 실린 불역본(106면)에서 번역한 것이다.

그의 조숙성은 비록 예수회의 본질을 간파하지 못한 한계에도 불구하고 아름답다. 동아시아의 망령으로부터 해방되어 '박학의 전당'(le palais du l'érudition)에 들기를 갈구했던 그의 염원은 환국 두달 만에 의문의 죽음으로 좌절되는데,[11] 그의 꿈이 메이지유신(明治維新, 1868) 이후 서구근대의 맹목적 추종이라는 통속적 형태로 횡행하는 것 또한 통렬한 아이러니가 아닐 수 없다.

병자조약과 중화체제에 대한 일본의 도전

병자호란이 발발한 지 240년 뒤, 다시 맞은 병자년에 강화도조약(1876)이 조선과 메이지정부 사이에서 조인되었다. "조선국은 자주의 나라로 일본국과 더불어 평등의 권리를 보유한다"(朝鮮國自主之邦 與日本國保有平等之權)고 겉으로 선언하고 있지만, 실제로 이 조약은 전형적인 불평등조약이다. 더구나 이 조약 체결의 배후에는 이른바 운요오호사건(雲揚號事件, 1875), 즉 조선의 수비대와 민간에 가한 일본 군함의 만행이 있었으니, 일본은 미국의 페리(Perry) 함대의 위협 아래 개국한(1854) 이후, 서구 열강과 잇따라 불평등조약을 맺었던 경험을 조선에 모방적으로 적용한 셈이다.

강화도조약으로 조선이 개국함으로써 세계시장의 고리가 완결되었다. 사실 조선은 그 사이, 프랑스 함대의 침략을 물리치고(병인양요, 1866), 방자한 미국의 무장상선 제너럴 셔먼 호를 불태우고(1866), 미국의 육전대와 장렬한 전투를 치르면서까지(신미양요, 1871), 자본주의 세

---

11) 이에 대해서는 김용덕의 「소현세자연구」(1964)를 참조할 것. 그는 이 논문에서 소현세자가 인조에 의해 독살되었다고 주장한다.

계시장에 편입되기를 거부해온 마지막 국가였다. 그런데 비서구지역에서는 거의 유일하게 서구 열강에 의해서가 아니라 왜이(倭夷)라고 멸시해 마지않던 일본에 의해 개국되는 기이한 경험을 맞이하게 되는 것이다.

서양의 계속되는 개항 요구에는 완강했던 조선이 어찌하여 일본에는 그처럼 수월하게 응했을까? 물론 서양이 일본을 내세워 조선을 세계 자본주의체제에 편입시킨 사실 자체가 당시 조선의 반침략 투쟁의지의 강도를 반증하는 것이지만, 여기에는 무엇보다 프랑스와 미국의 침략에 결연히 저항했던 대원군 정권(1864~73)의 붕괴라는 조선 내부의 정국변화가 큰 요인의 하나로 작용하였다. 이 정권의 등장과 붕괴는 당시 동아시아로 뻗어오는 서구자본주의의 전반적 위협과 분리해서 생각할 수 없을 것이다. 영불연합군에 의한 북경함락(1860)은 중국뿐 아니라 중화체제 아래 포섭되어 있던 조선과 일본에도 심대한 충격을 선사했다. 그 얼마 뒤 조선에서 위정척사사상(衛正斥邪思想)으로 무장한 대원군의 집권이 이루어지고 그의 정책이 안팎으로 일정한 성과를 거둘 수 있었던 것은 아마도 이 위기의식에서 비롯되었을 터인데, 그럼에도 중세체제의 부분적 개혁으로 서구자본의 공세를 차단하려 했던 대원군 정권은 조만간 실패할 운명에 처할 수밖에 없었다. 병인양요와 신미양요에서 거둔 대원군의 작은 승리의 순간에 그의 실각의 씨앗이 배태되었다고 할까? 이 점에서 중국의 위기를 전기로 삼아 긍정적이든 부정적이든 체제변화에 일단 성공한 메이지유신이 대원군 정권의 붕괴를 촉진했는지도 모른다. 평양감사로서 제너럴 셔먼 호를 격퇴하는 데 진력했던 박규수(朴珪壽)가 그후 오히려 병자조약 체결에 적극적 역할을 행사한 데에서 보이듯 개국을 통한 체제변화론이 하나의 뚜렷한 흐름으로 부상했던 것이다. 이제 바람은 중국이 아니라 일본에서 불어온다.

　다시 묻건대, 서양의 개항요구에 그처럼 강경했던 조선정부가, 아무리 대원군 정권이 붕괴했다 하더라도, 그리고 열강의 간섭을 불러올지도 모를 동아시아의 무력충돌을 두려워한 청이 강화도사건의 평화적 해결을 조선정부에 넌지시 권유했다고 하더라도,[12] 일본에는 왜 비교적 쉽게 응했을까? 대원군과 재야 지식인들의 개국반대론에 대해 당시 정부는 병자조약이 일본과의 '구교(舊交)의 계속'이라고 주장하면서 양이(洋夷)와의 쇄국정책 고수를 다짐하였다. 이처럼 일본과 양이를 구별한 정부의 논리를 "위정척사론자의 반격에 대한 고충의 변명"[13] 이라고 볼 수도 있지만, 나는 이것을 조금 더 적극적으로 해석하고 싶다. 일본에 대한 경계에도 불구하고 기왕의 교린(交隣)관계를 생각할 때 조선정부가, 서양의 충격 아래에서도 나라를 보존할 뿐 아니라 체제변화에도 일정하게 성공한 일본의 경험으로부터 동병상련적 학습의 나눔을 호의적으로 기대했던 것은 아닐까? 그러나 일본은, 쑨 원(孫文)의 유명한 표현을 빌리면, '동양 왕도의 아성'이 아니라 '서양 패도(覇道)의 주구(走狗)', 즉 서구자본주의의 아시아 침략의 대리자 또는 하위 파트너로 전락했다. 후꾸자와 유끼찌(福澤諭吉)는 "아시아 동방의 악우(惡友)를 사절"하자고 아우성쳤지만, 과연 누가 나쁜 친구인지 적반하장이 아닐 수 없다. 그러나 누구를 탓하랴? 조선정부의 무능이 개탄스러울 뿐이다.

　이 점에서 개항에 반대한 위정척사론자 면암(勉庵) 최익현(崔益鉉)의 왜양일체론(倭洋一體論)[14]은 날카롭다. 그는 양복을 입고 양박(洋

---

12) 海野福壽 『韓國倂合』, 東京: 岩波書店 1996, 22~23면.
13) 姜在彦 『近代朝鮮の思想』, 東京: 紀伊國屋書店 1971, 77면.
14) 같은 책 77~79면.

舶)을 타고 양포를 쏘면서 몰려온 일본이 과거의 '왜이'가 아니라 이미 양화(洋化)한 '금수(禽獸)'이기 때문에 병자조약이 결코 '구교의 계속'이 될 수 없음을 강조하였던 것이다. 여기서 '금수'란 근대자본주의에 대한 척사론자의 저주가 묻어난 용어인데, 유신 이후의 일본을 과거의 왜이와 구분한 그의 안목은, 답답한 쇄국론의 회로에 갇혀 있을망정, 정곡을 얻은 터이다. 강화도조약 체결 당시에도 이를 병자호란에 비기는 논의가 있었던 모양이다. 청과의 관계가 강화(講和) 이후 오히려 안정되었듯이 강화도조약도 그와 유사한 효과를 거두리라고 전망하는 일부의 논의에 대해 면암은 예의 금수론에 입각, 메이지정부를 중세적 이적(夷狄)인 청과 엄격히 차별지었던 것이다. 요컨대 1876년 인천 앞바다에 출현한 일본은 근대 이전 무수히 한반도에 출몰했던 왜구가 아니라 전혀 새로운, 근대자본주의의 첨병 '양이(洋夷)'라는 점을 그는 간파하고 있었다.

과연 일본은 당시 조선 조야 일부의 우려 섞인 기대를 배반하고 '양이'의 면모를 유감없이 발휘하였다. 이에 조선정부는 뒤늦게 1882년(고종 19년) 미국·영국·독일 등과 수호조약을 잇따라 맺음으로써 청·일을 견제하면서 자강을 도모하려 하지만 이 또한 오판이었다. 서구 열강, 특히 영·미는 일본의 조선 및 중국 침략을 후원함으로써 일본을 아시아의 경찰로 키웠던 것이다. 그런데 이는 비단 서구뿐만이 아니다. 엥겔스(F. Engels)가 청일전쟁을 "러시아 정부가 일본을 도구로 사용하여 도발"[15] (맑스의 딸 라우라 라파르그에게 보낸 편지, 1894. 9)한 것으로 파악했듯이, 이 전쟁에 즈음한 러시아의 양면전술은 대표적이다. 러시아는 "중국에 대해서는 선심을 쓰는 척하면서도 일본을 부추겨 중국에

---

15) *Marx & Engels*, Werke 39, Dietz Verlag 1950, 298면.

대한 침략전쟁을 발동하게 함으로써 일본의 손을 빌려 중국 봉건군벌들의 세력을 조선으로부터 몰아내며 나아가서는 중·일 양국이 지친 틈을 타서 중국 동북과 조선에 대한 저희들의 침략의도를 진일보 성취"하려고 획책하였던 것이다.[16] 그런데 러시아의 기대와는 달리 청은 너무 빨리 패배하고 이에 따라 동아시아 국제질서를 지탱해온 전통적 중화체제는 붕괴되고 말았다. 엥겔스가 그 편지에서 예견한 대로 청일전쟁은 "낡은 중국의 모든 전통적 체계들의 철저한 와해"(der völlige Zusammenbruch des ganzen traditionellen Systems im alten China)를 가져왔던 것이다. 일본이 만약 이때 중화체제를 철저히 해체하고 진정한 의미의 아시아연대론에 입각해 동아시아의 근본적 평화를 가져올 새로운 질서의 건설자로서 자기 역할을 진지하게 고려했다면 어떠했을까? 그러나 일본은 이 황금 같은 기회를 스스로 팽개쳤다. 중화체제를 대신하여 아시아의 패자로 군림하려는 일제의 계속적 기도가 어떻게 세계적 대재난으로 확대되어갔는지는 이 자리에서 다시 되풀이할 필요도 없다. 한반도가 세계사적 모순의 가장 예민하고 가장 난해한 결절점의 하나라는 점이 여기에서도 증명되는 바인데, 그 근원에 메이지유신의 성격이 가로놓여 있다고 해도 좋다.

나는 메이지유신을 비서구지역 근대화의 교과서로 미화할 의도는 전혀 없지만 그렇다고 이를 과소평가하고 싶지도 않다. 메이지유신이 위로부터의 변혁이라고 해도 그 과정에서 정치적으로 사망한 숫자가 약 3만명에 달한다는 사실에도 주목해야 하지만,[17] "좋든 나쁘든 일본

---

16) 송정환『러시아의 조선침략사』, 범우사 1990, 84면. 그러나 이 책의 관점은 지나치게 친중반러적인 것이 문제다.
17) 三谷博「幕末일본의 외교와 정치변동」,『동북아』제2집, 동북아문화연구원 1995, 78면.

인들이 전국에 걸쳐 근본적인 변혁을 이룩한 것은 일본의 역사에서 메이지유신이 단 하나의 예"[18]라는 점에 유의해야 한다. 봉건체제를 수호하는 수구세력의 강고함을 뚫고 더구나 그것이 서구 열강의 근본적 위협이라는 조건 아래에서 유신이 성공할 수 있었다는 것은 놀라운 일이다. 조선과 중국에서 유신을 모델로 한 갑신정변(甲申政變, 1884)과 무술정변(戊戌政變, 1898)이 모두 실패로 끝난 것을 상기하면, 메이지 10년대까지 반전을 거듭하며 진행된 유신의 변혁과정이 그 이후에 이루어진 메이지 국가보다 위대하다는 타께우찌 요시미(竹內好)의 지적이 의미심장하다.

이처럼 대단한 일을 해낸 근대일본은 어찌하여 아시아의 침략자로 돌변하는가? 여기에 메이지유신의 근본적 문제가 있다. 유신변혁을 추동한 주된 담당층이 막말기(幕末期)의 부르즈와적 세력과의 제휴가 약한 사족적·귀족적 반대파에서 배출됨으로써 일찍부터 아니 처음부터 '황국와해(皇國瓦解)' 방지론에 입각한 국가주의에 경사했다는 점이다. 이로 말미암아 그들은 "봉건제로부터의 해방을 열망하는 인민에 의거하는 것을 거부하고 (…) 봉건영주계급과의 타협 위에 자기의 진로를 구"하는 모순에 빠졌다.[19] 이 반인민적 성격은 대외적으로는 아시아 이웃에 대한 침략주의와 긴밀하게 호응한다. 요시다 쇼오인(吉田松蔭)이 "교역으로 러시아와 미국에 잃은 바를 토지로 조선과 만주에서 보상"받겠다고 말했듯이, "대(對)아시아의식만 있고 아시아의식을 결한 '아시아의 일원'인 일본의 비극"[20]이 여기에서 싹텄던 것이다.

---

18) 이찌이 사부로오(市井三朗), 김흥식 역 『명치유신의 철학』, 태학사 1992, 5면.
19) 大江志乃夫 「征韓論の成立とその意義」, 『東アジア近代史の研究』, 東京: 御茶の水書房 1967, 77면.
20) 같은 글 59면.

특히 정한론(征韓論)은 악명 높은 것이다. 1873년 조선정부의 왜관 봉쇄를 계기로 사이고오 타까모리(西鄕隆盛)가 주창한 정한론이 그중 뚜렷이 드러난 바이지만, 그 연원은 막부 말기로 소급된다. 구미 열강의 압박과 양이파(攘夷派)의 대두 속에서 위기에 몰린 막부는 1860년대 초, 돌연 정한론으로 그 돌파구를 모색하였다. 막부에 적대적인 웅번(雄藩)의 군사력을 오히려 해외로 돌려 막각(幕閣) 독재의 재확립을 획책하였던 것이다.[21] 그런데 막부의 안보이데올로기로 제기된 정한론을 유신정부도 거의 고스란히 계승하고 있는 점에 주목해야 한다. 내정의 주도권 장악이 군사적 권위의 확립과 직결된 메이지 국가의 속성을 염두에 둘 때, 지배층 내부의 권력투쟁이 조선침략의 주도권을 누가 잡느냐, 바로 이 문제와 연동된다는 것을 이해하게 된다. 1873년 사이고오의 정한론이 이와꾸라(岩倉具視)파에 의해 좌절됐을 때 그의 몰락은 이미 예고되었던 것이다. 그렇다고 이와꾸라파가 조선침략에 본원적으로 반대했던 것은 물론 아니다. 그들은 사이고오의 자멸 이후 운요오호 사건으로 조선을 도발하여 결국 강화도조약을 맺었던 것이다.[22]

요컨대 구미 열강에 대한 종속의 대상(代償)을 가까운 이웃 아시아의 침략에서 구하는 요시다의 방향이, 열강의 힘의 균형을 이용하여 '소독립국 일본'에의 길을 추구했던 하시모또(橋本左內)의 꿈을 압도함으로써 메이지 일본은 군국주의가 조숙했던 것이다. 이리 된 데는 물론 "중국이 구미의 외압의 방벽을 이루고 있었던 것, 조선이 구미의 침략을 모면하여, 일본이 그 대행을 완수한다는, 동아시아의 특수한

---

21) 같은 글 65~66면.
22) 같은 글 90~91면.

조건"²³⁾을 감안하더라도, "국내의 모순이 대외침략으로 전화하는 관계로서가 아니라, 대외침략이 국가권력의 유일한 존재이유라는 점에 의해서, 국내의 계급억압도 성립하는 천황제"²⁴⁾에 근본문제가 있을 터이다.

해방 직후 임화(林和)는, 일본의 조선통치가 근대 제국주의국가의 식민지지배라기보다는 고대의 정복에 가까웠다고 지적하면서, 그 근본원인으로 일본제국주의의 후진성을 든 바 있다.²⁵⁾ 신통하게도 최근 모리시마 미찌오(森島通夫)가 임화와 아주 비슷한 논의를 펼쳤다. 그는 정복된 아시아 여러 나라의 인민을 노예화해버린 일본제국주의의 흉포성의 원인을 역시 그 후진성에서 구한다.

> 이와같은 일본의 '제국주의'는, 결코 맑스·레닌·스위지적(的) 의미의 제국주의가 아니다. 그러한 '제국주의'는, 맑스주의가 말하는 자본주의의 최고단계인 독점자본주의 단계에서 생긴 것이 아니라, 일본 경제가 아직 유년기·청년기에 있었던 때에, 일본은 이미 해외침략을 시작하고 있었기 때문에 그리 된 것이다.²⁶⁾

우리는 물론 일본자본주의의 후진성이 식민지 조선에 '플러스 개발'의 뜻밖의 효과도 제공한 측면이 없지 않음을 보아야 하지만 그 기본은 역시 '마이너스 침탈'이라는 점을 간과할 수 없다. 과연 일본제국

---

23) 遠山茂樹『日本近代史 1』, 東京: 岩波書店 1978, 17면.
24) 大江志乃夫, 앞의 글 91면.
25)『건설기의 조선문학』, 조선문학가동맹 중앙집행위원회 서기국 1946, 27〜28면.
26) 森嶋通夫「アジア經濟共同體」,『동북아시아의 평화와 한일협력체제의 모색: 새로운 세기를 향하여』, 한림대 일본학연구소 1995, 157〜58면.

주의의 흉포성은 가혹한 조선지배를 축으로 아시아로 침략을 확대함에 따라 더욱 증폭되고 말았다. 이 세계적 재난은 침략당하는 민족들뿐 아니라 급기야 일본 민중의 고통으로 전화되었으니, 그 후유증은 분단된 한반도를 중심으로 한 이 지역 여러 나라들에 상기도 엄존하고 있는 것이다.

다시 병자년에: 한반도와 동아시아

20세기에 맞은 마지막 병자년, 1996년은 병자호란이나 강화도조약 같은 대격변을 겪지 않은 채 상대적으로 평온하게 넘어가는가 싶더니, 동해안에서 작은 전쟁이 터졌다. 이 사건을 빌미로 우리 내부의 수구세력의 공세가 고삐를 죄는 형국이더니 슬그머니 '기우뚱한 균형' 속에 일상으로 복귀하였다. 예전 같으면 한바탕 법석이 일어날 법한 일인데, 확실히 무어가 나라 안팎의 상황 변화가 가져온 어떤 힘을 실감케 된다. 일반 국민들도 그 극성스런 사재기 없이 의연하다. 이를 정부에서는 안보불감증이라고 몰아세우지만 꼭 그런 것만은 아닐 것이다. 냄비 끓듯 이리 쏠리고 저리 치는 그런 요동질을 허용하지 않을 만큼은 우리 사회가 성숙한 탓일까?

그럼에도 우리가 위기로부터 근본적으로 자유로운 것은 결코 아니다. 탈냉전 이후 거대 동맹의 상실로 대규모의 전쟁 가능성이 거의 사라진 시대에 들어섰다는 예측에도 불구하고, 오히려 국지적 분쟁은 증가하는 추세를 우리는 똑똑히 목격하고 있다. 한반도는 그 가능 지역에서 제외된 적이 없다. 체제를 달리하는 두 정부가 휴전선이라는 아주 불안정한 경계를 사이에 두고 적대하고 있는 한반도의 상황. 그것도 유난히 '단일민족 신화'에 지쳐 있는 '두 나라'가 엄청난 열전을 치른 후 반세기 가까이 상대를 향하여 총구를 겨누고 대치하는 한반도의 현실. 한반도의 표면적 평화는 얼마나 아슬한 것인가? 한반도를 분쟁 가능 지역 목록에서 영구히 제외할 방안은 무엇인가? 분쟁의 씨앗을 머금은 이질적 체제들의 상호의존적 대치를 극복할 창조적인 체제동질화 방법의 모색, 여기에 관건이 있을 터이다. 이 점에서 근대 이후 우리 사회를 움직여온 기제들에 대한 발본적 재검토가 요구되는 것이다.

장구하게 지속된 중화체제의 압박을 자력으로 극복하지 못한 터에, 근대 이후 그에 도전한 일본 천황제 파시즘의 직접적 지배 아래 신음한 한국은 일찍이 이 동아시아로부터 일종의 내적 망명상태에 빠져들었다. 이 속에서, 알면 알수록 싫어지는 이웃의 '나쁜 친구들'을 멀리 피해서 서구를 모델로 삼는 개화파적 경향이 우리 사회를 지배하게 되었던 것이다. 갑신정변의 혁명가 김옥균(金玉均)은 다짐한다. "일본이 동방의 영국 노릇을 하려 하니 우리는 우리나라를 아세아의 불란서로 만들어야 한다."[27] 흔히 그는 메이지유신을 모델로 삼아 정변을 일으켰다고들 한다. 물론, 아시아의 영국을 지향하는 일본에 대해 조선을 아시아의 프랑스 같은 강국으로 만들겠다는 단순한 포부로 볼 수도 있지만, 나는 이 다짐을 곰곰이 새겨보고 싶다. 메이지시대 일본에서 영국의 이미지는 "안정된 입헌군주제의 모국"으로 찬양되었는데, 흥미로운 것은 그와같은 영국식 타협이 국왕까지 처형했던 과격한 "17세기의 혁명의 성과로서 실현되었다는 인식이 강하지 않았다는 점"이다.[28]

---

27) 서재필「회고 갑신정변」,『갑신정변과 김옥균』, 국제문화협회 1947, 84~85면.
28) 今井宏『明治日本とイギリス革命』, 東京: 筑摩書房 1994, 40~41면.

이에 비해 영국보다 늦게 혁명의 소용돌이에 말려든 프랑스의 이미지는 급진적이었다. 김옥균의 꿈은 위대한 공화국의 수립이었을까? 과연, 당시 조선의 객관적 조건을 염두에 둘 때 그 꿈이 실현될 수 있었을지 의심스럽지만, 그는 소현세자보다 더욱 철저한 근대적 서구파가 아닐 수 없다.

그런데 정작 주목해야 할 일은 우리 사회에서는 김옥균과 같은 빛나는 서구파는 지극히 예외적이고, 얼개화꾼들이 주류를 이루어온 점이다. 수구세력과 적당히 타협하면서 끊임없이 새로운 옷을 갈아입고 재등장하는 개화파의 맹목적 근대 추종은 오늘날에도 남한사회를 움직이는 기본적 기제라고 할 수 있을 것이다.

한편 러시아혁명(1917) 이후 맑스주의, 정확히 말하면 레닌주의 또는 스딸린식 일국사회주의가 서구화 모델에 대한 대안으로 수용되어 우리 사회에서 또 하나의 강력한 흐름으로 부상해왔다. 이 비상한 열광은 서구에 대한 실망에서 비롯된 것이다. 서구는 한국 민중의 벗이 아니라 일제의 후원자요 남한 역대 독재정권의 지지자라는 뼈아픈 사실을 확인하면서, 우리의 레닌주의자 또는 스딸린주의자 들은 서구적 근대를 생략하거나 가능한 한 단축한 채, '근대 이후'로 진입하려는 열망 아래 자본주의 세계체제로부터의 탈각을 꿈꾸었다. 근대성에 대한 안이한 성찰에 기반한 이 부서지기 쉬운 낭만적 근대부정의 경향은 위정척사파의 사고와 내밀히 연결되는 것이기도 하지만, 그 이식적 성격에서는 개화파의 새로운 변형이라는 중층성을 면하기 어려웠던 것이다.

남한의 민족민주운동은 이 두 모델을 넘어서는 대안의 추구를 중심적 과제로 삼아왔다. 동구적 '탈근대'가 환멸의 디스토피아로 현현된 우리들의 시대에, 서구적 근대를 역사의 종말로 찬미하는 논의가 한편으로 무성하지만, 자본을 새로운 황제로 섬기는 자본주의가 이 지상에 유토피아를 구현할 마지막 힘이라고 아직도 믿는 사람이 있다면 그건 매우 순진한 노릇이다. 일찍이 루카치(G. Lukács)는 자본주의적 도시를 "이 새로운 단떼적 연옥"이라고 불렀다. 오늘날 한국사회, 터보엔진을 단 흉포한 도시화의 물결, 그 연옥 속에서 인간다운 삶에 대해 진지하게 사유하는 사람이라면 어찌 '또다른 곳'(heteropia)을 꿈꾸지 않을 수 있을까? 현존 사회주의의 붕괴, 동구 사회주의는 물론 그 동아시아적 변형들도 서구적 근대의 진정한 극복이 아니었음이 더욱 뚜렷해진 지금이야말로 서구적 근대의 문제성을 더욱 체감하고 있는 것인데, 우리 운동의 대안적 자각을 한층 고양해 마땅한 터이다.

북한 문제는 그 첫 시험대이다. 북한을 괄호치고 남한의 변혁에 선차성을 두는 운동론이나 북한을 기지로 삼아 남한을 '해방'하는 운동론의 적실성이 급격히 퇴색한 이 시점에서 분단문제를 어떻게 슬기롭게 푸느냐가 우리 운동의 관건으로 떠오르는 것이다.

이 점에서 백낙청(白樂晴)의 분단체제론이 주목된다. 한반도의 분단현실은 "상호대립과 갈등과 단절 그 자체가 분단을 유지하고 재생산하는 데 교묘하게 기여하고 있는 일종의 체제"[29]를 형성하고 있다는 인식에서 출발한 이 실천적인 담론은 베트남식 무력통일과 서독식 흡수통일을 넘어서 남과 북의 수구세력에 대한 남북한 민중이 주도하는 분단체제의 변혁운동으로 조정되는 것이다. 그리고 그처럼 창조적인 운동의 결과, 통일이 이루어진 한반도는 "자본주의 세계경제의 일부로 남"으면서도 "주민들의 자유와 평등이 좀더 신장된 그러한 자본주의 사회"의 건설을 통해서 "자본주의 세계체제 자체의 변혁에 결정적으

---

29) 백낙청 「개혁문화와 분단체제」, 『황해문화』 1996년 여름호, 307면.

로 이바지한다는 세계사적 사명"을 담지하는 사회로 될 장기적 전망까지 그는 내다본다.[30]

나는 분단체제론의 문제의식을 적극적으로 평가한다. 그럼에도 하나 걸리는 문제는 통일 이후 한반도 사회의 이미지가 범범(泛泛)한 것이 아닌가 하는 점이다. 물론 그의 판단은 냉철하게 현실적이다. 나 자신도 자본주의 문명 이외에 그 어떤 대안의 단서조차 잡지 못하고 있는 실정이다. 그럼에도 나는 분단체제를 푸는 창조적인 작업에서 아시아 또는 동아시아라는 매개항에 대한 숙고를 다시 한번 환기하고 싶다. 아시아의 일원이면서도 아시아의식을 결한 일본이 아시아주의의 이름 아래 서구의 대리자로서 아시아 침략에 나섰던 악몽의 경험을 상기할 때, 아시아로부터의 내적 망명상태에서 서구주의에 대한 더욱 세찬 숭배가 횡행하는 한국의 현상황을 점검하면 일말의 우려가 없지 않기 때문이다. 자본주의 문명의 압도적 현실성을 냉철히 인정하면서 그럼에도 그를 넘어설 새로운 세계형성의 원리를 탐구하는 아시아 또는 동아시아의 일원으로서 한국인의 역할에 대한 자각이 지금 절실히 요구된다.

아시아 또는 동아시아를 들고 나오면 즉각적으로, 미국의 세계지배를 새로운 국면에서 관철하려고 획책하는 문명충돌론에 우리 스스로 말려들어가는 일이라고 비판하는 것이 우리 지식인 사회의 풍조다. 여기에도 일리가 없는 것은 아니나, 우리는 구미(歐美)나 러시아나 정도의 차는 있지만 모두, 아시아연대론에 대해서는 의식적·무의식적으로 이간을 놓았다는 점을 기억해야 한다. 그리고 그 이간책은 지금도 앞으로도 크게 변하지 않으리라고 예상할 수 있다. 하기는 구미나 러시

---

30) 같은 글 319면.

아만 탓할 수는 없다. 한반도를 중심에 두고 동아시아 각국 사이에 벌어진 치열한 각축으로 말미암은 그 틈이 그들의 이간을 자초한 꼴이기 때문이다. 그렇다고 이제 와서 아시아가 단결하여 백인종 대신 세계의 새로운 지배자가 되자는 헛된 선동을 하자고 아시아론을 제기하는 것은 물론 아니다. 나는 최근 유재건(柳在建)·한정숙(韓貞淑)이 번역한 페리 앤더슨(Perry Anderson)의 『고대에서 봉건제로의 이행』(창작과비평사 1990)을 흥미롭게 읽었다. 세계사의 보편법칙으로 우리가 의심 없이 수용하곤 했던, 고대-노예제/중세-봉건제/근대-자본제, 이 발전 경로가 서유럽의 특수한 역사적 경험이라는 전제 아래, 동구 및 아시아에서는 엄격한 의미의 노예제적 생산양식이나 봉건제가 성립하지 않았다는 그의 주장에 처음에는 동방적 요소를 우정 배제하려는, 다시 말하면 일종의 유럽중심주의에 입각한 아시아적 정체성 명제로 복귀하는 것이 아닌가, 의구심도 없지 않았지만, 한편 한국사의 경로를 곰곰이 생각해보면 딴은 그렇다. 이제는 억지로 노예제를 찾고 우격다짐으로 우리식 봉건제를 설정하려고 헛애를 쓸 일이 아니다. 역사적 경험의 서구적 차이를 강조하는 앤더슨이 궁극적으로 "서구의 사회주의 혁명이 러시아혁명이나 동구를 모델로 삼을 수 없"음을 시사하고 있듯이(유재건,「역자 후기」, 344면), 우리도 몰역사적 보편주의의 망령에서 벗어나 한국 및 동아시아 사회의 독자적 역사경험을 존중해야 마땅할 것이다.

  동아시아론에 대해서 중국과 일본의 전술에 한국이 스스로 말려드는 짓이라는 비판 또한 흔한 일이다. 최근 중국과 일본에서, 기묘하게도 서구의 포스트모더니즘과 제휴하면서 자본주의 문명을 넘어설 만병통치약으로 아시아를 내세우는, 그리하여 실은 패권주의의 부활을 은밀히 꿈꾸는 '신판 중화주의' 또는 '저강도 대동아공영론'이 분주하다. 더구나 이러한 흐름이 한국 자본의 위상 제고와 함께 우리 사회 일각에도 뚜렷한 모습을 보이고 있기 때문에 그러한 비판이 적실하지 않은 것은 아니다. 근대 이전의 중화체제는 물론이고 특히 패전 이전 일본의 경우에서 분명히 드러나듯이 결국은 아시아 침략의 변증(辨證)으로 전락한 아시아주의의 함정을 상기할 때, 아시아에 대한 숙고가 자칫 국수주의의 확대판과 혼동되는 일이 결코 있어서는 아니되겠다는 점은 아무리 강조해도 지나치지 않다.

나는 얼마 전, "아시아는 하나"(Asia is one)라는 유명한 선언으로 시작되는, 일본 아시아주의의 원류, 오까꾸라 텐신(岡倉天心, 1862~1913)의 『동양의 이상』[31]을 큰 흥미를 가지고 읽었다. 그는 메이지유신 이래의 구화주의(歐化主義)에 대한 반동으로 태어난 편협한 일본국수주의자들과 일정하게 차별되지만, 그럼에도 "아시아의 사상과 문화를 의탁한 진정한 저장고"로서 일본을 특권화함으로써,[32] 그의 아시아주의를 좀더 세련된 국수주의로 볼밖에 없을 소지를 스스로 제공하고 있다. 그런데 더욱 주목할 점은 그의 아시아주의가 서구로부디 학습한 것이라는 점이다. 그를 일본미술로 처음 인도한 사람이 동경대의 미국인 은사 페놀로사(Ernest Fenollosa, 1853~1908)다. 철학교수로 부임한 페놀로사는 일본미술에 심취, 그 연구의 개척자로 활약하면서 일본정부의 문화정책에도 강력한 영향력을 행사한바, 그의 충실한 학생이 바로 텐신이었던 것이다.[33]

---

31) 岡倉天心, 富原芳彰 역 『東洋の理想』, 東京: 講談社 1986. 원래 1903년 런던에서 발간된 *The Ideals of the East with Special Reference to the Art of Japan*을 일역한 것이다.
32) 같은 책 20면.
33) Stephen N. Hay, *Asian Ideas of East and West: Tagore and His Critics in Japan*,

그런데 이 책에는 니베디타(Nivedita)의 서문이 붙어 있다. 북아일랜드 출신의 영국인 부인 마가릿 노블(Margaret Noble), 런던에서 비베카난다(Vivekananda)의 신지학(神知學) 강연에 매혹, 교사직을 팽개치고 그의 제자가 되어 1899년 인도 캘커타로 이주, 이름마저 인도식으로 바꾼 이 여성이 텐신의 인도 협력자였다. 텐신은 인도에 체재하면서(1901~2) 이 책의 원고를 마무리하였는데, 실제로 니베디타는 이 책의 완성과정에서 거의 동업자에 가까웠다는 것이다.[34] 그러고 보면 서문에 나오는 "위대한 어머니 아시아는 영원히 하나", 니베디타의 이 구절을 축약하면 텐신의 "아시아는 하나"라는 간명한 구호로 된다는 사실이 예사롭지 않다. 하여튼 서구적 실용성을 보완하는 아시아적 영성(靈性)의 부활이라는 이상에 기초한 텐신의 아시아주의가 아시아주의의 원산지 인도 벵골지방의 지적 분위기에 심취한 한 영국 부인에 의해 강화되었다는 점을 확인해두자.

텐신의 아시아주의가 동양에 심취한 서양인들의 또다른 의미의 오리엔탈리즘에 연원을 두고 있다는 것이야말로 통렬한 반어다. 하기는 인도의 아시아주의 역시 고대 인도의 정신적 장관(壯觀)에 주목한 서구 지식인들의 발견에 적지 않은 영향을 입고 있는 점[35]과 인도 최고의 아시아주의자 타고르(R. Tagore)를 배출한 벵골지방이 인도에서 가장 먼저 영국의 직접 지배 아래 편입된 곳[36]이라는 사실에 유의할 때, 아시아주의가 내발적이기보다는 서양에 대한 대타의식에서 형성되었다고 볼 수도 있을 터이다. 아시아에서 인도와 일본에서 유독 아

China, and India, Harvard Univ. Press 1970, 36면.
34) 같은 책 40면.
35) 같은 책 14면.
36) 같은 책 251면.

시아주의가 번성한 이유도 아마 이 두 나라가 서구의 충격에 가장 이른 시기에 전면적으로 노출된 사정과 연관되는 것이 아닐까? 여기서 중국이 문제다. 아시아의 어느 나라보다도 빠르게 서구와 접촉한 후 파경적 충돌을 거듭했던 중국에서는 왜 아시아주의가 중요한 쟁점의 하나로 되지 못했을까? 아마도, 일찍이 식민지로 전락한 인도와 반식민지상태에서 벗어나기 위해 아시아 침략국으로 변모한 일본과 달리, 중국은 반식민지적 상황 아래에서도 끝내 주권을 완전히 상실하지 않았던 데 원인이 있을 것이다. 중국의 보전이라는 초미의 과제 앞에서 어느 겨를에 아시아를 본격적으로 사유할 수 있었을까? 매우 예외적인 쑨 원의 아시아주의조차 일본의 지원을 얻기 위해 일본의 조선지배를 묵인한 불구적 형태로서 기실 일본의 침략적 아시아주의자들과 연계되어 있었던 "중국 위주의 정략"에 지나지 않았다는 점에 주목해야 한다.[37]

동서양의 종합을 지향하던 발생 초기의 인도와 일본의 아시아주의도 두 나라의 역사적 행보에 따라 각기 변모를 겪는다. 아시아의 영성에 의한 서양의 정복을 선언한 간디(M.K. Gandhi)가 타고르를 대신하면서 인도의 아시아주의는 독립의 원리로 되고, 서양문명의 대안으로 설정된 아시아의 영성을 폐기하고 국수주의로 경사한 일본의 아시아주의는 아시아 침략의 논리로 둔갑하였던 것이다. 그런데 그 빌미는 이미, 국수주의자인 동시에 세계주의자인 텐신의 절충 속에 예비되고 있었다. 그는 아시아의 영성의 중심을 인도에 둔 인도의 아시아주의를

---

37) 민두기 「동아시아의 실체와 그 전망: 역사적 접근」, *East Asia and the University in the 21st Century*, 서울대 개교 50주년 기념 1996년 국제심포지엄 발제집, 38~40면 참조.

일본 중심으로 번안하였으니, 이로부터 일본의 아시아주의는 하나의 망령으로서 아시아를 배회하는 가여운 운명에 봉착하였다. 요컨대 "일방으로 아시아를 주장하고 타방으로 서구를 주장"[38]하는 모순에 빠진 일본의 아시아주의는 아시아의 이름 아래 아시아적 원리를 방기함으로써 서양에 대한 거부라기보다는 서구 모방의 완성으로 귀결되었던 것이다.

이러매 새로운 동아시아론은 중국의 중화주의와 그를 대체하려고 했던 일본의 아시아주의의 전철을 답습할 수 없다. 또한 타고르의 길이건 간디의 강령이건 인도의 영성을 중심에 둔 인도의 아시아주의도 우리를 인도할 북극성은 아니다. 아시아의 정신을 서양의 물질문명과 그토록 표나게 대비하는 것 자체가 너무나 순진한 이분법이기 때문이다. 그렇다고 자본주의를 극복할 수 있는 문명적 대안의 씨앗을 아시아의 전통적 지혜로부터 길어올리려는 본질적 과제를 폐기하자는 것은 물론 아니다. 이 문제는 장기적 과제로 노력을 경주하되, 먼저 분쟁과 갈등으로 점철된 아시아 여러 나라, 여러 민족 사이에 민중적 연대의 통로를 구축하는 작업에 더욱 공들여야 하겠다는 판단이다. 아시아주의의 망령으로부터 해방되는 일, 그로 말미암아 뿌리박은 아시아의식의 결핍으로부터 해방되는 일, 이 두개의 해방을 동시에 밀고 나가는 작업의 중요성이 지금 우리에게 더욱 절실히 다가온다.

이 과정에서 유의할 점은 "아시아는 하나"라는 언술을 일단 접어두어야 한다는 것이다. 이 명제의 배후에는 언술자가 소속한 국가를 특권화함으로써 아시아의 맹주로 군림하려는 의식적·무의식적 기도가 복재하고 있음을 우리는 이미 텐신에서 목격한 바이다. 아시아가 어째

---

38) 竹內好 『日本とアジア』, 東京: 筑摩書房 1993, 194면.

하나인가? 아시아의 풍요로운 다양성을 그대로 승인하자. 이때 비로소 커다란 틀을 잊지 않으면서 아시아 각 권역대로의 작은 연대를 착실히 다져나가는 작업이 구체적으로 진전될 수 있을 터인데, 고르디우스의 매듭 동아시아를 어떻게 푸는가, 이것이 우리의 문제다. 얽힌 실타래의 한가운데 포박되어 있는 한반도의 남북 민중이 분단체제를 고도의 슬기로 타파하는 것이 관건임은 물론이다. 그런데 이는 우리의 힘뿐 아니라 한반도를 둘러싸고 복잡한 대립을 거듭해온 주변 4강의 이해를 획득하는 변수가 가세해야 가능한 일이기도 하다. 특히 한·일 연대를 어떤 수준에서 어떻게 구축하는가가 난제 중의 난제다. 그동안 한·일간의 교류는 대체로, '한·일유착'을 기본으로 한 미약한 민중연대라는 근본성격 속에서 진행돼왔다. 이래가지고는 백년하청이다. 2002년 월드컵 공동개최를 기회로 삼아 기존의 한·일교류의 틀을 근본적으로 넘어설 새로운 방안의 모색을 진지하게 고려할 시점이다. 이상화(李尙火) 시인이 노래했듯이,

언젠들 안 갈 수 있으랴, 갈 테면, 우리가 가자, *끄*을려가지 말고!

탈냉전시대와 동아시아적 시각의 모색

1. 사고의 쇄신

미국과 러시아가 1993년 1월 3일 제2단계 전략무기감축협정(START II)에 조인함으로써, 물론 '핵 없는 세계'의 완전한 실현에는 아직도 많은 난관이 가로놓여 있지만, 이미 형해만 남은 미·소 냉전체제는 거의 완벽하게 와해되기에 이르렀다. 이제야말로 탈냉전시대에 창조적으로 대응하기 위해 냉전에 익숙해온 우리들 사고의 쇄신을 구호가 아니라 가장 절실한 실천적 과제의 하나로 삼아야 할 것이다. 오동잎 하나 떨어지면 천하에 가을이 온 줄을 깨닫는다고 일러왔거늘 천지에 낙엽이 가득해도 계절을 가리지 못하는 이들이 없지 않다. 내남없이 우리가 냉전적 사고에 깊이 물들어 있었기 때문이다.

반소·반중·반북을 여전히 외치는 사람도 우습지만 친소·친중·친북을 아직도 외우는 사람도 문제다. 맑스주의를 단지 청산의 대상으로만 설정하는 사람은 더욱 문제다. 팜플릿 맑스주의는 청산돼야 하지만, 맑스가 미처 해금도 되기 전에 현존 사회주의의 붕괴로 매력을 상실해버린 기묘한 상황에 봉착한 우리 사회에서 오히려 지금이야말로 맑스주의를 유일무이한 운동의 지침으로서 신앙하는 것이 아니라 탈냉전시대의 시각에서 본격적으로 검토해야 할 때가 아닌가? 이론신앙에서 벗어나 '지금 이곳'의 시각에서 맑스주의를 철저히 해체하는 작업이 절실히 요구되는 것이다.

나는 지금도 레닌의 『제국주의론』 1917년판 서문에 나오는 '노예의 용어'라는 문자를 잊을 수 없다.

> 나의 이 저술은 전제정치의 검열제도 밑에서 씌어졌다. (…) 지금 자유의 날을 맞이하여 이 소저(小著) 중 짜리즘의 검열 때문에 왜곡되고 기형화되고 또 애매하게 된 부분을 읽는 것은 한 고통이다. 제국주의가 시회혁명의 전야를 의미힌다는 것, 또 사회주의배외주의란 것은 사회주의에 대한 배신이며 부르즈와지 진영에로의 완전한 항복이라는 것, 다시 노동계급운동의 내부에 있어서의 이 분열은 제국주의의 객관적 정세와 관련된다는 것 ─ 이러한 모든 것을 나는 '노예의 용어'로써 말하는 수밖에 없었다. (인정식 옮김, 동심사, 1947년 재판)

'노예의 용어'라는 레닌의 문자는 혹독한 검열제도를 통과해온 우리나라 지식인들에게는 각별히 공감되는 바가 많다. 그런데 다시 생각해보면 '노예의 용어'야말로 레닌의 사고의 창조성을 반증하는 것은 아닌가? 그것은 그의 사고가 낙후한 러시아의 구체적 현실과 끊임없이 교통하고 있었음을 뜻하고, 여기에서 정통 맑스주의와의 단절이 이루어질 수 있는 바탕이 마련되었기 때문이다. 만약 언론의 자유를 마음껏 누렸더라면 그는 레닌주의의 창시자가 아니라 그저 일개의 망명객으로 끝났을지도 모른다. 알다시피 서구에 비해 상대적으로 낙후한 러시아에서 관념의 요괴로만 떠돌던 공산주의를 하나의 국가적 실체로서 출현시킨 레닌주의는 완숙한 자본주의를 거쳐 사회주의로 이행한다는 맑스주의로부터 자기가 딛고 사는 현실과의 변증법적인 관여를 통해 창조적인 비약을 이룩하였고 그로 말미암아 20세기를 지배해온 가장 강력한 모델의 하나로 되었던 것이다.

레닌주의의 창조성이 오늘날에는 오히려 그 격하의 빌미가 되어, 일부 학자들은 러시아혁명을 맑스가 정의한 프롤레타리아혁명이 아니라 직업적 혁명가 집단에 의한 쿠데타로 규정하기도 한다. 이 견해 또한 일리가 아주 없는 것은 아니나, 편향이 아닐 수 없다. 10월혁명은 노동자·농민·병사·지식인이 광범위하게 참여한 사회혁명이니, "당시 고작 십수만의 당원밖에 가지지 않았음에도 불구하고, 볼셰비끼당이 혁명을 성공시켰다고 하기보다도, 당시 그들은 이같이 열세였기 때문에, 오로지 인민대중의 요구, 에네르기, 자발성을 그대로 존중할 수밖에 없었기 때문에, 혁명운동을 지도했다고 하는 일종의 역설적 관계야말로 실은 10월혁명에 있어서 지도의 메커니즘"(庄野新「러시아혁명의 관점」, 『러시아·소련』, 有斐閣 1980)이라는 흥미로운 견해도 있다. 당의 지도문제도 그렇게 단순한 것이 아니었다.

나는 여기서 오늘날에는 이미 낡은 모델이 된 레닌주의를 변론하고자 하는 바는 아니다. 다만 레닌주의의 당대적 창조성이 러시아의 구체적 현실과 깊숙이 조응하면서 태어났다는 사실을 다시 한번 강조함으로써 탈냉전시대라는 세계사적 변화 속에서 우리의 구체적 현실과 부딪치면서 생산될 창조적 모델을 위한 우리들 사고의 쇄신을 촉구하고자 하는 것이다.

솔직히 말해서 우리 사상사의 흐름 속에는 뭐랄까 변방적 성격에서 말미암는 극단적 경향이 없지 않았다. 정통과 이단을 가리고 조금이라도 정통에서 이탈하면 사문난적(斯文亂賊)으로 몰아 박멸적 태도를 취하는 편협한 이데올로기 독재에의 강렬한 유혹! 일찍이 장유(張維, 1587~1638)는 통탄하여 마지않았다.

중국의 학술은 갈래가 많아서 정학(正學)이 있고 선학(禪學)이 있고 단학(丹學)이 있다. 정주(程朱)를 배우는 자가 있고 육씨(陸氏)를 배우는 자가 있어서 문경(門徑)이 하나만이 아니다. 그런데 우리나라는 유식 무식을 논할 것 없이 책을 끼고 글을 읽는 자라면 모두 정주를 욀 뿐이고 딴 학문이 있다는 것을 듣지 못한다. (…) 다만 정주의 학문을 세상에서 귀중하게 여긴다는 것을 들어서, 입으로 말하고 겉으로 높일 뿐이다. 소위 잡학이란 것조차 없으니 어찌 정학엔들 얻는 것이 있으리요. (『谿谷漫筆』卷之一)

이론과 현실의 안이한 예정조화의 신앙에 바탕을 둔 이와같은 양상은 근대 이후 예수교와 맑스주의를 수용할 때에도 예외가 아니었다. 교과서에서 벗어나는 얘기를 외국인이 하면 괜찮고 우리나라 사람이 하면 우선 의심부터 하고 보는 병통이 아직도 뿌리깊다. 동학을 하나의 독자적인 사상으로 인정하기를 완강히 거부하고 안자산(安自山) 같은 독창적인 국학자를 간과하고 김지하 시인의 생명사상이나 백낙청 교수의 분단체제론에 대해 일단 오불관언(吾不關焉)하는 경우들이 모두 그렇다. 새로이 동트는 동아시아 문명의 새벽을 위해서 우리가 감당해야 할 몫이 중차대하다는 점을 깊이 인식하고 있는 사람이라면 우리는 이 누습에서 먼저 자유로워져야 할 것이다.

2. 최근의 동아시아 정세

 탈냉전시대에 즈음하여 한반도를 둘러싼 동아시아 정세도 급격한 변화를 보이고 있다. 그것은 무엇보다 소련의 붕괴에 말미암는다. 국내의 경제개발을 위해 국방비를 삭감할 수밖에 없는 소련은 1989년 동남아시아의 전략적 거점인 베트남의 캄란만 기지에서 해군 철수를 단행하였다. 이어 가장 반공적인 한국과 수교하고 지난 연말에는 옐찐(B. N. Yeltsin)이 중국을 방문함으로써 오랜 중·소 분쟁에 종지부를 찍었다. 중국은 소련을 수정주의로 몰아붙이고 소련은 중국을 교조주의로 비판함으로써 세계를 놀라게 한 중·소 이념분쟁이란 것도 지금 보면 이념의 이름을 빌린 적나라한 국가이성의 충돌이었음이 분명하게 드러나는데, 결국 현존 사회주의는 민족국가 단계에 대응한 사회주의 즉 진정한 사회주의와는 일정한 거리를 둔 불완전한 체제라는 점이 점점 더 또렷해지는 것이다. 하여튼 4천km에 달하는 긴 국경에 각각 백만과 60만의 대군을 대치시켰던 중·러의 화해로 러시아의 극동 군사력은 상당한 수준에서 감축되기에 이르렀다.
 이에 따라 친소·반중적이었던 몽골과 베트남이 중국과의 관계정상화의 걸음을 내디뎠다. 그런데 아시아 최초, 사회주의체제로 전환했던 몽골 문제도 간단치 않다. 제정러시아시대부터 중·러가 갈등했던 몽골지역은 일제의 중국침략 이후 일본까지 개입하면서 복잡하게 얽히다가 결국 외몽골은 소련의 막강한 입김 아래 독립하고 내몽골은 중국의 자치주로 남게 되었으니, 우리와 같은 분단국가는 아니지만 분단에 준하는 지역의 하나이다. 사회주의체제 아래에서 민족문제는 해소되었다고 호언했지만 오늘날 소련 및 동구의 상황을 보면 그건 허언에 지나지 않는다. 자본주의 나라들이 새로운 통합으로 가는 것에 대비할 때 옛 사회주의 나라들의 민족분리 현상은 참으로 아이러니가 아닐 수 없다. 이 점에서 국경 안에 많은 소수민족을 포용하고 있는 중·러 화해가, 미·일 견제와 함께, 국경 안팎에 나뉘어 있는 소수민족들이 분리 통합을 통해 독립하려는 움직임에 대한 경고의 뜻도 함축하고 있다는 지적은 경청할 만하다. 중국의 경우 옛 소련보다 소수민족정책에서 자치를 더욱 허용했다는 점에서 성공적이었다고 평가되지만, 근본에서 전통적인 중화(中華)의 제국적 질서를 결코 포기한 것이 아니기 때문에 아직 분리·독립의 움직임이 노골적으로 드러나고 있지 않음에도 민족문제는 봉쇄된 위기의 형태로 잠재하고 있다고 보아야 한다.

도대체 중국·소련·미국처럼 안으로 많은 문제를 안고 있는 거대국가가 그 제국적 판도를 그대로 유지하면서 새로운 시대에 참여한다는 것은 무리가 아닐까? 그렇다고 나는 모든 종족이 독립국가로 분리되는 것이 바람직하다고 이야기하는 것은 아니다. 백낙청 교수는 한반도 통일방안에서 1민족 1국가 원칙에 대해 "분단체제 극복의 방편으로 채택되는 연방 또는 연합체제가 '국가' 개념 자체의 상당한 수정을 동반하는 새로운 복합국가 형태의 창출이 아니고도 곤란할 것"(「분단체제의 인식을 위하여」, 『창작과비평』 1992년 겨울호)이라고 지적한 바 있는데, 이는 비단 한반도에만 국한되는 것이 아니라 두루 적용해봄직한 제안이 아닌가 생각된다.

베트남 또한 소련 해군의 캄란만 기지 철수 이후 오랜 적대관계를 청산하고 중국과 화해하였다. 1991년 11월 베트남이 중국과 국교를 정상화한 데 이어 지난해 12월 중국의 리 펑(李鵬) 총리가 베트남을 방문함으로써 관계 회복 후에도 분쟁의 초점이 되었던 남사군도(南沙群島) 문제에 대한 무력충돌의 가능성은 훨씬 감소되었다. 동남아시아에서 소련과 미국의 무력이 철수한 뒤 이 힘의 공백지대로 패권을 확장하려던 중국의 기도는 베트남과 아세안(ASEAN)의 강력한 반발 앞에 일단 저지당하고 베트남과 중국은 새로운 협력을 선택했던 것이다. 중국은 이미 운남성을 거점으로 베트남·버마·라오스 등을 묶는 대서남 경제권 건설에 착수한 바 있고, 베트남 또한 베트남판 뻬레스뜨로이까인 도이모이(刷新)를 추진해야 하기 때문이다.

이 와중에서 베트남은 적대국이었던 한국과 1992년 12월 22일 정식 수교하였다. 나는 88올림픽 때 베트남이 참가하는 것을 보고 놀랐다. 솔직히 말해서 다른 사회주의국가들이 다 참가한다고 해도 베트남은 빠지리라고 예상했기 때문이다. 국제관계의 냉엄함을 뼈저리게 실감하게 한 사건이다. 그런데 한국의 외무장관이 두 나라 과거사와 관련, "한때 불행했던 시기가 있었던 것을 유감스럽게 생각한다"고 표명하는 선에서 시비를 마감했다는 것이다. 이건 어디서 많이 듣던 소리다. 일왕이 왈, "통석(痛惜)의 염(念)" 운운하는 것과 어찌 그리 닮았는가? 부끄러운 일이다. 일본에서 이에 대해 "한국은 자신의 과거사문제는 해결하려고 하지 않고 남의 나라에 요구만 한다"고 비아냥거리는 것이 어찌 우연이리요!

베트남전쟁에 대한 우리의 책임을 분명히 가리지 아니하고는 한국과 베트남 사이의 진정한 우호는 발전할 수 없다. 그뿐 아니라 한·일관계, 더 나아가서 국제사회 속에서 우리의 위상을 정립하는 데도 이롭지 않다. 아류제국주의로 비판받아도 할말이 없을 것이다. 국제적으로도 문제지만 국내적으로도 베트남전쟁은 아직 우리 사회에서 금기의 영역에서 온전히 해방되지 못하였다. 베트남전쟁의 진실에 육박해간 리영희 교수의 용기있는 논문들과 황석영씨의 장편 『무기의 그늘』 등이 없는 것은 아니지만 우리의 노력은 베트남전쟁에 대한 양심적인 미국인들의 고통스러운 확인작업에도 턱없이 모자람을 염두에 둘 때, 이 문제에 대한 우리들의 진지한 관심을 강력히 환기하지 않을 수 없다.

그렇다고 나는 베트남전쟁을 우리가 따라야 할 모델로 무조건 기리자는 것은 결코 아니다. 베트남전쟁이 구식민지 민족해방운동의 연장이라는 점을 확실히 인식함으로써, 다시 말하면 탈냉전의 시각에서 베트남전쟁을 재조명함으로써 우리가 추구하는 새로운 통일의 길을 촉구하는 데 타산지석(他山之石)으로 삼자는 뜻이다. 베트남이 한국과 수교하면서 과거사문제를 제대로 추궁하지 못한 채 매듭지었다는 데서도 베트남식 통일의 문제점은 예각적으로 암시될 터이다.

우리는 냉전체제의 두 축인 미국과 소련이 극렬히 대립할 때조차도 깊숙이 상호의존하고 있었다는 점에 주목하여 한 축의 붕괴는 필연적으로 다른 축의 변화를 야기하리라는, 다시 말하면 동구권의 변혁이 팍스 아메리카나(Pax Americana)의 시작이 아니라 그 종지부가 되리라는 전망을 가지고 있었다. 뻬레스뜨로이까는 소련뿐 아니라 미국에서도 더욱 절실하다. 이 점에서 클린턴(B. Clinton)의 등장을 미국판 뻬레스뜨로이까의 시작으로 봄직하다.

동아시아에서 미군이 빠져나가고 있다. 1992년 11월 필리핀 수빅만에 자리잡은 아시아 최대의 미 해군기지가 철수함으로써 클라크 미 공군기지의 철수와 함께 동아시아에서 미국 무력이 사라졌다. 아직은 한국과 일본에 미군이 주둔하고 있지만, 시일이 문제지 그 감축 내지 완전철수도 예상되는데, 제국주의 열강의 위협 아래 신음했던 아시아인의 오랜 숙원이던 진정한 자주성의 획득이 문득 현실로서 다가오고 있는 것이다.

이에 즈음하여 미국을 바라보는 우리의 시각을 균형적으로 재조정하는 작업이 시급하다. 우리 사회는 친미와 반미 사이에서 갈등하고 있다. 그런데 이 두 시각 모두 편향이 아닐 수 없다. 탈냉전시대를 맞이하여 오히려 지역분쟁은 증가하고 있으니, 예컨대 저 추악한 소말리아 내전은 미·소 두 나라 군대가 소말리아와 이웃 에티오피아에서 철수함으로써 불붙었던 것이다. 동아시아에서의 미·소의 후퇴 속에서 중국과 일본이 이 힘의 공백을 향해서 몰려오고 있다는 점을 염두에 둘 때 원교근공(遠交近攻)이라는 전통적 외교전략에 비추어보아도 미국에 대한 우리의 시각을 새롭게 조율하는 것은 오히려 필요하다.

미국의 변모 속에서 동아시아의 자본주의 나라들에서도 새로운 변화의 기운이 나타나고 있다. 하와이 원주민들의 독립 요구가 거세지고, 태국의 군사정권이 붕괴되는 것과 더불어 일본 정치체제도 균열되기 시작하였다. 자민당의 카네마루(金丸信)에 이어 사회당 위원장 타나베(田邊誠)가 물러난 사건을 두고 이를 '55년체제'의 붕괴로 보는 시각이 흥미롭다. 냉전에 대응하여 1955년에 성립한 자민당-사회당 체제는 대내적으로 자민당의 장기집권을 보장하면서 대외적으로는 독특한 역할분담을 맡아온 터인데, 소련 붕괴가 오히려 자민당 일당지배를 밑에서부터 흔들고 있는 것이다.

냉전체제에 적극적으로 편승하여 전후의 폐허에서 일약 부흥한 일본, 유럽공동체(EC)와 북미자유무역협정(NAFTA)의 출현이 일본 자본에 대한 대응이라는 분석은 우리가 유의할 대목인데, 일본의 근본적 변혁 없이 아시아의 평화는 없다. 일본의 "전후 개혁은 천황으로부터 국민으로의 주권이동이라는 정치혁명을 천황의 권위를 이용하여 실현하는 것으로 되었던 권위주의적 민주화"(강상중 「아시아와의 단절, 역사와의 단절」, 『世界』 1992년 10월호) 과정을 특징으로 하는바, '55년체제'의 붕괴가 근본적인 정치혁명으로 발전하여 일본이 아시아의 진정한 일원으로 거듭나기를 우리는 강력히 기대한다.

그럼에도 최근 일본의 행보에 대해서 깊은 우려를 숨길 수 없다. 한·러 수교에 이은 한·중 수교를 일본 견제를 위한 새로운 삼국동맹이라고 일본 극우파들이 비난하는 가운데, 일본 국왕이 1992년 11월 중국을 방문한 뒤 중·일이 급속히 밀착하고 있다는 것이다. 중·일 대결구도도 문제지만 중·일의 유착도 상서롭지 못하다. 일본은 인권과 민주화 문제를 한층 중시할 클린턴 정권의 중국정책과 정면으로 부딪치면서 중국에 관한 한 명백한 반미전선에 선 셈이다. 전통적인 미·일 동맹관계가 근본적으로 와해되는 것은 아닐지라도 미·일 사이에 일정한 균열의 조짐이 보인다. 이 점에서 최근 일본과 호주가 아시아·태평양 국가들을 포괄하는 느슨한 지역연합을 목표로 하는 지역경제권 창설에 합의했다는 보도는 눈길을 끄는 대목이 아닐 수 없다. 이미 세계경제를 석권할 태세를 갖춘 일본은 일관되게 블록화에 반대해왔는데, 왜 태도가 바뀌었을까? 이에 대해 아시아·태평양 지역에서 일본을 배제하고 NAFTA를 확대하려는 미국의 의도를 견제하려는 속셈이라는 분석은 유의할 만하다.

대만 총선에서도 야당인 민진당(民進黨)이 사실상 승리함으로써 작지 않은 변화가 일어나고 있다. 바야흐로 대만의 통·독논쟁(統獨論爭), 즉 1국가 2체제 방식으로 흡수통일을 고수하는 중국에 호응하는 통일론자들과 이에 반대하는 대만독립론자들 사이의 갈등이 본격화될 전망이다. 과연 대만문제는 어떻게 해결되는 것이 새로운 동아시아 질서 속에서 바람직할까? 대만의 통일론자들, 예컨대 저명한 반체제 문인 천 잉쩐(陳映眞)씨는 대만독립론을 일제시대의 황민화운동을 새롭게 계승한 반민족적 신황민화운동으로 견결히 비판하고 있다(「臺灣近現

代文學思潮之演變」). 그러나 1국가 2체제 방식은 우리의 경우도 그렇지만 대만문제의 해결에서도 결코 만만치 않다.

한·중 수교 이후 우리는 대만을 거의 완전히 망각하였다. 이는 우리 사회의 고질적인 병통이다. 냉전시대에 친대만 반중국을 고수한 것만큼 최근의 역전도 큰 문제이다. 더구나 중국은 한·중 수교 이후에도 남북한 등거리외교를 포기하지 않고 있음에랴. 거기다 북한은 남한의 북방정책에 대해 남방외교로 맞서 호주·필리핀 특히 대만과의 교역통로 개척에 힘을 기울이고 있으니, 대만의 향배는 한반도와 긴밀히 맞물려 있다는 점에서 우리의 성숙한 대응이 절실히 요구된다.

이상에서 거칠게 개관했듯이 탈냉전시대에 즈음하여 동아시아 각국 사이에는 냉전시대에는 상상할 수도 없었던 새로운 합종연횡(合縱連衡)이 복잡다기하게 전개되고 있다.

스즈끼(鈴木佑司)씨가 지적한 것처럼, 동아시아에서는 미국과 소련이 이 지역의 대국이 아닌데다가 중국과 일본이 냉전을 적극적으로 지탱한다는 의식이 결락하고 있었기 때문에 유럽형의 냉전은 성립하지 않았음에도, 한국전쟁과 베트남전쟁이라는 두개의 열전을 경험함으로써 이 지역은 유럽과 달리 격심한 재난을 입었다(『世界』 1992년 10월호). 유럽형의 냉전이 성립하지 않은 데는 또한 동아시아에서는 탈식민지화가 냉전 이상으로 중요한 과제였으니, 현존 사회주의의 붕괴 이후에도 중국·북한·베트남 등 동아시아 사회주의가 여전히 버틸 수 있는 데는 이들의 체제 속에 민족해방이 깊숙이 각인되어 있기 때문이다.

쏘비에뜨 사회주의도 아메리카 자본주의도 그리고 동아시아의 민족해방형 사회주의도 낡은 모델로 떨어져버린 이 시기에 우리는 그동안의 역사적 실험을 충분히 존중하면서 협량한 민족주의를 넘어선 동아시아의 연대의 전진 속에서 진정한 동아시아 모델을 창조적으로 모색해야 할 때가 도래한 것이다.

3. 왜 동아시아인가?

그럼 우리가 새로이 추구하는 동아시아의 연대 또는 동아시아적 시각은 무엇인가? 우선 지적할 점은 그것이 동아시아의 폐쇄적인 지역주의로 떨어져서는 결코 안된다는 것이다. 냉전 이후 미국과 러시아의 영향력이 이 지역에서 축소되기는 했지만 두 나라는 아직도 강력한 무력을 동아시아에서 유지하고 있다. 설사 미군의 완전철수를 가정한다고 하더라도 러시아는 엄연한 동아시아국가의 일원으로서 이 지역에 일정한 무력을 유지할 터이고, 미국 또한 태평양에 대한 기존의 지배권을 호락호락 내놓으려고 하지 않을 것이매, 동아시아적 시각이 이 두 나라를 마냥 배제해서는 하나의 공상에 지나지 않는다. 이미 지적했듯이 자칫 대두할지도 모르는 중국과 일본의 새로운 패권주의를 저지하기 위해서도 미국과 러시아를 적극적으로 활용할 현실적 필요도 있지만, 자본주의의 대안으로 제출된 현존 사회주의가 모더니티에 대한 안이한 성찰로 파국을 맞이하여 시장이 전지구적 규모로 확대되고 있는 오늘날, 우리가 시대착오적인 일국사회주의에 기초한 자력갱생 노선을 추구하지 않는 한 자본의 논리에 대한 과학적 검증은 짐짓 비켜갈 수 없는 핵심적 과제의 하나이며 그 때문에 더욱 근대를 넘어설 대안의 모색이 절박해졌다는 점에서 미국과 러시아는 여전히 우리의 절실한 화두가 아닐 수 없는 것이다.

또한 동아시아적 시각이 아시아의 다른 지역은 물론이고 아프리카·라틴아메리카 등 기왕에 제3세계로 포괄되었던 지역들에 대한 성찰을 포기해서도 아니된다. 물론 동구의 변혁으로 제2세계가 자본주의 시장에 통합되고, 제3세계의 사회주의 지향의 나라들 가운데 대부분이 변혁의 전략을 포기하고 있는 현실 속에서 제3세계론의 입지는 심각히 훼손된 것이 사실이다. 그러나 70년대 말에 제기되었던 우리 사회의 제3세계론의 골자는 "세계를 셋으로 갈라놓는 말이라기보다 오히려 하나로 묶어서 보는 데 그 참뜻이 있는 것이며, 하나로 묶어서 보되 제1세계 또는 제2세계의 강자와 부자의 입장에서 보지 말고 민중의 입장에서 보자는 것"(백낙청「제3세계와 민중문학」,『창작과비평』1979년 가을호)이니, 우리의 제3세계론은 제3세계 국가들이 뭉쳐서 제1세계와 제2세계의 극복을 외치는 단순한 지역주의를 이미 넘어서고 있었던 것이다. 피압박민족의 해방운동으로 대두된 제3세계가 비동맹을 하나의 구호로 내세웠음에도 이 지역 국가들 또한 냉전시대의 구체적 맥락 속에 존재했기 때문에 실제로는 친소와 친미의 양극단 사이에 다양한 편차대로 도열해 있어서 진정한 통일성의 성취는 매우 어려웠던 것이 사실이다. 이 점에서 냉전체제가 붕괴된 지금이야말로 제3세계 민중의 시각은 오히려 절실하다. 동아시아적 시각의 모색이 자본주의 세계경제의 응집력을 어떤 의미에서는 절묘하게 보완하는 비사회주의권 반주변부의 발전모델을 그대로 승인하는 것이 결코 아니라면, 1917년의 시점에서 자본주의적 세계통합을 일단 저지했지만 대국적으로는 역사적 자본주의의 사회적 분업의 부분으로 존재할 수밖에 없었던 현존 사회주의의 붕괴야말로 국가와 민족의 경계를 넘어 세계적 차원의 민중세상을 여는 제3세계론의 진정성에 더욱 핍근할 수 있는 바탕으로 되기 때문이다.

    그럼에도 우리는 왜 동아시아라는 매개항을 설정하려고 하는가? 솔직히 말해서 우리가 동아시아론을 들고 나올 때 적지 않은 위험부담이 있기는 하다. 섶을 지고 불에 뛰어드는 격이 될 수도 있기 때문이다. 세계적 경제대국으로 부상한 일본은 서구시장은 그것대로 챙기는 한편 바야흐로 눈을 아시아로 돌리면서 이 지역에서의 미·일 공동패권을 겨냥할 심산이다. 이에 대하여 공동패권이라기보다는 어디까지나 미국의 주도권 아래 일본이 하위 파트너로 참가하는 형태가 되리라는 반론도 없지 않지만, 하여튼 그것이 공동패권이든지 1.5패권이든지 일본의 지배층이 전전(戰前)의 노골적인 제국주의 침략은 아닐지라도, 새로운 형태의 지역패권을 추구한다면 이는 대단한 위협이 아닐 수 없다. 지금 일본은 눈치를 살피고 있다. 일본의 패권주의에 대해서는 뼈아픈 침략의 경험을 공유하고 있는 아시아 여러 나라들이 이점에 관한한 일치해서 반대하기 때문이다. 이와같은 복잡미묘한 형국에 우리가 동아시아론을 제기한다면 일본으로서는 불감청(不敢請)이언정 고소원(固所願)이 아닌가?

　더구나 한반도에는 세계시장에 편입되지 않은 채 '우리식 사회주의'를 고수하는 북한이 있다. 19세기 후반에 세계시장체제에 편입되기를 끝까지 거부하던 조선에 대해 제국주의적 압박이 집중적으로 강화되었듯이, 최근에는 마지막 시장 북한에 대한 자본의 압박이 강화되고 있는 실정이다. 미·일 자본과 이에 하위 파트너로 합세한 남한 자본이 북한을 그대로 시장경제로 흡수통일한다면 이는 한반도의 재난이 아닐 수 없다. 무력에 의하건 자본에 의하건 흡수통일정책은 통일 후의 베트남과 독일이 직면한 거대한 곤란을 감안하고, 남한의 실세를 냉정히 점검하면 더욱이, 남북한을 공멸로 이끌 위험이 다분하다. 신라가 당(唐)을 끌어들여 '통일'한 것의 재판이 될 가능성이 없지 않을 것이기 때문이다. 이 점에서 동아시아론이 북한을 포위하는 반북동맹에 말려드는 것을 무엇보다 견결히 경계하지 않으면 아니된다.

또한 우리의 동아시아론이 중국의 남북한 등거리정책에 포섭되는 것도 절대로 피해야 할 점이다. 이미 지적했듯이, 한·중 수교에서 한국은 대만을 포기했지만 중국은 북한을 저버리지 않았다. 북한과 대만을 등가로 놓을 수 없음에도 불구하고 우리는 중국의 '두개의 조선' 정책이 혹시나 신라와 발해에 대한 당의 동방정책의 재판으로 나타나지 않을까 저어하지 않을 수 없다. 이우성(李佑成) 교수는 이에 대해 다음과 같이 지적한 바 있다.

> 당은 신라의 반도지배를 승인한 동시에 발해의 만주지배를 승인하였다. 모두 책봉형식을 취하였다. 당의 동방정책은 이제 남의 신라, 북의 발해로 남북 두 세력의 대립에 의한 상호견제 위에 중국의 전통적 대외정책—이적(夷狄)에 대한 이간정책·기미(羈縻)정책을 펴기 시작하였다. (…) 이리하여 남북 양쪽은 서로가 망할 때까지 한번도 화합할 수 없었다. 그것은 남북 등거리외교로 일관된 당의 동방정책에 시종 조종되면서 서로 깨닫지 못했던 때문이었다. 신라가 당에의 일변도로 당의 힘을 빌려 발해를 누르려고 했던 것이나, 발해가 저자세를 무릅쓰고 멀리 일본에 조빙(朝聘)을 다녔던 것은 다같이 후세의 역사적 비판을 받아 마땅한 것이었다. (「남북국시대와 최치원」, 『창작과비평』 1975년 겨울호)

물론 오늘날은 그 시대와 다르다. 중국 이외에 미·일·러라는 국제적 변수가 더하고, 신라와 발해가 남한과 북한에 그대로 유비되는 것은 아니기 때문이다. 그러나 남한이 북방외교를 통해 북한을 포위하면서 북한정권의 붕괴 내지 흡수통일을 꾀하고, 북한은 일각일각 죄어오는 포위망으로부터 탈출하기 위해 남방외교로 맞서면서 기왕의 민주기지론에 입각한 남한혁명을 모색한다면, 이는 딱한 일이 아닐 수 없다. 남북한은 입으로 평화통일을 외우면서 속으로는 '두개의 조선' 정책에 스스로 말려드는 민족적 소모전을 즉각 중단하고, 무엇이 진정한 민족대단결의 원칙인가를 심각히 고구해야 한다. 우리의 통일운동이 무력통일이나 흡수통일이 아닌 것은 물론이고, "현재의 적대적인 두 체제가 이 모습 그대로 외국으로서가 아니라 한 나라 안에서 사이 좋게 공존하는 것"을 지향하는 바도 아니라는 점에 동의한다면, 그것은 "남북 양쪽 체제의 일정한 갱신을 전제"로 한 "남한의 자본주의보다 그리고 북한의 '사회주의'보다 더 나은" "제3의 진보적인 사회체제를 만드는 일"(고세현 「통일운동론의 몇가지 쟁점에 대하여」, 『창작과비평』 1992년 가을호)로 요약될 것이다.

우리의 동아시아론의 핵심적 문제의식의 하나도 바로 이 지난한 한반도 통일운동과 깊숙이 맞물려 있다. 그렇다면 혹자, 특히 중국과 일본에서는 동아시아론의 속셈이 결국 중국과 일본을 이용하는 새로운 형태의 한국민족주의의 표현이 아닌가 의심할 수도 있다. 물론 통일운동은 민족주의의 전형적 표출이다. 그러나 우리의 통일운동은 이미 누누이 지적했듯이 협량한 민족주의로는 모순이 중첩된 한반도의 진보적인 평화통일이 이루어질 수 없다는 냉엄한 인식에 기초하고 있기에 민족주의를 넘어설 전망을 스스로 내포하고 있는 것이다.

왜 그런가? 냉전의 와해와 함께 독일의 통일이 무슨 신기루처럼 이루어진 것과 달리 한반도의 통일은 아직도 교착상태에서 벗어나지 못하고 있는 데에는 그밖의 변수가 얽혀 있다는 증좌일 터인데, 한반도의 분단은 "소련과의 대결의식 못지않게 한반도 안에서 진행중인 사회혁명을 억누를 필요성 — 즉 제3세계의 도전으로부터 미국의 패권을 방어할 필요성"(백낙청 「분단체제의 인식을 위하여」, 『창작과비평』 1992년 겨울호)에서 결정되었다는 지적은 음미할 만한 대목이다. 그런데 분단이 미국의 주도 아래 결정되었다 하더라도 소련 역시 그 책임에서 면제되는 것은 아니다. 소련의 북한정책은 동구에서의 점령공산주의와는 일정한 차이를 지니지만, 크게 보면 스딸린의 일국사회주의, 즉 쏘비에뜨 기지를 보위하기 위한 광범한 친소적 외곽 건설과 근본적으로 다른 것이라고 보기 어렵기 때문이다. 소련 역시 해방 직후 한반도에 자주적인 통일국가가 성립되는 것을 바라지 않았으리라는 혐의에서 자유롭지 못한 것이다.

이 점에서 찬탁·반탁 문제도 다시 보아야 할 필요가 있다. 반탁을 남한에서의 헤게모니 장악을 위한 반소·반공운동으로 끌어갔던 우익의 책동은 비판받아 마땅한 것이다. 제2의 독립운동이라고 애국적인 민중의 소박한 마음에 불을 질러놓고 그것이 미군정 반대운동으로 비화할 조짐을 보이자 슬그머니 발을 뺐던 데서 그 속셈은 분명히 드러나기 때문이다. 그런데 좌익도 문제다. 우익의 언론플레이에 말려들어 처음에는 반탁이었다가 뒤늦게 찬탁으로 돌아선 초기의 치명적인 전술적 오류도 그렇지만 좌익도 이 땅에 진주한 외세의 본질을 올바르게 통찰하지 못한 듯하다. 물론 찬탁 결정에는 "조선민족은 그 과감하고도 집요한 반일투쟁에도 불구하고 자력으로써 자기자신을 해방하지 못하였"으며, 따라서 "조선해방의 이러한 국제성은 조선문제 해결에 있어서 모든 국제적 제약을 받게 하는 것"이라는 냉정한 인식이 자리하고 있음에도, 결국에는 탁치가 "제국주의의 침략정책인 위임통치나 을사조약과는 전연 다른 것"(이강국 『민주주의조선의 건설』, 조선인민보사 1946)이라고 옹호함으로써, 미국과 소련에 대한 환상에서 근본적으로 벗어나지 못하고 있는 것이다. 반탁은 말할 것도 없고 찬탁으로 설령 우리의 국론이 통일되었다고 하더라도 해방 직후에 과연 한반도에 자주적인 통일국가가 건설될 수 있었을까? 나는 회의적이다. 한반도의 분단이 본격적인 냉전체제 이전에 결정되었음에도 바로 여기에서부터 세계적인 냉전체제가 작동하기 시작했던 것이다.

더구나 1949년 중국혁명의 성공을 전후하여 미국의 일본정책이 근본적으로 변화하기에 이르렀으니, 미국의 아시아 지배의 지주로 선택되었던 중국 국민당정권의 붕괴로 미국은 새로운 지주로서 일본 독점자본의 부활을 목표로 하는 방향으로 급선회했다. 2차대전 직후 동아시아 정세의 이와같은 구도 속에서 가장 약한 고리인 한반도에서 대규모의 열전이 발발한 것은 아마도 필연적이었다는 점이 뚜렷해진다.

6·25를 통해 한반도의 허리를 조이며 세계적인 냉전체제가 본격적으로 가동되었거니와, 이 조건에 대응하여 남한에는 반공독재정권이 성립하고 북한은 와다(和田春樹) 교수의 표현을 빌리면 '유격대 국가'로 화하고 말았던 것이다. 해방 직후 북한에는, 반공의 이름 아래 친일파가 친미로 옷을 갈아입고 재등장한 남한의 현실에 실망하여 국내외의 거의 모든 혁명세력들이 모여들었다. 이는 대단한 자산이 아닐 수 없다. 그런데 북한은 특히 6·25를 거치면서 연합정권적 성격으로부터 이탈하여 오로지 만주파가 홀로 권력을 독점하는 일변도로 굳어져버렸다. 어느 서양학자가 북한정권을 대원군의 그것에 비유하는 것을 흥미롭게 전문한 적이 있는데, 이와같은 유격대 국가의 출현은 북한사회의 정상적인 발전을 저해하는 엄청난 외압과 맞물려 있다는 점이다. 자본의 포위는 물론이고 북한은 소련과 중국의 심각한 압력도 받았음은 이미 널리 알려진 사실인바, 남한 역시 미·일과 동맹 속의 갈등관계에 있어왔음을 주목해야 한다. 이 때문에 남북한 정권은 표면상으로 극렬히 대립함에도 불구하고 사실은 깊숙이 상호의존하고 있다는 역설이 성립되는 것이다.

한반도는 전통적으로 동아시아의 지역모순의 한 결절점(結節點)이었다. 일찍이 민세(民勢) 안재홍(安在鴻)은 「신민족주의의 과학성과 통일독립의 과업」(『신천지』 1949년 8월호)에서 조선의 자주독립이 동아시아의 평화에 어떻게 관건으로 작용하는가를 큰 안목으로 통찰한 바 있다. 그에 따르면, 당에 의한 고구려의 멸망은 오히려 거란·몽골·여진족의 흥기를 야기함으로써 우리는 물론이고 중국에도, 아니 중국에는 더욱 큰 재난으로 전화되었다는 것이다. 흥미로운 분석이다. 알다시피 특히 몽골과 여진의 침략으로 중국은 원(元)과 청(淸)이라는 혹독한 이민족통치를 경험했기 때문이다. 그리하여 그는 고구려의 멸망으로 말미암은 조선의 약소민족화는 동아시아 안정의 균형추를 와해시킴으로써 중국을 항상적인 북방의 위협에 시달리게 한 '만세(萬世)의 실책'이었다는 것이다.

또한 그는 우리 민족의 반침략투쟁이 중국과 일본에 어떻게 방파제 역할을 했는가를 지적한다. 고구려와 백제의 멸망 이후 나·당연합이 당의 신라침략으로 적대적 관계로 변모하자 신라가 고구려·백제의 유민과 연합하여 당을 물리침으로써 이것이 당의 일본침략을 저지시켰다는 것이다. 과연 당이 당시 일본에까지 지배권을 확대할 의도를 가졌는지는 의문이지만, 만약 '통일신라'가 당을 성공적으로 구축하지 못하여 당의 지배권이 한반도 전역에 미쳤더라면 그것은 분명히 일본에 대한 중대한 위협으로 된다는 점에서 일리 있는 가상이 아닐 수 없다. 그는 또 고려의 항몽전쟁이 일본을 구원했음을 이미 주장하였다. 후일 일본의 양심적인 사가(史家) 하따다(旗田巍)는 몽골의 일본침공을 좌절시킨 주요한 힘은 "아시아 여러 민족, 특히 조선인, 또 중국인이나 베트남인의 저항"임을 논증함으로써, 태풍이 몽골침략으로부터 '신국(神國)' 일본을 구원했다는 '카미까제사관(神風史觀)'의 오류를 바로잡은바(『元寇』, 中央公論社 1960), 민세의 선견적 통찰은 놀라운 일이다. 중국에 대한 우리 민족의 저항이 일본을 구원했듯이, 일본에 대한 조선의 항쟁은 중국의 방파제로도 되었다. 그는 7년에 걸친 임진왜란에서 조선이 명과 연합하여 일본의 침략을 격퇴함으로써 중국이 병화에서 벗어났음을 지적하였으니, 우리 역사를 일국사가 아니라 동아시아의 국제사 속에서 파악하고 있는 그의 혜안은 가히 선진적이다. "조선이 한번 자주독립을 잃어버리면 동아시아의 평화 문득 깨어지고"만다는 그의 주장은 결코 과장이 아니었던 것이다(그런데 민세 이전 단재가 이미 1921년에 이런 주장을 펼쳤다. 이에 대해서는 글 뒤에 보론을 붙였으니 참고하시기 바란다).

　근대에 들어서면서 동아시아는 서구자본주의와 격돌하는 최후의 전장으로 변모하였다. 이 속에서 조선 문제는 동아시아의 모순의 결절점인 동시에 세계적인 제국주의체제의 모순의 결절점으로 전화하는데, 토오야마(遠山茂樹) 교수는 그 시기를 1884년 여름으로 잡는다. 프랑스의 안남점령(1884)과 영국의 비마병합(1885)으로 동아시아를 제외한 모든 지역에서 제국주의 열강의 분할이 종료되었기 때문이다(「동아시아 역사상의 검토」, 『역사상 재구성의 과제』, 御茶의水書房 1966). 한반도를 향해 집중되는 제국주의의 압박은 조선의 자주적 근대화에 중대한 난관을 제공하고, 이 조건이 다시 일본으로 하여금 아시아연대론에서 탈아론(脫亞論)으로, 다시 말하면 서구제국주의에 대한 종속적 위치에서 조선과 중국의 희생을 전제로 한 제국주의 진영에의 참가라는 나쁜 선택을 하도록 강제하였으니, 청일전쟁·러일전쟁·중일전쟁·태평양전쟁의 도정은 여기에서 이미 결정되었던 것이다. 이와같은 일본의 선택이 한·중의 재난일 뿐 아니라 일본 민중의 재난으로 전화되었던 점은 여기서 다시 논할 필요도 없다. 면암(勉庵) 최익현(崔益鉉)은 1876년 척화상

소에서 이미 통찰하고 있었다. 그는 서구열강의 침략 앞에서 "동양 삼국이 세발솥으로 서서 온 힘을 쌓아 대비해도 오히려 지탱하지 못할까 두려운데" 일본이 조선침략으로 나온다면 그것은 일본도 망하고 동양이 함께 망하는 화(東洋幷亡之禍)로 귀결될 것이라고 경고하여 마지않았던 것이다(강재언 『조선근대사연구』, 日本評論社 1970). 이와같은 일본의 최악의 선택이 2차대전 후 미국의 동아시아에 대한 지배력의 직접적 강화를 야기하며 동아시아적 조건과 미·소의 대립이 결합되면서 6·25로 폭발하고 그 이후 또다시 동아시아의 파행으로 나타났음은 이미 지적한 바이다.

  우리는 지금 탈냉전시대의 입구에 서 있다. 그럼에도 동아시아에는 사회주의 국가들이 엄존하고 있어 냉전체제가 완전히 해체된 것은 아니다. 사회주의 국가들에 대한 자본의 공세가 집중되고 있다. 19세기말과 다른 점이 있다면 이 공세에 일본뿐 아니라 남한도 가세한 것인데, 흥미로운 점은 남한과 일본 또한 서구의 견제에 직면해 있는 것이다. 지금 동아시아는 제2의 '서구의 충격'에 버금가는 형국을 맞이함으로써 탈냉전시대로의 평화적 이행이 가능한가를 시험받고 있다. 동아시아는 특수한 지역사가 아니라 세계사의 향방에 관건으로 작용할 가능성을 풍부하게 내포한 세계사적 지역이다. 그 관건의 중심에 중·일과 미·러가 착종한 한반도가 자리하고 있다. 따라서 한반도에 작동하고 있는 분단체제를 푸는 작업은 풍부한 문명적 자산을 공유해왔음에도 파행으로 점철되었던 동아시아가 새로운 연대 속에 거듭나는 계기로 되며, 미·소 냉전체제 이후의 새로운 시대를 여는 중요로운 단서를 제공할 것이다. 그리고 그것은 서구적 근대의 진정한 대안을 모색하는 작업과 긴절히 맞물린 사업이기도 하다.

4. 동아시아적 시각의 모색

　동아시아가 서구적 근대와 최초의 파경적 충돌을 경험한 이래, 일찍이 비서구지역에서 거의 유일하게 서구적 근대화에 성공한 일본마저도, 메이지유신 이래의 일본의 역사는 "유신에서 미완이었던 민족독립의 추구의 연속"(蠟山芳郎「식민지독립의 시대와 일본」,『역사상 재구성의 과제』)이라고 평가할 정도로, 민족독립의 보위는 이 지역 전체의 공통적 과제였다. 이 속에서 한·중·일 세 나라에서 모두 아시아연대론이 제기된 것은 자연스러운 일이다. 그러나 일본이, 쑨 원(孫文)의 표현을 빌리면, "동양 왕도(王道)의 아성"이 아니라 "서양 패도(霸道)의 주구"로, 다시 말하면 탈아입구론(脫亞入歐論)으로 선회하여 한·중을 침략함으로써 연대론은 파괴되었다.
　이 때문에 러시아혁명 이후 맑스주의가 서구적 근대의 대안으로서 동아시아 민중 속으로 급속히 수용되어 급기야 2차대전 후 베트남·북한·중국에 차례로 사회주의 정권이 들어서기에 이르렀다. 그런데 호찌민(胡志明)이 "처음 나를 레닌과 제3인터내셔널로 이끌어간 것은 공산주의가 아니라 애국주의"라고 고백한 데서 분명히 드러나듯이, 동아시아의 맑스주의 수용은 민족의 보위라는 '서구의 충격' 이래의 큰틀 안에서 이루어진 터이다. 이 점에서 중·소 분쟁 이후 중국이 소련과 갈등하며 독자적인 길을 추구하고, 북한이 소·중과 갈등하며 주체사상이라는 또다른 독자노선을 추구하게 된 것은 어쩌면 당연한 일인지도 모른다.
　중국의 혁명가들은 철저한 반봉건에 서는 경우일지라도 전통적 사유에 익숙하다. 낙후한 중국을 세계의 현대적 흐름에 적응시키고자 누구보다 먼저 고투했던 쑨 원은 결코 전통으로 투항하지 않았음에도, 서구제국주의를 패도에 빗대어 동양 왕도의 회복을 외쳤던 것이다. 수사적 표현이라는 점을 염두에 둔다고 하더라도, 쑨 원의 깊숙이에 자리잡은 유교적 교양의 뿌리를 새삼 실감하게 하는 대목이다. 천하대란의 춘추전국시대에 공자(孔子)는 패도에 반대하고 인간의 선의에 대한 신뢰를 바탕으로 주(周)나라 초기의 잘 정비된 봉건체제를 모범으로 한 왕도의 회복을 주장하였으니, 쑨 원은 공자의 '존왕천패(尊王賤霸)'를 자기 시대에 유효적절히 응용했던 것이다.

1935년 쭌이(遵義)회의에서 소련유학파들을 축출하고 당권을 장악함으로써 독자적인 중국혁명의 길을 정립해간 마오 쩌뚱(毛澤東) 역시 그러했다. 시를 청탁하는 잡지편집자에게 보낸 편지(1957)에서 그는 말한다.

지금까지 나는 이것들이 형식을 갖춘 어떠한 방법으로도 알려지는 것을 결코 원하지 않았습니다. 왜냐하면 그것들은 낡은 양식에 속해 있고 나는 이것이 그릇된 경향을 고무하고 당신의 독자들에게 나쁜 영향을 행사할까 두렵기 때문입니다. (…) 물론 우리 시는 주로 근대적 형식으로 씌어져야만 합니다. 어떤 시는 고전적인 형식들로 창작하는 것이 좋기도 하지만, 그것이 젊은이들을 따르도록 고무한다면 바람직하지 않습니다. 왜냐하면 이 형식들은 그들의 사상을 속박하고 또한 숙달하기도 어렵기 때문입니다. (*The Poems of Mao TseTung*, Bantam Books 1972)

마오는 뛰어난 시인이기도 하다. 그런데 그 시들은 옛 형식으로 창작된 것이니, 혁명가 마오는, 그 자신이 명확히 의식하고 있듯이, 시에 있어서는 구파였다. 어쩌면 그는 쑨 원보다 더욱 전통적인지도 모른다.

그의 사상 속에는 전통적 사유의 편린들이 풍부하게 깔려 있는데, 유가(儒家)에 대한 철저한 배격에 반해 법가(法家)는 높이 평가하고 있음이 주목된다. 그러면 그는 왜 진(秦)의 혹독한 전제를 지탱한 압제의 무기로 평가되어온 법가를 긍정적으로 보았을까? 법가는 법에 의한 지배를 통해 강력한 중앙집권국가의 출현을 성공시킴으로써 하극상(下克上)과 내란으로 점철된 춘추전국시대를 종식시켰다는 점에서 지배자의 선의에 호소한 유가의 왕도론보다 대란의 시기에 일정한 진보성을 발휘하였던 것이다.

한편 법가에 깊은 영향을 끼친 도가(道家)는 유가와 흥미로운 대비를 보여준다. 도가는 유가와 함께 패도에 반대했지만 한걸음 더 나아가 유가의 왕도론에도 반대하였다. 촌락자치사회를 모형으로 한 '작은 나라 적은 인민(小國寡民)'을 이상으로 설정했던 도가는 무정부주의의 맹아로 평가될 만큼 중앙권력에 대한 근본적 성찰을 보여주었던 것이다. 그런데 이와같은 도가의 빈권위주의적 진보성은 한편 새로운 권위주의로 전환될 소지가 다분하다는 점에도 유의해야 한다. 인위를 버리고 자연으로 복귀한다는 노자(老子)의 '무위자연(無爲自然)'은 인민이 자기 주체성을 버리고 성인(聖人)의 절대성 앞에 경복(敬服)하는 것으로 언제든지 변모할 수 있는 바탕으로 되며, 여기에서 도가와 법가의 습합이 이루어질 수 있는 것이다.

이 점에서 전통사상과의 연속의 측면에서 단순화하는 것이 허용된다면, 마오주의를 법가사회주의로 규정할 수 없을까? 라티모어(Owen Lattimore)는 마오 쩌뚱 리더십을 흥미롭게 분석한 바 있다.

모택동의 리더십에 관해서는 하나의 큰 패러독스를 느낍니다. 모택동은 한편으로는 인민에 대하여 위로부터의 명령이나 지시를 무조건 복종해서는 절대로 안되며 스스로의 이니셔티브로 행동해야 한다고 가르치면서, 또 한편으로는 누군가가 뭣인가를 하려 할 때에는 꼭 모택동어록(語錄)을 참조해서 그 성전(聖典)에 무엇이 씌어 있는가를 배워 그에 따라서 스스로 이니셔티브를 취해도 좋은지의 여부를 결정하는 상황이 벌어지고 있습니다. (리영희 편역 『8억인과의 대화』, 창작과비평사 1977, 17면)

이와같은 분석은 북한지도부와 북한인민의 관계에도 유사하게 적용될 터인데, 마오주의의 역설은 어쩌면 법가의 양면성에 기초하고 있는지도 모른다. 이 점에서 당조직 제일주의와 당원에의 의존을 강조하는 류 사오치(劉少奇)를 비롯한 실권파와 조반(造反)의 권리와 인민대중에의 의존을 강조하는 마오 쩌뚱의 갈등을 유가와 법가의 투쟁(儒法鬪爭)으로 보는 시각은 문화대혁명, 더 나아가서 중국사회주의의 흐름을 파악하는 한 관점을 제공해준다.

오늘날 중국은 류 사오치의 후예들이 지도권을 장악하여 서둘러 시장경제를 도입함으로써 문화열풍 속에 뒤늦게 '근대 따라잡기'에 나서고 있다. 문화열 가운데 한 갈래인 철저개조론자들은 중국혁명을 봉건시대의 농민반란으로 격하하고 전통과 철저히 결별할 것을 주장한다. 그것이 유가든 법가든 중국사회주의에 강하게 각인된 전통사상은 중국사회주의의 독자성을 담보해주는 한편, 서구적 근대와 소련사회주의의 진정한 대안으로 발전하는 데 제약으로 작용했다는 점에서 이 주장에도 일리가 없는 것은 아니다. 그러나 철저개조론은 서구적 근대를 우상화함으로써 서도서기론(西道西器論)의 재판으로 떨어져 대안을 모색하는 동아시아적 시각에서는 멀리 벗어난 것이다. 철저개조론에 대척적인 유학부흥론이나, 중체서용론(中體西用論)에 가까운 중국공산당의 비판적 계승론도 대체로 일본을 모델로 하는 유교자본주의 또는 관료자본주의를 지향하고 있어 벗어나기는 마찬가지다.

다만 한가지, 나는 유학 부흥에는 반대하지만 유학을 하나의 엄밀한 인식의 대상으로 삼는 것은 동아시아적 시각의 모색에서 필수적인 작업의 하나라는 점을 지적하고 싶다. 유학은 근대 이후 동아시아 각국의 독재정권들이 무슨 충효가 유학의 전부인 것처럼 통속화해서 이데올로기적 국민동원에 악용해온 전력 때문에 그 진면목은 오히려 제대로 인식되지 못했던 것이다. 물론 유학은 근대 이전에도 전제왕조의 이데올로기로서 기능했다. 그러나 그 틀 안에서도 유학은 다양하고도 풍부한 사상적 넘나듦을 지속하면서 동아시아인의 정치적 무의식의 기저를 이루어왔던 것이다. 이 때문에 무의식의 기저에 추억처럼 침강한 유학을 다시 의식의 영역에서 객관화할 때 비로소 우리는 진정으로 유학부흥론에서 해방되어 유학을 새로운 사상을 모색하는 하나의 문명적 자산으로 삼을 수 있을 터이다.

북한사회주의가 동아시아식 사회주의의 독자적 모델임은 널리 인정된다. 특히 관념론은 물론이고 유물론을 넘어서 물질과 의식의 통일적 존재로서 사람을 철학의 중심에 놓은 주체사상은 그 문제의식에서는 중국보다도 진일보한 시각이라고 아니할 수 없다. 전통사상을 서구철학의 언어로 번역하는 것만을 능사로 삼음으로써 서구적 보편주의를 특수하게 보완했던 기존의 관습에 이처럼 도전했다는 점은 괄목상대할 대목인 것이다. 그런데 내 짐작에는 주체사상이 인내천(人乃天)으로 요약되는 동학과 관련이 있는 것 같다. 이 문제는 앞으로 더 따져보아야 할 터인데, 정작 난관은, 앞에서 잠깐 언급했듯이, 사람의 자주성을 중시하는 주체사상이 수령에게 그것을 집단적으로 반납하는 형태로 귀결된다는 점이다. 더구나 최근에는 통속적인 유교덕목인 충효를 더욱 노골적으로 강조함으로써 우리를 당황케 한다. 유교적 흔적과 함께 기독교적 체취도 없지 않다.

요컨대 소련의 해체로 쏘비에뜨식 사회주의가 서구적 근대의 대안에는 미치지 못한다는 점이 더욱 뚜렷해지면서, 소련과도 차별되는 독자성을 추구한 동아시아의 민족해방형 사회주의도 미국과 소련을 한꺼번에 뛰어넘는 대안의 대안은 물론이고 그 어느 한쪽의 대안으로도 진정성이 부족하지 않은가 하는 회의가 점점 현실화되고 있는 실정이다.

동아시아 사회주의가 소련과 다른 독자적인 사회주의의 길을 걸었던 것처럼 동아시아 자본주의도 서구와는 일정하게 차별되는 유교자본주의로 나타났다. 일본으로 대표되는 유교자본주의는 남성지배자의 종교였던 유교를 "유교의 적용 하한(下限)인 '사(士)'로부터 '민(民)'으로 단순한 양적 확대로써 국민에의 삼투를 논리화"시킴으로써 "유교의 일본적 일상화"를 추진하는 한편, "천황=천자의 동일화조작에 의해서 천황제국가의 절대성을 이끌어"냄으로써(藤田省三 『천황제국가의 지배원리』, 未來社 1990) 국내의 계급모순을 호도하면서 군국주의가 조숙했던 것이다. 이에 발맞추어 아시아주의가 다양하게 나타났다. 그런데 서구에 대항하기 위한 아시아국가의 연방책을 지향하는 타루이(樽井藤吉)의 대동합방론(大東合邦論)이건, 투쟁적인 유럽문명을 넘어선 아시아문명의 정신적 가치를 설교하는 오까꾸라(岡倉天心)의 아시아문명우월론이건, 그 모든 일본의 아시아주의는 결국 대동아공영권론으로 귀결되는 일본민족주의의 변종이었던 것이다.

그런데 중일전쟁이 급기야 태평양전쟁으로 확산되는 1941년을 전후하여 제기된 쿄오또학파(京都學派)를 중심으로 한 '근대의 초극'론에 유의할 필요가 있다. 아시아에 대한 제국주의적 침략전쟁인 동시에 미·영에 대한 반제국주의적 저항전쟁이었던 '태평양전쟁의 이중성격'에 기초하여 제기된 이 논의는, 일본의 민족주의가 아시아로부터 이반하고 일본 지식인의 지성이 민중으로부터 격리된 일본적 근대의 특수성에 대한 반성으로부터 이미 파탄의 징후가 역연한 서구적 근대 및 그를 추종한 일본적 근대의 초극을 선언하고, 새로운 사상원리에 입각한 동아협동체 또는 세계신질서를 모색하고자 했던 것이다. 대동아공영권론을 명목상으로는 승인하는 듯, 실질적으로는 천황제 파시즘을 비판하는 이 논의는 육군의 폭주를 억제하려고 한 해군 일각의 움직임과 내밀히 연결되어 나온 흐름인데, 그나마 1942년 후반부터 태평양 전쟁이 불리해지면서 반국가적 국적(國賊)의 철학으로 매도된 채 사라지고 만다(古田光「15년전쟁하의 사상과 철학」,『근대일본사회사상사 II』, 有斐閣 1971). 물론 우리는 '근대의 초극'론이 선한 의도에도 불구하고 결국에는 아시아에 대한 일본제국주의의 지배를 내용적으로 미화함으로써 '성전(聖戰)'의 이데올로기로 떨어질 수밖에 없었음을 엄밀히 비판해야 하지만, 서구적 근대를 넘어설 새로운 세계형성의 원리를 모색하고자 한 문제의식을 일정하게 평가해야 한다.

특히 이 그룹의 실질적 지도자 니시다 키따로오(西田幾多郞, 1870~1945)의 사상적 행보에 대해서는 새로운 관심이 요구된다. 일본의 급속한 근대화에서 유래하는 혼란과 초조 속에서, 일본에 있어서 근대적 개인의 정신적 지주를 탐색하면서 출발한 니시다 철학은, 문명개화와 부국강병으로 상징되는 메이지(明治) 계몽사상에 결핍되었던, 인간적 자각에 기초한 내면적 개체성의 원리를 독자적으로 제기함으로써 메이지 철학을 총결산하고 타이쇼오(大正) 데모크라시 철학의 발단을 열었던 것이다. 맑스주의를 포함한 서양 근대철학과 대결하면서 정신과 물질, 주관과 객관, 개인과 사회라는 서구적 이분법을 넘어서려고 고투했던 그의 모색은 쇼오와(昭和) 파시즘에의 대항이라는 의도에도 불구하고 결국 천황제 국가에 하나의 이념적 변증을 제공함으로써 실패로 귀결되었다(古田光「西田幾多郞」,『근대사회사상사론』, 靑木書店 1959). 그럼에도 서양의 모방도 아닌, 그렇다고 전통으로의 복귀도 아닌, 전통사상에 근거해서 서양철학과 대결하면서 현대의 철학적 과제에 창조적으로 부응한 그의 모색은 동아시아적 시각의 모색에 있어 풍부한 암시를 제공한다.

이처럼 흥미로운 모색이 있었음에도 새로운 기회를 맞이한 패전 후의 일본이 안팎의 조건에 스스로 묶여 어떠한 행로를 걸어왔던가는 여기서 다시 논할 필요도 없다. 대성공에도 불구하고 일본식 자본주의의 모델이 새로운 세계의 형성원리는 결코 될 수 없기 때문이다.

한국의 민족주의운동은 분단체제라는 엄중한 조건 속에서 서구와 동구, 동아시아식 사회주의와 동아시아식 자본주의 그 어떤 것도 아닌 대안의 대안을 모색해왔다. 그 모색에는 전술적 측면도 없지 않았다. 그런데 이제 우리 운동의 대안적 성격을 하나의 전략적 차원으로 격상시켜 검토해야 할 시점에 이르렀다. 이 점에서 분단체제의 전개과정 속에서 실종된 대안적 운동의 전통들, 특히 동학을 새롭게 재조명할 필요가 절실하다. 물론 나는 동학부흥론을 주장하는 것이 아니다. 관념론과 유물론을 동시에 극복하고자 했던 이돈화(李敦化)의『인내천요의(人乃天要義)』(개벽사 1924)와 이 사상적 기초 위에서 친미반소와 친소반미의 두 편향을 벗어나, "민족해방과 계급해방을 경중선후(輕重先後)의 차별 없이 동일한 목적으로 취급하는 민주주의"를 제안했던 『천도교 정치이념』(보성사 1947)과 같은 문헌들은 오늘의 관점에서 더러 엉성한 대목이 없지 않지만 새로운 시각을 모색하는 데 바탕의 하나로 될 것이다. 분단체제를 푸는 우리의 작업이 민족독립을 넘어 새로운 차원의 민중세상을 열어나가는 도정에서 중대한 전진으로 기록될 것이며 분쟁으로 얼룩졌던 동아시아에 진정한 평화를 가져올 새로운 세계형성의 원리로 된다는 자각이 지금 우리 민족민주운동의 갱신에 더없이 절실한 것 같다. 그리고 이 창조적인 작업에서, 교과서 없이, 살아움직이는 현실과 기꺼이 부딪치면서 온몸으로 새로운 시대의 예감을 싱싱하게 증거하여 우리 운동의 혈로를 뚫는 것이 우리 문학인들에게 부하된 명예로운 임무임을 다시 한번 확인해두자.

끝으로 승주 선암사에서 개최되었던 '창비' 연수회에서 나의 발제에 대해 귀중한 질정을 베푼 참가자 여러분께 감사드린다.

: 보론 :

단재의 동양평화론

얼마전 독립기념관 김삼웅 관장의 전화를 받았다. 단재(丹齋) 서거 70주기를 기념하는 학술회의에 동참해달라는 부탁이다. 아, 나는 나직이 탄식을 금치 못했다. 뤼순(旅順)감옥에서 옥사하신 신채호(申采浩, 1880~1936) 선생의 순국 70주기, 한국사회는 어느 결에 그분들을 잊고 있다. '재인식'의 유행 속에 해방운동에 목숨 바친 애국자들이 다시금 망각되는 요즘의 세태에 나 자신도 슬그머니 편승하고 있었던 것인가, 반성하면서, 애국자를 추모하는 방식의 낡음도 요즘의 어떤 반동을 야기한 측면이 없지 않다는 점에도 생각이 미친다. 애국자는 시대의 넋에 따라 끊임없이 재발견되어야 한다. 나는 단재의「조선독립及동양평화」(『천고(天鼓)』 창간호, 1921. 1)를 감탄 속에 다시 읽는 중이다. 개신유학에서 국수적 민족주의로, 그리고 무정부주의로 전신한 단재의 사상적 이동에서 이 글은 독특한 위치를 점한다. 민족주의를 동아시아적 시각에서 재창안한 이 글을 소개하는 것으로 단재 영전에 올리는 술잔을 대신코자 한다.

아다시피 애국계몽기(1905~10)에 단재는 동양주의를 날카롭게 비판하였다. 그 대표적인 논설이 「동양주의에 대한 비평」(『대한매일신보』, 1909)이다. "동양제국(東洋諸國)이 일치단결하여 서력(西力)의 동점(東漸)함을 막는다"는 허울과 달리 실제로 동양주의는 일본이 그를 이용하여 한국의 "국혼(國魂)을 찬탈"하는 일본의 국가주의적 책략이라는 점을 간파했던 것이다. 그는 일본 중심의 동양주의를 명백히 거부한다. 물론 중국 중심의 중화주의에 대해서도 부정적인데, 그가 중국을 일본이 창안한 지나(支那)로 일관되게 지칭하는 데서 단적으로 드러난다. 그는 이 시기 중화주의와 동양주의를 모두 부정한 민족주의 또는 국가주의의 입장에 섰던 것이다. 그런데 망명지 중국에서 무정부주의와 만나면서 그가 부정했던 동양을 재발견하게 된다. 그 변화를 예각적으로 보여주는 논설이 바로 「조선독립及동양평화」다. 이 한문 논설에서 그는 먼저 조선을 '동양의 발칸'에 비정하는 서방학자의 주장을 변증하면서 중국과 일본 사이에 위치한 조선이 충돌하는 두 세력을 완충한 평화보존의 공이 지대하다는 점을 강조한다. 대륙으로부터 바다로 진출하려는 힘과 바다로부터 대륙으로 쳐들어가려는 힘을 중간에서 막는 것이 "유사 이래 조선인의 천직"이라는 것이다. 열국이 이 역사를 망각하고 일본의 조선지배를 승인한 것은 그래서 득책이 아니라고 비판한다. 일본은 결국 만주와 중국을 넘볼 것이라고 경고한다. 또한 그는 열국이 일본의 침략을 승인한 것이 소련혁명의 파급을 일본으로 막으려는 속셈에 말미암은 점을 간파하고 이 역시 양책이 아니라고 주장한다. 소련혁명이라는 "무형의 탄환"을 일본의 군사력으로 막겠다는 발상은 군벌과 자본가에 대한 민중의 악감만 증대시켜 오히려 소련에 대한 기대만 키울 것이라고 경고한다. 그리하여 일본을 동아시아의 경찰로 키우려는 열국의 정책은 혹독한 배신을 맛볼 것을 예견하면서 동양평화의 상책은 "조선의 독립"만한 것이 없다고 호소한다.

일본의 대륙침략을 이미 예견하고 조선의 독립을 돕는 것이 동양평화의 지름길이라고 갈파한 단재의 안목이 놀랍다. 단재의 경고가 불행히 적중함으로써 결국 일제는 만주사변, 중일전쟁 그리고 태평양전쟁으로 질주했으니 한반도야말로 동아시아의 균형추다. 그런데 2차대전 후 열국은 다시 한반도를 독립시키지 않고 분단함으로써 전철을 반복했다. 분단체제의 극복을 통한 한반도의 '안정'이 동아시아평화체제 구축의 관건이 되리라는 우리의 판단이 결코 평지돌출이 아니었던 것이다. 중국이 곧 아시아라는 무의식에서 아시아의 일원이라는 의식을 결락한 중국의 중화주의와, 아시아에 대한 의식만 존재할 뿐 아시아의식을 망각한 탈아적(脫亞的) 일본의 동양주의, 이 두 편향을 모두 거질하고 동양평화를 근본에서 다시 생각하는 독자적 동방의 길을 걸어간 단재 선생을 추모하는 마음, 통일의 갈림길에 선 요즘 더욱 새롭다.

제3부

오끼나와에 온 까닭
근대문학과 유교, 길항하는 흔적들
주변, 국가주의 극복의 실험적 거점
한류, 동아시아 소통의 도구
1965년과 2002년
임진왜란을 다시 생각한다
한국發 또는 동아시아發 대안?

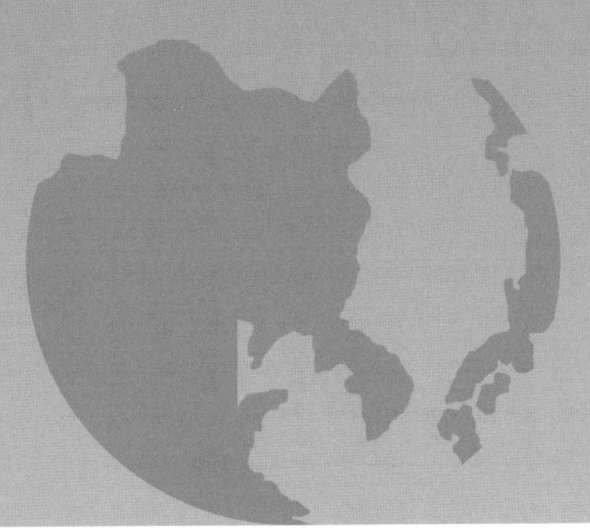

오끼나와에 온 까닭

1. 유리구슬에 비친 한국

저는 오끼나와가 처음입니다. 이번에 새삼 깨달은 것이 있습니다. 오끼나와는 토오꾜오(東京)를 통해서가 아니라 곧장 와야 한다는 점입니다. 그렇게 마음먹으니 이렇게 와 있습니다.

제게 이 섬을 강렬히 각인시킨 것은 요산(樂山) 김정한(金廷漢, 1908~1996)의 단편 「오끼나와에서 온 편지」(1977)입니다. 그 이전에는 '유구(琉球, 류우뀨우)'가 익숙했습니다. 조선의 사대부로서는 드물게도 일본 실정에 밝은 보한재(保閑齋) 신숙주(申叔舟, 1417~75)는 왕명에

* 이 글은 2007년 2월 28일 '제국의 교차로에서 탈제국을 꿈꾸다'라는 주제로 열린 서남포럼 워크숍(오끼나와대학)에서 발표한 발제문을 크게 보완한 것이다. 이 발제에 대해 논평해주신 참석자 여러분께 감사한다.

의해 자신의 견문을 바탕으로 일본에 대한 비판이 거의 정지된 당대 최고의 일본 안내서 『해동제국기(海東諸國記)』(1471)를 저술했습니다만, 바로 이 책에 일본 지도들과 함께 유구 지도가 실려 있습니다. 일본 지도 판본으로는 세계에서 가장 오랜 것으로 인정되는 이 지도들을 보노라면 독립왕국 유구를 이 책에 함께 넣은 보한재의 의도가 궁금해지기도 합니다. 유구국이 오끼나와현으로 편입될 것을 예시(豫示)한 것인가? 그는 '일본과 화평을 잃지 말라'는 유언을 성종(成宗)에게 남길 정도로 일본의 잠재적 힘을 냉철하게 가늠한 선구적 지식인입니다. 보한재의 경종(警鐘)이 무색하게 그후 일본은 조선을 두번 침략했습니다. 임진왜란(1592~99)의 실패를 보상이라도 하듯 일본은 미국의 페리(Perry)함대를 모방하여 1876년 함포외교로 조선을 강제개국했습니다. 그 4년 뒤 고종(高宗)은 수신사(修信使) 김홍집(金弘集, 1842~96)에게 물었습니다.

하교하기를 "유구국은 그동안에 나라를 회복하였다고 하던가?" 홍집이 아뢰기를 "이 일은 혐의가 있어 물어보지 못하였으나, 전하는 말로는 벌써 그 나라를 폐하고 현으로 만들었다고 합니다."
敎曰琉球國間已復國云耶 弘集曰此事存嫌未嘗問人而傳說已廢其國爲縣云矣. (『고종실록(高宗實錄)』 1880. 8. 28)

당시 조선 조정은 유구의 운명에 깊은 관심을 가지고 있었습니다. 임진왜란의 여진(餘震)으로 탄생한 토꾸가와막부(德川幕府)의 대외관계 재정립 과정에서 1609년 시마즈번(島津藩)의 침략으로 그 지배 아래 들어간 유구왕국은 한편 청(淸)의 조공체제에 포섭된바,[1] 이 양속관계(兩屬關係)는 1879년 메이지정부(明治政府)에 의해 오끼나와현으로 처분되면서 해체되고 말았던 것입니다. "조선에 대한 청의 종주권을 배제하려는" 메이지정부의 속셈에서 결행된 유구의 무력귀속은 요컨대 "조선지배정책의 희생으로" 되었으니,[2] 유구가 이미 일본에 편입되었다는 이 불길한 소식은 1910년에 이루어진 조선의 식민지화를 예고하는 전조였던 것입니다.

그럼에도 이후 조선과 유구는 제국의 분리지배 속에 불통(不通)하였습니다. 오랜 상호소외를 극복하고 그 동병상련(同病相憐)을 역사적 의식으로 들어올린 기념비가 바로 요산의 「오끼나와에서 온 편지」입니다. 이 단편을 통해 한국인에게 그곳은 모호한 낭만의 유리구슬, 유구가 아니라 고뇌하는 영혼과 육체를 갖춘 오끼나와로 떠올랐습니다. 이 단편은 제목 그대로 서간체소설(epistolary fiction)입니다만, 액자소설이기도 합니다. 겉이야기의 작중화자 '나'(작가)가 강원도 탄광지대를 돌아다니다가 어떤 광부의 집에서 오끼나와에 사탕수수 베는 계절노동자로 가 있는 그 집 딸, 즉 속이야기의 주인공 복진이의 편지뭉치를 수습하여 그 편지들을 정리해 펼쳐 보이는 형식을 취한 이 단편은 일제 말의 식민지 노무동원(勞務動員)을 연상케 합니다. 한국의 '기능개발협회'가 모집한 644명의 젊은이들이 코오베(神戶)에서 화물선에 실려 오끼나와 본섬의 '분밀당(分蜜糖)공업협회'에 인계되어 다시 곳곳으

---

1) 유구국의 왕궁 슈리성(首里城)을 방문했을 때(2007. 2. 26), 청의 유구왕 책봉식 모형을 흥미롭게 보았다. 우리를 안내한 오까모또 유끼꼬(岡本由希子)씨는 책봉식이 거행될 때 시마즈번에서 파견나온 관리들은 숨어 있었다고 귀띔해주었다. 청과 시마즈번 또는 토꾸가와막부는 '눈 가리고 아웅'식으로 유구의 양속(兩屬)을 인정했던 것이다. 토론회(2007. 2. 28)에서 강태웅 교수는 양속관계가 현재는 미국과 일본 사이에서 유사하게 재현되고 있다고 지적했다. 정곡을 찌른 견해가 아닐 수 없다.
2) 遠山茂樹『日本近代史 I』, 東京: 岩波書店 1978, 44면.

로 흩어지는데, 주인공은 다시 "배로 꼭 여섯 시간이나 걸리는" 미나미다이또오지마(南大東島)로 이동합니다.[3] 한국 노동자의 딸들은 어떤 경위로 오끼나와의 농업노동자로 팔려나갔는가? 고용주 하야시 노인은 태평양전쟁 말기 오끼나와전투로 섬의 인구가 격감한 데서 그 원인을 찾습니다. 1945년 3월 말부터 6월 하순까지 진행된 미군의 오끼나와 공격으로 일본군은 거의 전멸하고 현민(縣民) 약 20만이 희생되었다고 합니다.[4] 이로 말미암은 노동력 부족을 메우기 위해 외국인노동자가 요구되었던 것입니다.[5] 복진이는 말합니다. "처음에는…… 대만에서만 데리고 왔다나요. 그러던 것이 자기 나라 정부가 중공과 국교를 트고부터는 대만 사람들을 못 쓰게 됐대요. 그래서 대신 한국에서 노무자들을 모집해오게 된 거래요."(465면). 일본이 대만(臺灣)과 단교하고 중국과 수교한 1972년을 고비로 오끼나와의 농업노동자 공급처는 대만에서 한국으로 바뀐 것인데, 탈식민 이후에도 대만과 한국은 의연히 제국의 바닥을 받치고 있는 점이 흥미롭습니다. 전후 부흥에 성공한 일본이 선도하는 기러기 대형(雁行)에 한국과 대만이 편입되어 '4마리 용'으로 부상한 사실을 상기하면 일본의 내국식민지(internal colony) 오끼나와에 옛 식민지 대만과 한국이 차례로 연계된 사정을 이해할 수 있습니다. 일본 본토와는 다른 위계에 있을지라도 오끼나와

---

3) 『김정한 소설선집: 증보판』, 창작과비평사 1983, 463면. 이하 이 작품 인용은 주 대신 이 책의 면수만 표시함.
4) 藤原彰 『日本近代史 III』, 東京: 岩波書店 1978, 158~99면.
5) 이것만으로는 설명이 충분치 않다. 이는 일본의 전후 부흥 성공에 따라 일본 주변의 동아시아 개발도상국들이 값싼 노동력의 공급처로 재편되었음을 가리키는 것이다. 그런데 농업의 비중이 축소일로에 있는 오늘의 오끼나와에는 외국인노동자 문제가 거의 존재하지 않는다고 한다.

도 한국과 대만에 대해서는 어디까지나 일본이기 때문입니다.

그런데 고용자 오끼나와인과 피고용자 한국인 사이가 꽤 따듯합니다. 오끼나와가 일본의 내국식민지라면 한국 노동자들 또한 한국의 내국식민지인데, 바로 이 바탕에서 소통이 작동하고 있기 때문입니다. 편지의 주인공 복진이의 아비는 강원도 황지(黃池)탄광에서 낙반(落磐) 사고로 목숨을 잃은 터인데, 일제 말 "징용으로 북해도에 끌려가서 북탄(北炭)이라던가 어딘가 하는 탄광에서 처음으로 버럭통(버력: 광석이나 석탄을 캘 때 나오는, 광물 성분이 섞이지 않은 잡돌—인용자)도 지고, 막장일(막장: 갱도의 막다른 곳—인용자)도 배웠"던 것입니다(468면). 그런데 하야시 노인은 복진이의 아비와 "어쩜…… 만났을는지도" 모르겠다고 묘한 인연에 놀랍니다(468면). 하야시의 삶은 복진 아비의 그것과 멀리 떨어져 있지 않습니다. 일본의 또다른 내국식민지 홋까이도오(北海道)에서 조선인 징용자들과 함께 광부일을 한 그는 태평양전쟁 때는 "라바울이란 섬에까지 가서 죽다가 살아왔"던 것입니다(464면). 라바울(Rabaul)은 파푸아뉴기니아 동쪽에 위치한 뉴브리튼 섬의 주도(州都)로 1942년 일본군에 의해 점령되었지만 미군의 반격으로 일찍이 고립된바, 오끼나와로 귀환하기까지 하야시가 겪은 고투를 미루어 짐작할 수 있습니다. 하야시의 악몽은 이것으로 끝나지 않았습니다. 미군의 공격으로 오끼나와 본섬에 있던 그의 집과 가족들은 결딴나고 집터마저 미군기지로 수용되었던 것입니다. 전후 미군은 오끼나와를 동아시아의 전략적 요충으로서 접수하였으니, 그것은 유구를 미국의 영토로 병합하려 한 페리 구상의 뒤늦은 실현이었습니다.[6] 1972년 일본에 반환된 이후에도 한국전쟁(1950~53)과 베트남전쟁(1965~73)으로 더욱 높아진 전략적 중요성으로 미군기지는 오끼나와에 의연합니다. 하야시가 본섬에서 멀리 떨어진 미나미다이또오지마로 이사하게 된 까닭이 여기 있으매, 오끼나와와 한국의 유비(類比)는 일본군 위안부 출신 상해댁의 출현으로 더욱 깊어집니다. 그 택호로 보아 샹하이(上海)에서 위안부로 생애하다 한국으로 귀국하지 못하고 오끼나와로 와 "술가게와 비밀로 히로뽕 장사를 하고 있"(472면)는 상해댁과 해후한 복진이는 새로운 차원에서 복제되는 한국 민중의 운명에 전율합니다. 상해댁의 가게를 찾아온 거지아이의 존재는 더욱 충격적입니다. 그녀는 말합니다.

"무슨 개발공사라던가…… 한국에서 고아 백여 명을 싣고 와서 이곳에 주둔하고 있는 미군들에게 돈을 많이 받고 불법 입양을 시켰더랬는데, 그 미군아저씨들이 귀국할 때 같이 데리고 갈 수속이 미처 안되어 그냥 길가에 버려두고 갔다나. 여긴 그런 애기거지들이 우글우글하다니까."(475면)

악명 높은 한국의 고아수출이 오끼나와에서도 이처럼 비참하게 이루어졌다니 이 남루한 진실이 끔찍합니다. 작품의 끝에서 복진이는 부슬비를 맞으며 건축공사장에서 거지꼴로 노동하는 한떼의 한국 처녀들을 목격합니다. 그녀들은 누구인가? 파인애플 공장 또는 사탕수수 농가에 취업한다는 개발협회의 약속에 의지해 오끼나와에 온 7백명의 한국 처녀들 가운데 "4백여 명이 하수도공사라든지 무슨무슨 건축공사장으로 배치되어서, 사내들도 하기 힘든 중노동"(174면)에 투입된 것입니다.[7] 오끼나와라는 거울을 통해 박정희 개발독재의 어두운 진실에 육박해간 이 단편은 한국 민중의 참상이 미군을 축으로 하는 한·미·일 삼각동맹에 의해 지탱되고 있다는 점을 강렬히 암시하고 있는 한편,

---

6) 和田春樹『東北アジア共同の家』, 東京: 平凡社 2003, 205면.

한국 계절노동자들의 존재를 통해서 미국과 일본에 양속한 오끼나와의 고뇌를 생생하게 보여줍니다.

그럼에도 이 단편은 문제가 없지 않습니다. 가령 하야시의 아들 타께오가 참상에 울음을 터뜨리는 복진이를 질타하는 대목을 봅시다. "운다고 해결이 되나? 쓸개 빠진 타협과 눈물이 문제를 해결해주나!"(476면) 한국 민중의 투쟁을 독려하는 선한 의도에도 불구하고, 그의 어조에는 한국인에 대한 빈정거림이 배어납니다. 그는 말합니다. "한국 사람을 왜 다꼬(문어)라고 부르는지 알아? 뼈다귀가 없다는 거야, 뼈다귀가……!"(476면) 타께오의 태도는 또한 자부심과 결합되어 있습니다. 그는 복진이에게 '건아(健兒)의 탑'[8]과 '백합(百合)의 탑'[9] 두 석탑의 유래를 자랑스럽게 설명합니다. "이건 미군이 쳐들어왔을 때 군인들과 함께 싸우다가 죽거나 자결한 남녀 학생들의 거룩한 희생을 기념하기 위해 세운 석탑이야"(470면). 오끼나와전투 때 이 섬의 남녀 학생들이 결사항전한 것은 과연 명예로운 일일까요? 본토 보호를 위한 사석(捨石)으로 선택된 오끼나와 방어전에 가엽게 휩쓸린 오끼나와 주

---

7) 일본정부는 오끼나와에 미군기지를 유지 또는 확장하는 것에 대한 보상으로 크고 작은 토목공사를 발주하였다. 한국 처녀들이 공사판을 전전하는 참상은 그 반영일 것이다. 그런데 미군기지의 확장과 동반한 토건사업들이 수려한 오끼나와의 자연환경을 파괴하는 데 일조하는 역설이 흥미롭다.

8) 오끼나와에는 '건아의 탑'이 두 곳에 있다. 하나는 제일중학교의 철혈근황대(鐵血勤皇隊) 학생들의 희생을 기린 것이고, 또 하나는 사범학교 남학생들의 주검에 바쳐진 것이다. 전자는 '일중건아의 탑(一中健兒の塔)'이라고 하는데, 이 작품에 나오는 탑은 '백합의 탑'과 나란히 서 있다고(470면) 한 것으로 보아 아마도 후자일 것이다.

9) 육군병원에 동원된 사범학교 여자부와 제일고등여학교 여학생들의 집단적 죽음을 애도하는 이 탑의 정확한 이름은 '히메유리의 탑(ひめゆりの塔)'이다. 현재는 탑 일대를 정비하여 오끼나와를 대표하는 평화박물관의 하나로 관리되고 있다.

민들이란 근본적으로는 제국의 희생자들입니다. 물론 자발적 열광 속에 비장하게 자결을 택한 젊은이도 없지 않았겠지만 그것은 어디까지나 일시적 마비에 가까운 정신상태에서 기인한 것일진대, 결코 찬미될 일은 아닐 터입니다. 그런데 타께오는 어느 틈에 오끼나와 사람이 아니라 제국 일본인으로 변신하여 식민지 조선인을 지도하고 있는 형국입니다. 일본의 내국식민지 오끼나와에서 모처럼 열린 독특한 민중연대의 가능성은 이렇게 민족주의 또는 나라 사이의 경계라는 애물에 걸려 좌초하고 말았습니다. 타께오의 실패는 작가의 한계입니다. 문제의 근원을 미국이라는 외인(外因)에만 돌림으로써 그를 허용한 내인(內因)을 자상하게 고구하는 것을 생략하기 쉬운 구(舊)좌파의 눈으로는 양속관계에 긴박된 오끼나와의 독자성에 대한 더 깊은 천착은 버거운 일일 터인데, 그 과제는 우리의 몫이 아닐까요?

2. 일본 동아시아론의 향방

반목했던 중·일이 수교 35주년을 맞이해 화해를 모색하고 있습니다. 보도에 의하면 야스꾸니(靖國) 춘계 및 추계 대제 직전에 중·일 지도부가 상호교류를 실시하는 것으로 일정을 조정해, 올봄에는 원 자빠오(溫家寶) 총리가 일본을, 올가을에는 아베 신조오(阿倍晉三) 총리가 중국을 방문할 예정이랍니다. 후 진따오(胡錦濤) 주석의 연내 방일까지 염두에 둔 절묘한 타협점을 찾은 것인데, 그에 화답이라도 하듯, 아베 총리는 새해 들어 가볍게 메이지신궁(明治神宮)을 참배함으로써 야스꾸니 문제를 물밑으로 가라앉히겠다는 의지를 간접 표명했습니다. 이 기조가 순조롭게 견지된다면 지난 5년간 중단됐던 중·일 정상의 상호 방문길이 새롭게 열리게 됩니다.

이런 변화의 조짐은 이미 감지된 바인데, 특히 지난해 10월 아베 신임총리가 전격적으로 뻬이징(北京)을 방문해 이루어진 중·일 정상회담의 합의는 인상적이었습니다. 사실 아베 총리는 코이즈미 준이찌로오(小泉純一郞) 전 총리보다 한술 더 뜨는 매파입니다만, 그럼에도 발톱을 숨기고 뻬이징으로 달려갔습니다. 미국에 매달리면서 동북아 외교를 거의 방기한 코이즈미 전 총리와는 달리 첫 방문국으로 중국을 선택한 아베 총리의 등장을 적극적으로 평가한 중국 또한 포커페이스이긴 마찬가지입니다. 신판 오월동주(吳越同舟)라고 부름직도 할 것이지만, 코이즈미 이후를 포착하여 중국은 전략적인 관점에서 중·일 사이의 생산적 관계를 구축할 것을 직간접적으로 표명한 터입니다.[10]

바야흐로 중·일 화해의 시대가 달려오고 있습니다. 이에 따라 2007년은 동아시아 또는 동북아시아가 중요한 화두로 떠오를 것입니다. 정부와 시민사회의 분리가 모호한 중국과 달리 지식인사회의 시민적 담론공간이 빌딜한 일본에서는 동아시아론이 이전보나 한층 탄력을 받을 것으로 예상됩니다. 미·일동맹 일변도를 비판하면서 아시아를 강조하는 일본사회의 동아시아론은 대체로 두 방향으로 갈라진다고 할 수 있습니다. 한국 또는 한반도를 축으로 동북아시아의 화해와 협력을 모색하려는 와다 하루끼(和田春樹)의 '동북아시아 공동의 집' 논의가 하나라면, 중국과 일본을 중심으로 한 경제통합에서 일본의 활로(活路)를 찾는 타니구찌 마꼬또(谷口誠)의 '동아시아 공동체'론은 또다른

---

10) 아베에 이어 2007년 9월 후꾸다 야스오(福田康夫)가 총리에 취임한 이후 중·일 관계는 해빙을 넘어 밀월무드로 이동했다는 평가가 일반적이다. 2007년 12월 중국을 방문해 과거를 사죄한 후꾸다 총리에 대한 중국의 대대적 환영은 2008년 4월 후진따오 주석의 일본 방문 예고로 더욱 고조되었다.

하나입니다. 양자 사이에는 미묘한, 그렇지만 뒤로 갈수록 크게 벌어질 가능성이 농후한 차이가 있습니다. 예컨대 한국을 보는 양자의 관점이 흥미롭습니다. 지역협력의 중요한 매개자로서 한국의 역할을 중시하는 전자에 대해, 중국을 일본의 동반자로 삼는 후자에서 한국은 어디까지나 종속변수에 지나지 않습니다.

이 각도에서 두 논의를 조금 구체적으로 들여다봅시다. 한국 민주화 운동의 오랜 벗으로서 일본을 대표하는 양심적 지성 와다는 1990년대부터 다듬어온 '동북아시아 공동의 집' 논의를 중간결산하는 책에 '신지역주의 선언'이라는 주지(主旨)를 선명히 내걸었습니다. 알다시피 전후 일본, 특히 진보적 지식사회에서 지역주의는 일종의 금기였습니다. 그것은 호리병에 갇힌 '대동아공영권'의 어두운 망령을 불러일으키는 부적이었기 때문입니다. 더구나 한국전쟁과 베트남전쟁으로 대표되는 "아시아 공산주의세력과 아메리카와의 전쟁의 시대"로 돌입한 1945년 이후, "평화헌법을 방패로 일미 안보조약의 그늘에 들어가 동북아시아, 동아시아의 전쟁으로부터 거리를 두려고 했"던 일본은 2국 관계를 넘는 지역주의에 대한 고려를 "관(官)도 민(民)도 극력 회피해 왔던" 것입니다.[11] 이 점에서 그 금기에 누구보다도 예민한 그가 새로운 지역주의의 기치를 들어올린 것은 뜻밖이라면 뜻밖인 셈입니다. 그는 왜 90년대에 지역주의의 재검토를 제기한 것일까? 일본을 에워싼 환경이 90년대 들어 근본적으로 변했기 때문입니다. "동아시아의 30년 전쟁은 이미 끝나고, 냉전과 미소대립이 종언을 고했다. 세계전쟁의 시대는 끝나고, 국가사회주의 소련의 체제는 붕괴했다"(11~12면). 탈냉전시대의 입구에서 그는 냉전에 편승해 경제부흥을 추구한 과거의 행

---

[11] 和田春樹, 앞의 책 11면. 이하 이 책 인용은 따로 주를 달지 않고 면수만 표시함.

태에서 벗어나 "되살아난 기억의 압력을 바탕으로, (…) 과거의 청산을 구하고, 동시에 이웃과의 새로운 관계를 생각하"(12면)는 새로운 일본을 구상했던 것입니다. 아시아의 이름으로 아시아를 침략한 20세기 전반과 미국의 품 안에서 아시아로부터 짐짓 퇴각한 20세기 후반, 아시아의 일원임에도 아시아의식을 결락함으로써 이웃과 불화한 과거를 반성하고 지역에 책임을 나누는 아시아의 벗으로 거듭나는 새로운 일본의 탄생을 꿈꾼 것이 와다 신지역주의의 핵심이 아닐까?

그런데 와다 구상의 특색은 한반도를 신지역주의의 축으로 삼는다는 점입니다.

> 조선인은 이 지역의 접합적 요소다. 중국의 조선족과 재일 한국·조선인은 각각의 나라에서 중요한 요소다. 러시아의 조선인은 주로 까자흐스딴이나 우즈베끼스딴에 살고 있지만, 그들 중 일부는 고향인 러시아령 극동으로 돌아가려 한다.
> 따라서 만약 남북 조선이 더욱더 서로 접근하여, 동일되고 혁신된 한국·조선을 만들어내어 이웃에 새로운 메씨지를 발신한다면, 그런 한국·조선은 동아시아 공동의 집의 축심(軸心)이 될 것이다. 통일된 조선은 동아시아를 통일하고, 세계를 통일한다고 할 수 있다. (23~24면)

분쟁을 유발한, 또는 그럴 가능성을 지닌 한반도의 분단을 해소하는 과정을 동아시아 지역주의 구축의 핵으로 삼는 그는 남북 당사자뿐 아니라 중국·일본·러시아에 이산한 한국 동포의 존재에 주목합니다. 그만큼 한반도의 통일문제를 중시한다는 뜻인데, 이 지역의 전통적 구성원이라고 보기 어려운 미국과 러시아를 포함하는 것 또한 그렇습니다. 특히 미군의 현전(現前)을 통해 영토 없이 편재(遍在)하는 미국이야말로 한반도 통일에 우이(牛耳)를 쥐고 있다고 해도 지나친 말이 아니기 때문입니다. 그리하여 그는 애초에 고려했던 베트남을 제외함으로써 신지역주의의 범위를 동아시아에서 동북아시아로 한정한 것입니다.

'동북아시아 공동의 집'으로 집약되는 와다 구상에 대해 타니구찌 마꼬또는 '동아시아 공동체'를 내세웁니다. 『경제통합의 행방과 일본』이라는 책의 부제에서 보듯이 그는 동아시아 지역에 깊어지는 경제적 상호의존성에 주목합니다. "동아시아 경제는, 무역 면에서 급속히 상호 의존관계를 심화하여 보완성을 높이고 있어, 경제공동체 성립에 필요한 경제적 조건이 갖춰져가고 있다."[12] 이 현상을 거시적으로 보면, "1980~90년대의 일·미·구(歐)에 의한 낡은 삼극구조가 붕괴하고, (…) EU와 NAFTA, 그리고 약진하는 아시아에 의한 새로운 삼극구조가 출현"(ii면)하고 있다는 것입니다. 이런 상황 변화에 능동적으로 대처하여 동아시아 지역통합에 나선 것이 ASEAN과 중국입니다.

ASEAN+3 포럼에 의한 동아시아 지역통합은, 통화문제로부터 시작하여 그 위에 FTA, EPA(Economic Partnership Agreement, FTA를 최종 목표로 하는 국가간 경제협력방안—필자)로 그 바퀴를 넓혀갔지만, 그 이니셔티브를 쥔 것이 이제까지 지역통합에는 소극적이어서 아시아 통화위기 때는 미국에 협력하여 일본의 AMF(아시아통화기금) 구상을 저지하기조차 했던 중국이라는 것은 놀랍다. ASEAN에 의한 통화문제로의 지역통합에의 이니셔티브가 제1단 로켓이라고 한다면, 중국의 이니셔티브는 제2단 로켓이라고 해도 좋다. 일본은 당초 중국의 제2단 로켓의

---

12) 谷口誠 『東アジア共同體』, 東京: 岩波書店 2004, 87면. 이하 이 책 인용은 따로 주를 달지 않고 면수만 표시함.

위력을 지나치게 경시한 감이 있다. 중국에 이은 일본의 ASEAN과의 FTA를 중심으로 한 EPA 교섭도 중국의 이니셔티브에 촉발돼 개시되었다고 말하는 것이 사실에 가까울 터이다. (iv면)

경제대국 일본은 왜 동아시아 지역통합에 적절히 대처하지 못했는가? 그는 미국에 대한 과도한 배려가 문제라고 비판합니다.

확실히 슬로건으로서의 아시아 중시정책은 존재하고 있었다. 그러나 전후 일본 외교의 일관된 최우선과제는 대미(對美) 중시정책이고 현재 그 경향은 더욱 강해지고 있다. 또 전후 부흥과정에서 일본의 비원은 급속한 경제발전을 이룩하여 선진국의 한패로 들어가는 것이었다. 그 때문에 일본 외교가 노리는 방향은 극히 선진국 지향이어서, 그 당시 아직 도상국 단계에 있었던 많은 아시아 나라들에 대해서는 속죄적 의미의 경제협력을 행하고 있었지만 일본의 외교정책으로서 중점을 두고 있었다고 생각되지는 않는다. 일본이 지금까지 동아시아 지역통합의 흐름에 본격적으로 발을 디디지 않았던 이유는 대미 배려와, 아직도 일본의 엘리뜨 속에 죽치고 있는 '탈아입구(脫亞入歐)'의 정신구조는 아닐까. (viii~ix면)

일본의 아시아 도상국들에 대한 경제협력을 '속죄적 의미'라고 지적한 것은 지나치게 단순하여 수긍하기 어렵지만, 메이지 이래의 서구주의와 전후의 미국주의가 결합하여 일본으로 하여금 지역통합의 지진아로 만들었다는 견해는 정곡을 찌른 것이 아닐 수 없습니다. 그는 그리하여 일본이 나라 안팎의 변화에 즉하여 기왕의 미국 경사로부터 벗어나 동아시아 지역통합에 더욱 적극적이어야 함을 강조합니다. 그때 일본의 파트너는 누구인가? "동아시아 지역통합 성부(成否)의 열쇠를 쥐고 있는 것은 일본과 중국"(214면)이라는 점, 그리고 "일·중간에 진정한 신뢰관계가 구축되지 않는 한, 동아시아에서 실효성 있는 경제권 또는 경제공동체의 성립은 곤란할 것"(v면)이라는 전망 아래 "단순한 경제이익의 추구를 목적으로 한 무역·투자관계를 넘어선, 장래의 일·중관계를 담당할 인재의 육성이야말로 우선과제"(vi면)라고 역설합니다. 요컨대 떠오르는 중국과 함께 동아시아로 나아가기 위해 이를 추동할 인재, 특히 젊은 중국전문가들을 지금부터라도 조직적으로 키워야 한다, 이것이 타니구찌의 핵심적 메씨지라고 할 수 있습니다.

와다가 정치적이라면, 타니구찌는 경제적입니다. 물론 후자도 단지 경제에 머무르는 것은 아닙니다. "일본 외교의 과오의 책임은 정치에 있다"(xii면)고 밝힘으로써 그는 동아시아 공동체 운동을 통해 일본의 진로를 올바르게 정향할 새로운 정치의 출현을 기대하고 있고, 또한 경제통합의 실현이 그를 안정적으로 뒷받침할 동아시아 차원의 집단적 안전보장기구의 구축으로 발전하기(220면)를 염원하고 있기 때문입니다. 21세기 일본의 방향을 서구 또는 미국에서 아시아로 돌리려는 점에서 출발은 다르지만 양자 모두 동일한 정치공학을 보여준다고 할 수 있습니다.

그럼에도 양자는 차별됩니다. 이미 지적했듯이 전자가 한반도문제의 해결을 축으로 동북아시아에 촛점을 둔다면, 후자는 중국을 대당(對當)으로 삼아 "지역통합의 중핵으로서의 역할을 다할"(19면) ASEAN을 두루 포괄하는 동아시아를 견지합니다. 이는 갈등하는 동북아의 협력을 견인할 지렛대로 동남아의 경험을 활용할 필요가 절실하다는 판단에 기초하고 있을 터인데, 더 나아가 그는 '아시아 공동체'를 내다보고 있습니다(216면). '아시아 공동체'를 미리 차단할 일은 아니지만, 현단계에서는 동아시아로 제한하는 것이 더 실천적이거니와, 대국들이 웅거한 동북아에 대한 동남아의 우려를 고려할 뿐만 아니라 동북아의 평화구축에 동남아의 후원이 긴절한 점에서 우선은 동북아와 동남아의 대화에 주력하는 것이 현실적일지 모릅니다.

아시아 공동체를 내다보는 타니구찌 구상에는 그래서 한국 또는 한반도에 대한 고려가 깊지 않습니다. 그렇다고 한반도를 부동(不動)의 중심에 놓자고 투정을 하고 싶지도 않습니다. 한반도문제의 해결을 축으로 삼는 와다 구상에 고무되는 바가 없지 않지만 이제는 조금 상대화할 필요가 있다고 여기는 편입니다. 한반도의 분단해소가 지금도 여전히 중요한 현안이라는 점에 물러날 생각이 없음에도 자칫 이 시각이 한국인들의 사유를 한반도 특권화로 인도할 우려도 없지 않기 때문입니다. 한반도의 현실로부터 동아시아를 사고할 때 디딜 땅을 잃지 않을 것인데, 역으로 한반도를 동아시아 안에서 놓아버리는 훈련도 긴요한 것이 아닌가 생각합니다. 과연 일본에서 이 두 논의 가운데 어느 쪽이 주도권을 잡을까? 아마도 후자가 전자를 압도할 가능성이 높을 것입니다.

3. 수출론과 보상론의 미몽(迷夢)을 넘어

중·일이 그동안의 갈등을 넘어서 상생의 길을 걷는 것은 일단 축하할 일입니다. 중·일의 불화가 북한 문제를 둘러싸고 더욱 격화되었던 저간의 사정을 보아도 이 변화가 북핵사태의 평화적 해결을 바탕으로 이룩될 역내 우호조성에 긍정적으로 기여할 것이기 때문입니다. 그런데 중·일 화해가 한반도를 오직 관리대상으로 조정하는 방향으로 나아간다면 분단체제의 극복을 통해 동아시아의 근본적 평화구축을 기도하는 동아시아론은 또다른 벽에 부딪힐지도 모르는 일입니다.

중·일 화해의 시대를 앞두고 한국의 동아시아 연대운동은 어떤 대응책을 마련할지 진지하게 검토할 단계입니다. 최근 한국의 동아시아 연대운동은 양과 질 양쪽 면에서 비약적인 발전을 거듭해왔습니다. 그동안 한국의 운동이 자폐적이라는 뼈아픈 지적을 받아온 것을 상기하면 외부소통력의 신장은 주목에 값하는 것입니다. 그럼에도 한편에서는 연대활동이 운동수출론으로 전락할 위험도 없지 않다는 자성도 높습니다. 민주화투쟁의 모델을 운동이 부진한 나라들에 전파해야 한다는 과잉한 소명감에 기초한 수출론적 연대운동과 나란히, 온갖 역경을 뚫고 해방전쟁 또는 혁명을 승리와 성공으로 이끈 나라와 그 인민에 대한 경의 속에서 잃어버린 운동을 위무하는 보상론적 연대활동도 없지 않습니다. 수출론과 보상론은 한국사회의 변혁 가능성에 대한 약간은 조숙한 절망에 말미암은 현장이탈이라는 점에서 기실 내통합니다. 다시 한번 확인컨대 동아시아 연대는 한국 나아가 한반도의 변화 가능성에 대한 신뢰, 희망의 무서움을 무한히 자각하는 신뢰가 아슬한 기반입니다. 한국의 운동은 일정한 성취 속에 현재 엷은 피로에 휩싸여 있습니다. 이로부터 탈출하는 것이 급선무입니다. 중·일 화해의 기운 속에 동아시아가 새로이 주목될 새해를 맞이하여 기회인 동시에 도전으로 될 안팎의 변수들을 냉철하게 헤아리면서 한국과 동아시아가 상호 진화하는 구체적 방안들을 창발적으로 재구축할 지혜와 열정을 집합하는 정성이 요구됩니다.

요컨대 기존 동아시아론에 드리운 민족주의 또는 국민국가 중심주의를 조정할 필요가 커집니다. 민족주의는 폐기의 의지만으로 해체될 것도 아니거니와, 일정한 효용도 없지 않기에 그냥 넘어서자고 말만 앞세워서는 실천에 오히려 장애를 조성할 수도 있습니다. 그러나 이제는 탈민족주의를 더욱 의식해야 할 시점입니다. 민족 또는 나라의 경계를 기축으로 삼아 진행되는 사유는 민족주의로, 더욱이 한·중·일 중심의 동북아주의로 우리를 이끌어가기 십상이기 때문입니다. 민족 또는 나라 안팎을 횡단하는 주변부, 소수자, 섬 들을 그 극복의 거점으로 삼는 새로운 실험을 시도할 필요가 있습니다. 이 중대한 고비에 열리는 오끼나와 회의가 그 종요로운 출발이 되기를 기원합니다. 감사합니다.

근대문학과 유교, 길항하는 흔적들

『서유견문』이라는 원천

1. 우리 근대문학의 형성경로

근대문학은 양의 동서를 막론하고 공동문어문학(共同文語文學)의 해체과정이자 동시에 구어적 각국어에 기초한 민족문학 또는 국민문학(national literature)의 건설과정에서 출현하였다. 한국의 경우 공동문어문학은 한문학이다. 이미 15세기에 훈민정음(訓民正音)이 창제되었지만 곧 언문(諺文)으로 지칭된 데서 단적으로 드러나듯이 그것은 어디까지나 한문의 보조자 또는 하위문화적 성격을 면치 못했다. 물론 근대 이전의 언문문학도 수준이 만만치 않았다. 조선 전기에는 한문학의 주 담당층인 양반지식인이 시조, 가사(歌辭), 그리고 언문소설 분야에서 선도성을 발휘했고, 조선 후기에는 판소리계 소설로 대표되듯이 평민층의 자기표현으로 발전함으로써, 언문문학은 중세한문학 바깥에서 근대문학의 문턱을 엿본 나름의 독자성을 확보하기도 하였다. 또한 한문학도 단지 중세의 안에만 갇혀 있었던 것은 아니라는 점을 기억해야 한다. 특히 실학파의 한문학은 표기체계의 보수성에도 불구하고 근대로 열린 창(窓) 역할에 충실했다. 그런데 중세문학의 태 안에서 성장한 근대문학의 맹아로서 이들을 높이 평가함에도 끝내 중세문학의 틀을 자생적으로 해체했다고 보기는 어렵다.

한국에서 근대는 바다로부터 기원한다. 왕국의 해안에 도착한 서구 또는 그 대행자 일본의 현전(現前)이 조선에 증여한 충격 속에서 조선왕조의 중세체제는 변화의 소용돌이로 빠져들었다. 그런데 그 소용돌이는 일본의 메이지유신(明治維新, 1868)처럼 단기에 가시적 변화를 끌어내지도 못했고, 중국처럼 장기적 과정을 거쳐 중화인민공화국 수립(1949)으로 마감되지도 못했다. 언문문학이 근대문학으로 내재적 전환을 이룩하지 못한 데서 단적으로 드러나듯이 한국의 시민계급 또는 근대성의 미성숙이 근본적 제약조건이지만, 이에 덧붙여 일본에 의해 개국(1876)된 점을 고려할 수 있겠다.

동아시아에서 자본주의 세계시장의 마지막 고리를 푼 조선의 개국, 그 강제적 편입절차에서 그 매개자가 일본이라는 특성이 한반도의 상황을 더욱 복잡하게 이끌었다. 서구 밖에서 유일하게 근대국가로 전환하는 데 성공한 일본과, 거의 유일한 예외로서 일본이라는 비서구국가에 의해 개국한 조선, 이 운명적인 짝짓기는 중국과 일본 사이에 자리한 한반도의 향방을 더욱 불확실성 속으로 밀어넣었던 것이다. 한반도에 대한 전통적 영향력을 새롭게 유지하고자 하는 중국과, 조선을 중화권으로부터 분리하려는 일본의 각축 속에서 조선의 국론은 분열한다. 수구와 개혁의 대립뿐 아니라 개혁파 내부의 모순, 즉 청의 양무(洋務)를 모델로 하는 온건개화파와, 일본의 유신을 본받으려는 급진개화파의 대립은 청일 양국의 복잡한 개입을 유혹하면서 개혁의 미래를 끊임없이 흔들었다. 갑신정변(甲申政變, 1884)은 물론이고 갑오경장(甲午更張, 1894)조차 안팎의 대립이 중첩되면서 좌초한 바는 주지하는 터인데, 주변 외세들에 결과적으로 각기 종속됨으로써 개혁파의 대동단결이 끊임없이 지연되는 형세 속에서 한반도의 운명은 결국 제국들의 전쟁에 긴박되고 말았던 것이다. 그리하여 청을 대신해 진출한 러시아 역시 러일전쟁(1904~5)에서 패배함으로써 조선은 비서구식민지라는 독특한 위상으로 20세기 전반기를 감내한다.

이러한 상황은 20세기 후반기에도 새로운 층위에서 반복된다. 3·1운동(1919) 이후 우리 운동사에 대두한 민족주의와 사회주의의 대결도 그 표면을 긁어내면 친미파와 친소파의 대립이라고 볼 수도 있다. 식민지지배기구와 그를 둘러싼 일상성이라는 이 현실적 힘 앞에서 운동의 양파는 끝내 제휴에 실패한 채 해방(1945)을 맞이했다. 물론 신간회(新幹會, 1927~1931)라는 민족협동전선을 꾸린 드문 경험이 없는 것은 아니지만 현상적으로는 운동의 총붕괴 속에서 해방이 도둑처럼 내습한 터다. 엄중한 식민지지배체제와 미묘한 지정학적 위치가 운동의 분열을 항상화한다. 이 때문에 운동의 대중성도 끊임없이 저지된다. 악순환의 연쇄 속에서 혁명은 식민지민중에게 풍문으로 떠도는 '먼 그대'인가? 대중과 격절된 혁명가들에게 미국과 소련이 또한 '먼 그대'가 아니었을까? 두겹의 격절 속에서 도둑처럼 찾아온 해방을 계기로 정치가 대폭발한다. 낮은 목소리의 소문 속에서만 얼핏얼핏 희미한 그림자를 드러내던 혁명가들이 속속 귀국하면서, 그리고 미국과 소련이 일제를 대신해 헌신하면서, 꿈이 현실로 전화하려는 찰나의 혁명적 낭만주의가 도저했던 것이다. 그러나 무서운 현실주의가 안팎에서 손잡고 승리함으로써 분열은 끝내 두 나라의 출현으로 마무리된다(1948).

요컨대 개화파의 분열과 좌우의 대립은 근본적으로 대륙세력(중·러)과 해양세력(일·미)이 충돌하는 결절점에 자리한 한반도의 운명적 위치로부터 기원할 터인데, 식민지시대와 분단시대의 성립에 빌미를 제공하기도 하였다.

바로 이 열악한 조건 속에서 암중모색을 거듭해온 우리 국민문학은 아직도 두 나라로 나뉜 상태를 면치 못하고 있어 단수(單數)가 아니라 복수(複數)로 존재한다. 복수의 소멸을 기도한 경우가 없지 않았다. 무력으로 분단을 변경하려고 한 6·25(1950~53)가 바로 그것이다. 역전을 거듭하면서 결국은 분단선의 변형으로 마감된 국제적 내전을 통해 남북의 적대적 공존이 더욱 강화되는 반어 속에 유보된 혁명은 다시 국가주의적 동원으로 해소된다. 너무나 엄연한 타자성으로 자발적 충성의 위기를 야기했던 식민지시대와는 달리 분단시대에는 남과 북, 두 국민(또는 인민)의 각 토착정권에 대한 귀속감은 증대되기 마련이었다. 그런데 부르주아민주주의 실험이 북보다는 남에서 왜곡에도 불구히고 진전됨으로써 군사독재 또는 유사군사독재가 종언되는 것과 함께 남한이 경제적 성공으로 세계체제의 주변부에서 반주변부로 진입하면서 남한의 국민의식이 최근 들어 더욱 고양되는 형국이다. 마침내 냉전의 해체가 동아시아에 도착하면서 남북은 이미 6·25에서 증명된 일방통일의 불가능성을 공식적으로 확인했다. 6·15선언(2000)은 복수의 국민문학을 머금은 민족문학의 가능성을 실험하는 새 단계를 열었던 것이다. 분단시대의 출구에 선 한반도는 바야흐로 독특한 국민문학의 형성경로를 밟을 터인데, 그것은 탈국민문학적 국민문학에 가깝지 않을까?

2. 야누스의 유교

갑오경장으로 언문이 드디어 국문으로 격상하였다. 이로써 중세적 공동문어문학을 대신한 근대적 국민문학 생성의 언어적 조건이 마련된 것이다. 그럼에도 실제로는 국한문체가 계몽주의시대의 지배적 문체로 자리잡는다. 물론 『독립신문』(1896~99)을 중심으로 한글체가 실험되었지만, 국한문체의 우위를 전복하지는 못했다. 기본적으로 한문체에 기초하고 있는 국한문체의 주류화는 시민계급의 미성숙과 연동된 우리 계몽주의의 절충적 성격을 단적으로 드러내는데, 한문에 한글토를 단 듯한 국한문체로 기술된 「3·1독립선언서」(1919)는 그 전형이다. 고급문장 또는 공식문서의 새 문체로서 채택된 국한문체의 유행은 한글체의 연마를 통해 실현될 본격적 국민문학의 성숙에 적지 않은 장애를 조성하게 된다. 물론 계몽주의시대에도 주로 한글체에 의거한 새로운 문학이 특히 신소설을 중심으로 실험되었다. 이인직(李人稙)은 일본식 국한문체를 그의 소설에서 시도했다가 곧 포기하고 마는데, 이는 그 이식의 작위성이 지나친 데도 원인이 없지 않지만 한문체가 지배했던 조선시대에도 언문소설은 한글체를 견지한 전통이 작용한 점이 더욱 크다고 하겠다. 이처럼 신소설은 문체의 근대성을 담보하고 있었다. 그럼에도 그 외관을 벗기면 '양장한 구소설'을 면치 못했다. 요컨대 새 술을 새 부대가 아니라 낡은 부대에 담은 형국이었다. 이 절충성은 시가 분야에서는 더욱 두드러져서 창가(唱歌)나 신체시를 막론하고 전통적 가사체의 족쇄로부터 자유롭지 못했으니, 진정한 의미의 신시 또는 국민시는 1920년대 신문학운동 속에서 비로소 정립되기 시작한 것이다.

계몽주의의 총결산으로서 탈계몽주의의 봉인을 딴 3·1운동, 그 직후 새 세대에 의해 전개된 신문학운동은 국한문체를 해체함으로써 한글체 국민문학에 한결 다가서게 된다. 자연주의 또는 사실주의의 기율이 소설 속에 뚜렷해지면서 신소설 또는 신파소설을 대신해서 근대단편이 본격적으로 정립되는 한편, 염상섭(廉想涉)의 중편 「만세전」(1922~24)의 출현을 획기로 한국근대소설은 형식과 내용 양면에서 새 단계로 진입하게 되는 것이다. 소설 분야에서 신소설식 계몽주의가 해체되는 것과 나란히 시에서도 『백조(白潮)』로 대표되는 낭만주의적 폭발 속에서 근대자유시가 간난한 행보로 정립되기에 이른다. 20년대 신문학운동을 통해 정련된 중단편과 신시가 지금까지도 우리 문학의 관습을 지배하고 있는 점을 감안하면 3·1운동이 우리 국민문학 형성에 끼친 영향의 막중성을 새삼 깨닫게 된다.

그럼에도 이 시기의 국민문학 건설과정이 마냥 순탄했던 것은 물론 아니다. 그 근본적 장애는 식민지라는 조건에서 말미암는다. 그런데 이와 함께 동아시아에 도착한 사회주의혁명론의 파장을 고려해야 한다. 요괴로 떠돌던 사회주의가 하나의 거대한 국가권력으로 현실화한 러시아혁명(1917) 이후 그에 원천을 둔 새로운 해방론이 식민지 조선을 풍미하게 된다. 1925년 마침내 카프(KAPF)가 떠오른다. 카프는 막 궤도에 오른 신문학운동을 부르주아적이라고 비판하고 계급문학 건설을 당면과제로 설정한다. 신문학운동은 카프의 전격적인 대두에 직면하여 분열한다. 문단은 부르주아적 국민문학파와 프롤레타리아적 계급문학파로 나뉘어 격렬한 논쟁으로 빨려들어가게 되었다. 큰 시야에서 조망컨대 당대의 계급문학운동도 새로운 국면의 국민문학 건설의 일환이지만, 당시 카프는 국민문학을 오로지 극복의 대상으로 두는 교조주의를 면치 못했다. 그리하여 대공황(1929)이 파시즘을 불러오는 역전

속에서 카프가 궤멸하면서 근대문학 또는 국민문학의 건설이 특히 식민지 조선에서는 살아 있는 과제라는 각성이 일어났지만 이미 때는 늦었다. 태평양전쟁의 와중에서 조선문학은 급히 일제의 고꾸민분가꾸(國民文學) 아래 편입되고 말았던 것이다.

이처럼 국민문학 건설을 위한 좌우합작을 이룩하지 못하고, 더구나 미소연합군에 의해 분단된 채 해방을 맞음으로써 우리 문학은 또다시 '하나의 국민문학'을 구축하는 데 실패한다. 해방 직후 남과 북은 물론이고 남의 우파와 좌파를 막론하고 일제히, 근대 이후 미완의 과제로서 지연된 민족문학론을 표방했다. 이 드문 일치에도 불구하고 결국 두개의 국민문학들로 실현된 것은 반어적인데, 뒤집어보면 그만큼 국민문학에 대한 요구가 절실했다는 역설이 성립될지도 모른다. 국민문학 또는 국민국가에 대한 욕구가 그 단일성의 원칙마저 포기하고 미소 냉전체제에 스스로 적응할 정도로 강렬했다는 것은 한편 내부 모순, 특히 민주주의의 철저한 관철을 유보하는 형태를 용인하기에 이르렀다는 것을 뜻할 터이다. 바로 이같은 바탕에서 남에서는 우익독재, 북에서는 좌익독재가 성립한다.

이 균열 속에서 중세의 지배이데올로기 유교는 모순적 존재로, 마치 유령처럼 20세기 한반도의 안과 밖에 출몰한다. 단적으로 우리 근현대사에는 중국과 달리 반유교투쟁이 뚜렷하지 않다. 더러 유교에 대한 반대론이 담론적으로 강력히 제기되기도 했지만 그것은 어디까지나 물질적 영향력을 담보하지 않은 말에 지나지 않은 경우가 대부분이었다. 그리하여 식민주의자도 반식민주의자도 유교를 적으로 돌리기는커녕 자신의 우군으로 삼는 데 열중했다. 물론 해방 전 식민지근대화나, 해방 후 북의 사회주의공업화와 남의 개발독재가 실질적으로는 유교적 생활세계의 파괴를 통해 유교의 상두꾼 노릇에 충실했다는 점을 망각할 수는 없지만, 유교와 손잡고 유교를 파괴하는 또는 유교 파괴조차도 유교의 이름으로 하는 기이한 모순이 연출되었다. 사회주의자들은 '반봉건'의 이름으로 유교를 유례없이 부정했음에도 유교와 맑시즘은 뜻밖에 멀지 않다. '상놈'이 지배하는 근대에 대한 양반적 반감과 부르주아근대의 극복을 기도하는 맑시즘이 미묘한 지점에서 만날 가능성이 없지 않았던 것이다. 요컨대 유교는 조선인에게 일종의 '아비투스', 몸 속에 각인된 가장 강력한 기억이다.

한국근현대문학사에서 유교는 극복의 대상이자 또 동시에 저항의 원천이라는 두 얼굴을 가진 야누스다. 비합법 무장투쟁을 대표하는 의병전쟁이 척사(斥邪)사상에 근거한 것은 차치하고도 유교에 비판적인 계몽사상도 대체로 개명한 양반층의 개신(改新)유학에 포섭되는 것이라고 할 수 있다. 이는 탈계몽주의가 뚜렷해진 3·1운동 이후에도 기본적으로는 유사했다. 민중언어의 자연스런 구어성이 새로운 수준으로 진전된 1920년대 신문학운동 시기에도 유교적인 것은 고전의 이름으로 간단없이 신문학의 심층을 이루곤 했던 것이다. 아나기즘과 유교적인 것의 미묘한 연관은 단재(丹齋) 신채호(申采浩)와 이육사(李陸史)에 의해 널리 증거되는 것인데, 이 양면성은 뜻밖에도 프로문학에도 작동한다. 인민을 대신해서 유교적 이상국가 건설에 매진하는 사(士)와, 프롤레타리아트의 임무를 대행하는 것을 자임하는 혁명적 인텔리겐짜의 세월을 넘은 유사성을 상기할 때, 프로문학은 뜻밖에도 도(道)와 문(文)의 관계를 축으로 전개된 조선시대 사림문학론의 후예로 볼 수 있을지도 모른다. 한국문학의 근대성을 새로운 단계로 끌어올리는 것을 자신의 사명으로 강렬히 의식한 1930년대 모더니즘운동조차 유교와 역설적으로 연계된다는 점이야말로 흥미롭다. 정지용(鄭芝溶)의 한시풍(漢詩風)의 시편들이 단적으로 보여주듯이 가장 서구적인 모더니즘이 유교적 교양의 고갱이와 교섭하고 있는 것이다. 모더니즘은 도시의 아들이지만 자본의 순진한 예찬자가 아니라 오히려 반근대의 자세를 곧잘 취한다. 자본에 대한 귀족적 혐오로 때로는 파시즘에 매혹되는 경우도 없지 않았지만 모더니즘과 전통은 복합적 관계를 이루고 있는 것이다. 모더니스트들의 고전취미가 함축하고 있듯이, 그들 또한 '상것'에 대해 경멸적 태도를 감추지 않았다. 이 점에서 프로문학과 모더니즘은 근대 비판을 공유하는 쌍생아일지도 모른다. 물론 후자는 사회주의, 더 정확히 말하면 쏘비에뜨사회주의를 대안으로 삼는 데 대체로 냉정해서 겉으로는 양자의 대립이 두드러져 보이곤 했지만.

　이처럼 근대문학에 끊임없이 출몰하던 유교라는 정치적 무의식은 해방 이후 남과 북의 문학에도 간섭을 그치지 않는다. 유교적인 것의 주된 서식처라고 할 농촌과 농민에 대한 가장 격렬한 폭력적 해체로 작동한 6·25를 겪고 난 후에도 유교적인 것은 멸절되지 아니한다. 아니 은근히 또는 노골적으로 고무되기도 하였다. 남과 북의 독재자들을 국부(國父)로 찬미하는 이데올로기 정치의 성행 속에서 유교는 표면적인 억압에도 불구하고 실상 왕관을 둘러쓰고 부활한 폭이다. 천황제 파시즘의 경제모델에 각별한 친근감을 표시한 박정희체제의 출범 이후 일본형 유교자본주의의 만개 속에 충효가 다시 대목을 맞이한다. 그런데 이 시기 북에서도 주체사상의 전개와 함께 유교가 노골적으로 환생한다. '충성동이 효자동이'라는 구호에서 단적으로 드러나듯이 유교가 주체사상과 결합했던 것이다. 특히 한국을 비롯한 동아시아 자본주의의 성공과 동반한 유교자본주의론의 대두로 '아시아적 가치'에 대한 새로운 주목 속에 지금까지 표층에서는 주로 부정적으로 파악되던 유교가 재생의 기회를 누리기도 하였다. 90년대 말, 동아시아를 휩쓴 금융위기로 아시아모델 찬미론이 급속히 수그러들면서 유교적 가치에 대한 주목이 약간 무디어지긴 했지만 유교는 아직도 한반도의 남과 북에서 긍정적으로도 부정적으로도 살아 있다.

그런데 유교는 단지 체제측에만 둥지를 튼 것은 아니다. 1970년대 이후 박정희체제와 날카롭게 대립한 반독재민주화운동의 진전은 지식인들을 서구주의로부터 전통으로 유턴시키는 지렛대가 되었다. 한국판 네그리뛰드운동이라고 해도 좋을 전통회귀의 조류 속에서 유학도 새로운 조명을 받기에 이른다. 지배교학의 역할을 맡았던 주자학에 대해 비판적인 실학(實學)이 이 시기에 재발견된 것은 대표적이다. 이와 함께 의병전쟁의 사상적 기반인 위정척사도 재평가되었다. 그 사상적 보수성에도 불구하고 근대와의 파경적 충돌의 비장한 선구로서 위정척사가 1970년대에 새삼 주목된 것 자체가 사실 놀라운 일이다. 민주화투쟁 속에서 선비 또는 선비정신이 새롭게 창안되는 과정은 70년대 민족문학운동과 일정한 호응관계를 이루는 것이기도 하다. 유교와 맑시즘의 미묘한 관계를 본격적으로 제시한 이문구(李文求)의 『관촌수필(冠村隨筆)』(1972~77)은 한 전범이다. 체제측의 통속적인 유교동원이건 반체제측의 전투적인 유교재해석이건 1970년대에 이르러 유교적인 것은 확실한 부흥의 걸음을 내딛게 되었던 것이다. 이 흐름은 1989년 탈냉전시대의 도래와 함께 분단체제의 변동이 현실적 문제로 부상하면서 동아시아론으로 모아졌다. '자본주의'와 '사회주의'라는 쇠퇴하는 서도(西道)를 대신하여 세계형성의 새로운 원리를 동아시아의 간난한 역사적 경험을 바탕으로 모색함으로써 '다른 세상'을 꿈꾸는 동아시아론[1]은 유교자본주의 같은 단순한 유교부흥론은 물론 아니지만,

---

1) 동아시아론의 연진과정에 대해서는 본서의 「천하삼분지계로서의 동아시아론」을 참조.

유학을 비롯한 아시아의 전통적 사상재보들을 진지한 점검의 대상으로 설정한다는 점에서 유교에 대한 기존의 분열된 접근과는 차별되는 것이매, 유학에 대한 본격적 대결이 발진하는 지금이야말로 유교에 대한 탈영토화와 재영토화가 판가름나는 바로 그 시점일 터이다.

3. 유교와 근대의 접촉

20세기 한반도의 역사 또는 문학사를 일별컨대, 근(현)대와 유교는 일견 대립적이지만, 속으로는 거의 끊임없이 통교한다. 그동안 이 현상을 낙후성의 표지로만 단순하게 해석해온 것이 사실이다. 물론 나 역시 철지난 유교자본주의자들처럼 이러한 자질을 초극의 소중한 종자로만 찬미하고 싶지는 않다. 서구적 의미든 아니든 중세체제를 극복할 근대성의 미숙이라는 내재적 조건이 유교에 대한 분열적 태도를 배양한 바탕이 되었던 것은 비교적 명확하다고 할 수 있기 때문이다. 근대의 이식성이 거꾸로 유교에 대한 전면적 검증을 계속 지연시켰다고 할 수도 있다. 만약 내적 성숙 속에 조선왕조가 근대를 맞이했다면 새 나라의 건설자들은 그 이전 사회에서 가장 결정적 지표 역할을 한 유교에 대한 진지한 대책을 강구했을 것이다. 다시 말하면 무조건 긍정하거나 전면 부정함으로써 실질적으로는 유교를 괄호치는 것이 아니라, 인식의 지평 위에서 탈구축·재구축하면서 다른 이름 또는 새 이름으로 유교를 근대로 이행시켰을 터이다. 그런데 이 과정이 안팎의 열악한 환경 속에서 본때있게 이루어지지는 못했더라도 유교가 근대와 부딪쳤던 초기에는 그와 유사한 절차가 없지 않았다. 나는 우선 여기서 그 모습의 대강을 사생하고자 한다.

아편전쟁(1840~42)으로 청(淸)제국이 미이라라는 사실이 드러나면서 중화체제는 몰락의 도정을 밟아나갔다. 제2차 아편전쟁으로 영불연합군에 의해 뻬이징(北京)이 함락되는 미증유의 사건(1860)이 일어나기 직전, 급기야 일본마저 흑선(黑船)의 위협 아래 개항하면서(1854), 조선왕조 또한 깊숙한 위기로 함몰하였다. 새로운 사태에 대처하는 데 무능했던 세도정치를 전복하고 1864년 고종의 등극으로 대원군정권이 극적으로 등장할 수 있었던 것도 이 위기의식의 표출이었던 것이다. 과연 세계시장을 잇는 최후의 고리, 조선을 향한 자본의 군사적 쇄도—미국의 무장상선 제너럴셔먼호의 평양 침입(제너럴셔먼호사건, 1866), 천주교 탄압을 빌미로 한 프랑스 함대의 강화도 침입(병인양요, 1866), 그리고 불타버린 제너럴셔먼호에 대한 보복을 내건 미국 함대의 강화도 침입(신미양요, 1871)이 접종했다.

동아시아에 도착한 서구가 유교왕국 조선을 이처럼 연쇄적으로 두드리면서 근대는 그 균열 사이로 비치기 시작했다. 양요(洋擾)라는 이름으로 서양무력의 직접적 위협 앞에 노출되었던 조선은 "임금도 없고 아비도 없는(無君無父)"[2] 십자가, 그 기독교적 일통(一統)을 삿된 것으로 규정함으로써 강렬히 부정하는 척사위정(斥邪衛正)의 유교적 정통론으로 질주한다. 화서(華西) 이항로(李恒老)를 연원으로 하는 위정척사는 위기의 사상이다. 소국주의적 유교낙토를 꿈꾸는 조선의 사대

---

[2] 신재효(申在孝)의 「괘씸한 서양되놈」에 "무군무부 천주학을 / 네 나라나 할 것이지"라는 구절이 나온다. 그는 천주교탄압을 빌미로 침입한 프랑스함대를 격퇴한 병인양요에서 취재한 이 노래에서 천주교를 임금도 없고 아비도 없는 것이라고 비판했다. 매우 소박한 견해지만 정곡을 찌르는 바가 없지 않다. 천주교는 신에 귀의한 조선사람들을 차별없이 형제자매로 묶음으로써 왕을 꼭지점으로 삼는 전통적 신분제를 아래로부터 먹어갔다. 천주교의 확산은 조선의 중세체제를 분해하는 한편 서구식민주의의 침투를 용이하게 하는 양면성을 지닌다.

부들에게 중화라는 우산이 서양의 장풍 앞에 찢겨져나가고 이웃 일본마저 서구시장에 강제편입되었다는 청천벽력의 소식은 정통론을 더욱 강화하는 반동을 초래했다. 사실 조선의 유교는 이미 뻬이징과 나가사끼(長崎)에 숨쉬는 서양에 대한 풍문에 접촉하면서 한결 현실적인 실학(實學)을 탄생시켰던 터다. 실학은 물론 그대로 근대사상은 아니었지만 유교의 틀 안에서 싹튼 근대의 창이었다. 그런데 중국과 일본이 차례로 서풍(西風)의 영향권에 편입되는 위기적 상황에 직면하여 오히려 강력한 반서구 또는 반기독의 유교정통론으로 복귀하였던 것이다. 조선은 이 '위기의 주자학'으로 서양과 대결한다. 그 대결은 일단 성공적이었다. 프랑스와 미국의 막강한 함대의 침략을 혈투 속에 물리친 것이다. 그러나 이 상처뿐인 승리는 일시적이었다. 급속한 붕괴의 길을 걷는 중화제국을 대신해 일본이 부상한다. 메이지유신으로 비서구 국가 가운데 유일하게 근대국가로 변신하는 데 성공한 일본이 이웃 조선을 제물로 서구와의 불평등을 보상하기 위해 오히려 서구의 첨병으로 돌변한다. 1873년 위정척사의 보루 대원군정권이 몰락한 틈을 타 마침내 일본이 "서양패도의 주구"[3)]로 조선을 개국한다(1876).

---

3) 쑨 원「대아시아주의」(1924), 최원식·백영서 엮음『동아시아인의 '동양'인식: 19~20세기』, 문학과지성사 2005, 178면. 쑨 원은 동양왕도의 아성과 서양패도의 주구라는 두 갈래길에서 일본의 결단을 촉구했다. 물론 그는 일본이 전자의 길을 선택하라고 호소한 것이지만 일본은 탈아입구(脫亞入歐)라는 모토 아래 후자로 질주했다. 그런데 동양왕도와 서양패도라는 수사가 흥미롭다. 왕도와 패도는 신분제와 봉건제가 해체되면서 제후가 임금을, 아들이 아비를 치는 하극상(下剋上)의 춘추전국시대를 배경으로 태어난 정치이념들이다. 전자가 덕치의 이상을 실천하는 왕을 축으로 계급화해 또는 계서제의 재구축을 통해 난세를 극복하려고 했다면 후자는 세상의 변화를 냉정히 수용하면서 부국강병을 통해 새 질서의 수립을 모색하였다. 쑨 원이 비록 수사 차원이지만 중국의 전통적 왕도이념을 강조한 것은 내면화한 중화주의의 무의식적 표출로 볼 수도 있다.

개국으로 척사위정이 더욱 강화되는 한편, 현실주의적 흐름이 나타난다. 그것이 개화사상이다. 서구와의 잇따른 무력충돌 과정에서 서구의 힘을 현실적으로 평가하고 이 위기를 극복하기 위해서는 개국을 통한 조선 내부체제의 개혁 내지 변혁의 화급성을 깨달은 환재(瓛齋) 박규수(朴珪壽)는 개화사상의 아버지다. 제너럴셔먼호 사건 당시 평양감사로서 그 격퇴를 지휘했던 환재는 오히려 이 사건 이후 개국의 필요성을 절감하고 그 준비를 위해 엘리뜨 육성에 힘쓰는데, 그의 지도 아래 김옥균 박영효 김윤식 유길준 등 개화파가 형성되었다. 그런데 개화사상과 개화파의 성립은 18세기 실학(實學)과 내적 연관을 맺고 있다. 환재가 위대한 실학자 연암(燕巖) 박지원(朴趾源)의 손자라는 사실에서 짐작되듯이, 실학 가운데서도 특히 북학파(北學派)가 그 연원이다. 북학파란 그 이름 그대로 '북' 즉 청을 배우는 것을 내세웠다. 이미 지적했듯이 병자호란 이후 조선의 지배층은 청에 대한 복수 즉 북벌(北伐)을 대의명분으로 삼았다. 연암의 소설「허생전」이 그 허구성을 날카롭게 풍자한바, 북벌은 기실 대외용이기보다는 지배체제를 보위하기 위한 대내용이라는 혐의가 짙었던 것이다. 북벌에서 북학으로──이는 코페르니쿠스적 코드전환이라고 보아도 좋다. 북학파는 청을 야만시하는 북벌론을 해체하여 청의 선진문명을 수용하여 조선의 낡은 체제를 개혁코자 하였던 것이다. 그런데 북학파가 배움의 대상으로 설정한 북이 단지 청만을 가리키는 것이 아님을 인식해야 한다. 중국에 진출한 예수회 선교사들의 활약, 특히 그 과학기술적 활동에 깊은 관심을 보인 북학파들은 중국 너머에 존재하는 서양을 강력하게 의식하면서, 또한 네덜란드를 통해 서양과 교류하는 일본에 대해서도 일정한 이해를 표시하였다. 요컨대 북학파는 중화체제의 바깥을 사유하게 되었던 것이다. 바로 이와같은 반중세적 근대성으로 말미암아 북학파는 특히 19세기 세도정권에 의해 탄압받았는데, 개화파는 나라의 위기에 직면하여 북학파를 재평가, 그 실천적 계승을 모색하였다.

마침내 위정척사적 대원군정권이 몰락하고(1873) 서양의 대리자 일본에 의해 조선이 개국하는(1876) 극적인 변화 속에 개화파는 고균(古筠) 김옥균(金玉均)을 영수로 하는 급진파와 운양(雲養) 김윤식(金允植)을 중심으로 한 온건파로 분기한다. 양자가 모두 위로부터의 근대화 코스를 취한 점은 동일했음에도 그 구체적 방법론을 둘러싸고 미묘한 대립을 노정하기에 이르렀으니, 후자가 양무적(洋務的)이라면 전자는 변법적(變法的)이었다. 양무론이 중세체제의 틀을 일단 인정한 위에 서양의 과학기술을 받아들이는 동도서기(東道西器)에 서 있다면, 변법론은 '서기' 즉 서양의 기술력의 바탕이 되는 서도(西道)에 입각, 중세체제의 변혁을 추구한다. 요컨대 온건개화파는 청의 양무모델을, 급진개화파는 일본의 유신모델을 지향했던 것이다.

개국의 불가피성을 수용하면서 서양의 기술적 우위를 체제 안으로 끌어들이려는 지향, 곧 동도서기는 일본의 화혼양재(和魂洋才), 중국의 중체서용(中體西用)과 비견된다. 이는 서양의 충격에 대응하는 위정척사 다음의 두번째 사상적 유형인데, 서양의 재주를 그릇으로 활용하여 체제를 보위하고자 하는 지배층의 저강도전략이라고 볼 수도 있다. 이때 서양의 기예는 위기의 체제를 보완하는 보약에 한정되는 것이기에 이 흐름에서 체제의 이데올로기적 담지자인 유교는 지켜야 할 불변의 길이요 줏된 몸체로 굿굿하기 마련이다. 유교와 서양기술의 기이한 동거가 출현한 것이다. 그런데 동거는 필연 양자 사이에 미묘한 작용을 미치게 되는바, 주체인 유교 또는 그에 기초한 체제 또한 점진적 변형단계에 들어서는 것이다. 청일전쟁(1894)의 패배 속에서 중국지식인들은 중체서용의 양무를 변법으로 대체한다. 서양의 기술적 우위가 민주주의라는 정치체제에 기반한 것이라는 깨달음에서 중체의 변혁을 기도하는 제3의 유형, 즉 변법파가 흥기한 것이다. 조선의 경우, 양무적 동도서기파(온건개화파)와 체제변혁적 변법파(급진개화파)가 차례로 등장했다기보다는 거의 동시에 발생하여 갈등했다. 가령 후자가 중심이 된 갑신정변(1884)에서 전자는 오히려 이 쿠데타를 진압하는 데 앞장섰다면 정변이 실패한 지 10년후 온건개화파 중심으로 단행된 갑오경장(1894)에서는 양자의 내부경쟁과 일본의 압박이라는 조건으로 아관파천(1898)의 반동을 초래하고 말았다. 이미 지적했듯이 양파의 경쟁은 한반도에 대한 영향력을 다투는 청일의 구도와 일정하게 조응하는 것이다. 다시 말하면 양파의 대립은 궁극적으로 지배층 내부의 교체서사이거니와, 바로 이런 조건에서 양파의 사상 또한 유교라는 텍스트 바깥으로 돌출하는 일은 벌어질 수가 없는 것이다. 중국의 변법파가 유학의 전면적 부정이 아니라 유교를 가톨릭에 비정되는 공자교로 재창안했듯이, 한국의 온건개화파는 물론이고 메이지유신을 모델로 한 급진개화파조차 유교는 지울 수 없는 강력한 기억, 아니 너무나 생생한 현재였다.

이와같은 상층의 동향 바깥에서 민중적 혁명파가 자라났다. 최제우(崔濟愚)가 창도한 동학(東學)은 그 주된 이념적 기초로 되었다. 영불연합군에 의한 뻬이징 함락이라는 미증유의 사건이 발생한 1860년 창건되어 조선민중 사이에 급속하게 전파된 동학은 이름에서부터 서학(西學) 즉 천주교를 강렬히 의식하였다. 동학은 명백하게 천주교를 앞세운 서구의 침략을 반대하는 반서구주의를 내걸었던 것이다. 그런데 흥미로운 것은 일본에 대한 경계도 더욱 날카롭다는 점이다. 메이지유신(1868) 이전임에도 불구하고 이미 최제우는 왜양일체(倭洋一體)를 통찰했으니, 일본이 서양을 대리하여 아시아 침략자로 변신할 것을 짐작했다. 요컨대 근대일본을 동아시아의 일원이 아니라 준서양세력으로 간주한 것이다. 서양은 물론이고 탈아입구(脫亞入歐)한 일본에 대해서도 경고를 발동한다는 점에서 동학은 위정척사와 상통하는 면이 없지도 않다. 그러나 동학은 조선의 낡은 주자주의 또는 그에 기초한 낡은 정치체제를 지키고자 하지 않았다. 아니 그 개벽(開闢) 즉 그 근본적 변혁을 꿈꾸었다. 유불선 삼교를 비판적으로 계승할 뿐 아니라 기독교조차도 일정하게 섭수함으로써 후천시대의 새 종교를 창발했으니, 후에 3세교주 손병희(孫秉熙)가 간명하게 요약했듯이, 그 핵심은 인내천(人乃天, 사람이 곧 한울) 석자에 있다. 하느님을 사람 바깥의 외재적 존재가 아니라 사람 내부의 존재로 파악함으로써 동학은 계급적·성적(性的)·인종적 차별을 넘어서 만민평등에 기초한 민중적 유토피아의 실현을 내다봤다. 이 때문에 정부의 탄압으로 최제우가 처형되었음에도 불구하고 동학은 자기구원의 강렬한 형태로 조선민중 사이에 요원의 불길처럼 번져갔다. 동학은 정녕 서양의 충격에 대응한 동아시아 종교개혁운동의 가장 흥미로운 모델의 하나가 아닐 수 없다. 유교와 직간접으로 연결된 위정척사, 동도서기, 변법과 달리 아래로부터의 변혁 코스를 보인 동학은 유교와 가장 날카로운 대각을 구성함에도 불구하고 유교의 자장 바깥에 존재한다고 여기기는 어렵다. 현실 바깥의 초월적 존재를 인정하지 않으면서 근본적 변혁을 꿈꾸는 동학사상을 그 내측에서 살피면 현실 안에서 현실 넘어서기를 기투하는 유교의 근원적 일원론과 호응하는 바가 없지 않음을 깨닫게 된다. 요컨대 동학과 유교도 연속과 비연속의 균형 속에 파악해야 그 진면목에 다가설 수 있는 것이다.

이 흐름들이 갑오년(1894)이라는 포인트에서 폭발한다. 동학교단을 중심으로 한 민중적 혁명파가 농민전쟁의 형태로 봉기하면서, 역부족인 민씨정권이 청군을 불러들이자 그를 빌미로 일본군이 진출하여 청일전쟁이 발발, 일본이 승리함으로써 조선은 유구한 중화체제로부터 탈각하고, 일본의 후원 아래 온건개화파가 집권(갑오경장), 위로부터의 근대화를 추진하였다. 연합의 가능성이 없지 않았던 개화파정권과 농민군이 일본이라는 변수 속에서 결국 비극적 대결의 길을 걷게 되자 마침내 농민군은 파멸하고 개화파정권도 2년 만에 붕괴했다.

그런데 이 파멸과 붕괴의 드라마는 계몽주의의 대두를 촉진하였다. 계몽파는 물론 개화파의 후신이다. 그럼에도 개화파와 일정하게 차별된다. 소수의 급진적 엘리뜨를 중심으로 권력을 탈취하여 위로부터의 근대화를 밀어나가는 기존 개화파와 달리, 계몽주의자들은 근대국가의 영혼과 육체인 국민을 찾는 지적 모험에 투신하였던 것이다.

4. 『서유견문』, 국한문체 계몽주의의 기원

개화파에서 계몽파로 이행하는 시대의 넋을 대표하는 흔적은 무엇일까? 각기 국한문체와 한글체의 초창기를 대표하는 구당(矩堂) 유길준(兪吉濬)의 『서유견문(西遊見聞)』(1895)과 송재(松齋) 서재필(徐載弼)의 『독립신문』(1896~9)이 우선 뚜렷하다. 두 문체의 대립은 단순한 문자생활의 문제가 아니라, 근대 조선의 미래상을 둘러싼 것인데, 입헌군주제를 모델로 한 전자가 미국식 민주주의를 은연중 꿈꿨던 후자보다 동도(東道) 또는 유교에 대한 친밀도가 상대적으로 높다고 할 수 있다. 전자를 국한문체 계몽주의, 후자를 한글체 계몽주의로 명명할 수도 있을 터인데, 또한 유길준과 서재필의 정치적 후계자로 안창호(安昌浩)와 이승만(李承晩)을 상정할 만한 점도 흥미롭다. 독립협회를 축으로 긴밀한 관계를 보이는 서재필-이승만에 대해 유길준-안창호는 홍사단(興士團)이 매개다. 유길준은 1907년 11월 홍사단을 설립, 그 부단장에 취임하였고, 안창호는 1913년 5월 쌘프란시스코에서 그 오마주로서 같은 이름의 단체를 창립하였으니, 안창호는 유길준의 후계적 위치에 선다고 보아도 좋을 것이다. 유길준과 서재필이야말로 유교적 교양이 근대와 만나면서 분기하는 흥미로운 두 경로들을 보여주는 우리 계몽파의 두 거울인데[4], 나는 여기서 구당의 『서유견문』을 중심으로 이 문제를 에둘러 살펴보고자 한다.

『서유견문』은 1895년 토오꾜오 코오준샤(交詢社)에서 간행되었다. 이 단체는 후꾸자와 유끼찌(福澤諭吉)가 케이오오(慶應) 졸업생들을 중심으로 "지식을 교환하고, 세무(世務)를 자순(諮詢)하는" 것을 목표로 1880년에 조직한 일본 최고(最古)의 사교기관이다.[5] 구당은 케이오오와 각별한 인연이다. 1881년 봄 어윤중(魚允中)의 수행원으로 신사유람단에 합류하여 도일한 그는 그해 6월 최초의 일본유학생으로 이 대학에 입학하여 이듬해 12월 임오군란(壬午軍亂)으로 귀국하기까지 후꾸자와의 훈도를 받았던 것이다. 그렇다고 이 책이 특별히 일본을 의식하고 있다는 뜻은 아니다. 외려 일본에서 발행되고 일본에서 인쇄된 책임에도 불구하고 표지에 "개국사백구십팔년(開國四百九十八年)"이라고 우리 연호를 밝혔다. '개국498년'은 1889년인데, 개국연호를 쓰기 시작한 것은 갑오경장 이후니까 사실 이 연호는 역산(逆算)에 의거해서 구당이 붙인 것이다. 일본에서 출간하면서 독자적인 연호가 없음을 민망히 여긴 것인가? 1889년은 원고가 완성된 해이고, 출간된

---

4) 졸고 「한국문학의 안과 밖」(2000), 『문학의 귀환』, 창작과비평사 2001, 104~106면.
5) 『交詢社百年史』, 財團法人交詢社 1983, 3면.

해 1895년은 간기에 밝혔다. 간기(刊記)에는 "개국오백사년(開國五百四年)"이라는 우리 연호와 "명치이십팔년(明治二十八年)"이라는 일본 연호를 차례로 붙였다. 우리 연호를 어디까지나 앞장세우는 그의 고민이 우러난 대목인데, 그럼에도 무슨 연유로 이 책은 조선이 아니라, 메이지 연호를 단 채 일본에서 간행되었을까?

그 서문을 찬찬히 읽어보자. 서문은 크게 두 부분으로 구성되는데, 전반이 집필경위라면 후반은 국한문체의 변이다. 먼저 앞부분을 보자. "신사년(辛巳年, 1881) 봄에 내가 동으로 일본에 놀아 그 인민의 근려(勤勵)한 습속과 사물의 번식(繁殖)한 경상을 보매 홀로 헤아리던 바 아니러니 급기야 나라 가운데 다문박학(多聞博學)의 선비를 따라 논의 창수(唱酬)하는 제에 그 뜻을 움키고 새로 본 기이한 문장의 책을 읽어 반복 심구(審究)하는 사이에 (…) 그 베푼 규확(規矱)이 태서(泰西)의 풍을 모방한 것이 열의 여덟아홉을 차지하니 (…) 근래 구미 여러나라와 조약을 정하여 맺은 뒤로부터 (…) 그의 장기를 취하며 규제(規製)를 좇음으로 30년간에 이처럼 그 부강을 이룸이니 그런즉 붉은 털 푸른 눈의 재예와 견식이 다른이에 지나친 자가 반듯이 있음이오 내가 옛날 헤아리던 바 같이 순연한 만종(蠻種)에 그치지 아니함이라."[6] 서문을 여는 윗글에는 견문이 그 경험 이전의 견해를 수정하는 인식의 절차가 평담하게 드러난다. 그는 신사유람단의 일원으로 도일하기 전에 이미 환재의 지도 아래 해외사정을 짐작하고 있었지만 메이지 일본이 그처럼 부강할 줄은 몰랐던 것이다. 그는 보고 듣는〔見聞〕직접적 경험에 매우 수용적이다. 경험이 기존의 견해를 배반할 때 경험 그 자

---

[6] 『俞吉濬全書 1』(일조각 1996)에 수록된 『서유견문』 영인본, 「서」, 1면. 허경진 역본(한양출판 1995)을 참고하여 이 영인본에서 필자가 번역함. 이하 『서유견문』 인용은 이 책의 면수만 표시함.

체를 완고하게 부정하기 십상인데, 특히 일본이 대상으로 되면 그 경향은 더욱 심한 편이다. 그런데 그는 메이지 일본의 장관 앞에서 일본과 일본인을 새로이 본다. 그런데 그 겉모습에 빠지지 않고 그 원본을 알아차린다. 그는 메이지 일본에서 서양을 보았다. 그럼에도 직접 견문을 통해 검증한 것이 아니기 때문에 서양인을 만종으로 보는 기존의 견해가 틀릴 수도 있다는 정도에서 인식론적 협상을 마무리한다. 그가 이처럼 단계를 정확히 밟아나가는 건실한 경험론자가 될 수 있었던 이유는 무얼까? 조선도 서양을 배워 부강을 이룩한 메이지 일본을 따라잡아야 한다는 구당의 비원이 너무도 간절했기 때문인가. 그리하여 임오년(1882) 여름 그는 견문기의 1차초고를 구성한다(1면). 그런데 이 초고를 계미년(1883)에 그만 분실하고 만다(2면).

이렇게 일본의 경험을 바탕으로 한 1차초고를 망실한 뒤 그는 운미(芸楣) 민영익(閔泳翊)의 수행원으로 견미사절단에 합류하여 계미년 7월 미국 시찰길에 오른다. 일본유학 때와 마찬가지로 이번에도 사절단 귀국 이후 미국에 남아 최초의 미국유학생이 되는 것이다. 대원군정권이 붕괴하면서 성립한 최후의 세도정치 민씨정권의 핵심인 운미는 기실 구당의 일본유학도 주선한 바 있으니, 구당의 두 차례 유학이 모두 운미의 후원에 힘입고 있다는 사실을 기억할 필요가 있다. 구당은 "마사주(磨沙州, Massachusetts) 학문대가 모씨(毛氏)"의 문하에 투신한다(3면). 모씨는 모스(Edward Sylvester Morse)박사, 토오꾜오대 초대 동물학 교수로 취임, 다윈의 진화론을 일본에 처음으로 소개한 학자다. 그는 일본에 세차례 체류했다. 1877년 6월~11월, 1878년 4월~1879년 9월, 1882년 6월~1883년 2월,[7] 그러니까 구당과 모스의 일본체류가 겹치는 때는 세번째인데[8], 당시 구당이 모스를 직접 만났을 것 같지는 않다. 아마도 일본에서 모스의 명성이 높았기 때문에 구당이 모스를 인지하고는 있었을 것이다. 미국에서 구당을 모스에게 직접 연결한 인물은 사절단의 안내역으로 활약한 퍼시벌 로웰(Percival Lowell)이다.[9] 조미수호조약 체결(1882)에 대한 답방으로 보빙사절이 도미할 때 이 일을 주선한 로웰은 사절단과 함께 조선으로 와(1883년 12월) 겨울 한철을 보내고 귀국하여 날카롭지만 따듯한 견문록 『조선, 조용한 아침의 나라(Chosön The Land of the Morning Calm)』(하바드대출판부 1885)를 출간하였다. 뛰어난 천문학자 로웰은 동아시아, 특히 조선과 일본에 매료된 미국인이다. 구당의 미국유학이 로웰과 모스라는 동아시아통 미국지식인들과 연계되어 이루어졌다는 점 또한 각별히 기억할 일일 것이다.

두 미국인의 인도로 "합중국의 문물주인"(3면)이라 칭하는 매써추쎄츠에서 서양의 고갱이에 접한 그는 "학교의 제도를 탐구하여 교육하는 깊은 뜻을 엿보고 농업·공업·상업의 일을 살펴 그 부성(富盛)한 경황과 편리한 규모를 궁구하며 무비(武備)·문사(文事)·법률·부세(賦稅)의 여러 규칙을 찾아 물어 그 나라 정치의 요점을 이해"(4면)하는 작업에 몰두하게 된다. 그리하여 "들은 것을 기록하고 본 것을 베끼"는 작업을 거듭한 끝에 2차초고 "한질을 만들"었던 것이다(4면).

그러나 이 초고의 운명도 순탄치 않았다. 갑신정변으로 또다시 학업을 중단하고 귀국한 그는 당시 포도대장 강석(江石) 한규설(韓圭卨)의 집에 연금된다. 다행히 강석의 호의로 2차초고를 정리할 수 있게 되었으니, 그때가 "정해년(1887) 가을"이었다. 그런데 2차초고 가운데 "그

---

7) http://www.lib.u-tokyo.ac.jp/tenjikai/tenjikai97/morse.html
8) 구당은 1881년 1월 일본에 가, 이듬해 12월 임오군란으로 학업을 중단, 급거 귀국한다. 「유길준선생년보」, 『유길준전서 5』, 391~92면.
9) 정용화 『문명의 정치사상: 유길준과 근대한국』, 문학과지성사 2004, 76면.

태반이 산실하여 (…) 남아 있는 것을 집찬하며 이미 잃은 것을 증보하여 20편의 저서로 완성"한다. 드디어 『서유견문』이 완정된 것이다. 때는 기축년(1889), 이 책의 표지에 나오는 '개국498년'이 바로 이 해다. 어려운 과정을 거쳐 정리된 원고가 왜 6년 뒤 일본에서 출간되었을까? 갑오경장 때에야 그가 비로소 복권된다는 점을 고려할 때, 그 이전에는 출간할 형편이 되지 못함을 이해할 수 있다. 그는 1894년 "9월에 일본에 출사(出使)하야 10월에 복명(復命)"한다.[10] 이 일본방문길에 이 책의 일본출판 교섭이 이루어졌을 터인데, 경장내각의 개혁작업에서 우이(牛耳)를 쥐고 있던 시기에도 왜 그는 일본출판을 추진했을까? 초고의 기구한 유전을 염두에 두건대 이 책을 보호하려는 의도인가. 과연 이듬해 아관파천으로 경장내각이 붕괴하면서 그는 다시 긴 일본 망명길에 오르고 『서유견문』은 금서로 묶인다. 이 용의주도함이 이 견문기를 살려낸 것이다.

그는 과연 동도서기론자(東道西器論者)인가, 서도서기론자(西道西器論者)인가? 일견 전형적인 서도서기론자로 보인다. 메이지 일본과 매써추쎄츠 미국을 본으로 삼아 조선을 열국체제 속에서 자주독립하는 부강한 나라로 들어올리려는 그의 정치적 꿈은 서구적 근대주의에 근사하기 때문이다. 그는 사실 일종의 보편주의자다. "지구가 선전(旋轉)하는 연유로 추상(推想)한즉 우리의 이때 삼키고 토하는 공기를 조금 뒤에 구미주인(歐美洲人)이 호흡할 것이며 또 고금의 일여(一如)한 이치로 말한즉 백천년 이전 성현호걸이 토하고 삼키든 것을 또한 우리가 오늘 이따에 앉아 호흡을 하지 않는지 누가 알게 되리오."(8면) 그는 동양/서양의 공간적 분할과 고/금의 시간적 분리를 '일여의 지평'에

---

10) 兪萬兼 「先親略史」, 『全書 5』, 364면.

서 해체한다. 이 새로운 지평에서는 전설적 과거에 존재했다고 여겨지는 황금시대의 잉여로서 오늘을 은연중에 낮추는 전통적 상고주의는 설 자리를 잃게 된다. 현재가 작동 가능한 생생한 기계로 살아나면서 불변의 동도 역시 아우라를 상실할 밖에 없다. 그럼 그는 동(東)=고(古)를 스스로 비하하는, 서양에 대한 맹목적 추종자인가? 그렇지는 않다. "구미 양주의 제국(諸國)이 아주(亞洲)의 제국에 비하여 백배로 부강한 사유니 (…) 정부의 제도와 규모가 다름이 있음으로 저와 같은 차등이 생김이어늘 만약 사람의 재지(才智)에 층급이 있다 이르면 이는 결단코 그러하지 않으니 아주의 황색인이 구미 양주의 백색인과 비교함에 그 천질(天質)의 미치지 못함이 없음은 분명한 것이라."(148면) 그는 현재 구미가 아시아보다 선진임을 승인하지만 그를 인종이라는 천부적 자질 탓으로 돌리는 데 견결히 반대한다. 다시 말하면 정부와 인민의 공치(共治)가 결여된 아시아 전제정치가 현재의 동서양 격차를 낳은 결정적 원인이라는 진단이다. "아주의 대국이 구주의 소국에게 업신여김을 당하며 치욕을 받는"(150면) 이 궁지에서 벗어나려면 황색인도 하루빨리 공치의 제도를 도입해야 한다는 것, 그는 분명 완고한 동도론자가 아니다. 군주와 인민이 공화(共和)하는 입헌군주제의 실현[11]을 통해 조선을 삼엄한 열국체제 안으로 간신히 연착륙시키고자 고군분투하였던 것이다.

그럼 그의 정치사상 속에 동=고, 즉 유학사상은 작동을 멈추었는가? 이미 지적했듯이 그는 동을 본체로 서를 오로지 기(器)로만 파악하는 운양 같은 양무론자는 아니다. 구당에 대한 뛰어난 통찰을 보여

---

11) 최초의 미국유학생 구당은 미국의 부강에 찬탄을 금치 못함에도 미국식 대통령제를 반대한다.『서유견문』, 139면.

준 정용화는 "유길준의 개화론에서 유교는, 비록 그 가치가 포기되지 않았지만, 서구문명을 중심(主)으로 한 가운데 보조적인(從) 것"12)이라고 지적함으로써 그를 서도동기론자로 지목하였다. 과연 그에게 동은 서라는 체(體)에 대한 용(用)에 지나지 않는 것인가? "임금은 그 아비요 인민은 그 아들이라"(198면)는 문장을 따 그 반론으로 삼지는 않겠다. 군주제가 엄연히 존재하는 당시, 더구나 임금의 마음을 움직여 개혁을 추동하려는 현실주의적 접근을 중시하는 그에게 군주를 높이는 이런 종류의 언사들을 일종의 외교적 수사로 묻어둘 수도 있다는 점을 감안해야 한다. 그럼 그의 언설에서 유교적인 것은 속셈을 위장하는 방패에 지나지 않는가? 그런데 그의 모든 논의구조에서 유교적인 것은 너무나 일관되게 근본 바탕을 이루고 있다. 가령 『서유견문』에 나오는 유명한 논설 「개화의 등급」을 잠깐 보자. "오륜의 행실을 순독(純篤)히 하여 사람이 도리를 안즉 이는 행실의 개화며 사람이 학술을 궁구하여 만물의 이치를 밝힌즉 이는 학술의 개화며 국가의 정치를 정대히 하여 백성이 태평한 낙이 있는 것은 정치의 개화며 법률을 공평히 하여 백성이 원억한 일이 없는 것은 법률의 개화며 기계의 제도를 편리히 하여 사람의 용을 이롭게 한 것은 기계의 개화며 물품의 제조를 정긴(精緊)히 하여 사람의 생을 두터이 하고 궁색한 일이 없는 것은 물품의 개화니 이 여러 조목의 개화를 합한 연후에 개화를 구비한 것이라 비로소 이를지니라."(375~76면) 학술의 개화, 정치의 개화, 법률의 개화, 기계의 개화, 물품의 개화, 이 모든 개화, 즉 물질의 개화 앞에 행실의 개화 즉 정신의 개화가 서는데 이는 오륜에 기초한 사람다움의 연마, 즉 유교적 교양에 다름아니다.

---

12) 정용화, 앞의 책 135면.

동아시아 전제정치를 안에서 받치는 유교적 교양을 오히려 물질개화의 근본바탕으로 삼는 그의 태도는 사실 문제적이다. 그런데 먼저 확인할 것은 그가 전제정치의 옹호자가 아니라 그 개혁자라는 점이다. 그럼에도 왜 그는 오륜에 기초한 '행실의 개화'를 불변의 인간적 도리로 확인하는 것일까? '행실의 개화'가 단순히 전통적 유교교양의 반복이 아니라는 데 유의할 필요가 있다. 그는 「인민의 권리」에서 "사람의 사람되는 권리는 각기 사람을 따라 각기 일정한 것이 있다"는 차별론에 반대하고, "사람 위의 사람도 없고 사람 아래 사람도 없으니 천자도 사람이오 필부도 또한 사람"이라는 '일여의 지평' 아래 "사람의 사람되는 이치는 천자로부터 필부에 이르러 호리(毫釐)의 차수(差殊)가 없"다고 선언한다(114면). 다시 말하면 사대부의 계급교양인 인간다움의 연마를 전인민적 덕목으로 열어놓았던 것이다. 전통사상 가운데 오로지 유학만을 특권화한 것은 한계지만 유학을 일종의 국민주의로 재구축하려는 구당의 현실주의가 오히려 빛난다. 이 점에서 그는 서도동기론자가 아니다. 어쩌면 가장 근본적인 의미에서 동도론자일지도 모른다. 바로 이 지점에서 국민개사론(國民皆士論)에 입각한 흥사단 결성이 맹아한 것인데, 중세적 선비(士)를 근대적 국민(nation) 형성의 추동력으로 재창안하려는 구당의 동도론은 한 절정에 이르는 것이다.

서문의 뒷부분은 국한문체를 위한 변호에 할애된다. "아문과 한자를 혼집(混集)하여 문장의 체재를 꾸미지 않고 속어를 힘써 사용하여 그 뜻[意]을 전달[達]하기로 줏대를 삼으니"(5면), 여기서 우선 주목할 점은 '아문(我文)과 한자(漢字)'라는 용어다. 언문(諺文, 상말)으로 낮추어졌던 한글을 '우리글'로 높이고 진서(眞書)로 높여졌던 한문을 '한자'(중국글)로 상대화하였다. 한글이 '아문'이라는 국민주의적 의식에도 불구하고 왜 그는 국한문체를 택했는가? 한문체를 버린 것에 대해 벗이 은근히 조롱하자, 그는 한걸음 더 나아가 국문체로 기술할 수 없는 현실을 개탄한다. "아문은 즉 우리 선왕조의 창조하신 인문이오 한자는 중국과 통용하는 것이라 나[余]는 오히려 또 아문을 순용(純用)하기 불능함을 부끄러워하노니"(6면)가 그것이다. 왜 국문체가 당시로서는 불능이라고 판단했을까? 아마도 창제 이후 곧, 주로 여성과 평민의 문자로 떨어진 국문체라는 주변을 갑자기 중심으로 삼을 때 발생할 수 있는 여러 낙차를 고려한 것일 터다. 이 근본적 지점에서 그는 한문체를 비판하고 국한문체의 불가피성을 역설한다. "외인(外人)의 사귐을 이미 허락함에 국중인(國中人)이 상하, 귀천, 부인, 아이를 무론하고 그의 정형을 부지(不知)함이 불가한즉 졸삽(拙澁)한 문자로 혼륜(渾圇, 줄거리없음)한 설어(說語)를 만들어 정실의 어긋짐이 있기로는 창달한 사지(詞旨)와 천근(淺近)한 어의(語意)를 의지하여 진경의 상황을 드러내는 데 힘씀이 가하니."(6면) 그는 '졸삽한 문자/혼륜한 설어'의 한문체에 대해 '창달한 사지/천근한 어의'의 국한문체의 실용적 우위를 확인하면서, 국문체와 한문체의 양변을 횡단하는 국민주의의 새로운 담지체로서 국한문체라는 중용 또는 시중(時中)의 길을 선택한 것이다. 그런데 이 선택을 불가피하게 하는 객관적 정황이 바로 '외인의 사귐을 이미 허락'한 것, 다시 말하면 약육강식의 자본주의 세계시장에 조선이 노출되었다는 것, 이 사오나온 정글에서 살아남기 위해서는 '상하, 귀천, 부인, 아이를 무론'한 국민주의적 총동원이 절실히 요구된다는 것, 총동원이 실답게 이루어지기 위해서는 계몽과 자기계몽의 선순환를 보장하는 창달하고 천근한 새로운 문체, 요컨대 뜻을 분명히 전달할 수 있는 국한문체가 당시로서는 최선임을 강력히 변증하는데, 사달(辭達)이 유교문학사상의 핵심이라는 점에 주목해두자.

 이 새로운 국한문체는 어디에서 유래한 것인가? 그는 "우리나라 칠서언해(七書諺解)의 법을 대략 효칙(傚則)"(6면)했다고 밝혔다. 한문 원전을 더 잘 독해하기 위해 '언문'을 토로 사용한 언해문체는 한문이 주(主)고 언문이 종(從)이라는 점에서 『서유견문』의 본이 되었을 법하다. 후꾸자와 유끼찌의 『세이요오지조오(西洋事情)』와 비교한 이병근은 "국한문혼용의 세부적인 방식은 『西洋事情』을 비롯한 일본의 방식을 따랐다"고 지적한다.[13] 그러니까 구당의 새 문체의 원천을 내재적인 칠서언해보다는 외재적인 『세이요오지조오』에 둔 것이다. 아마도 그럴 터이다. 새 문체의 구체적인 운용은 후꾸자와 방식에서 자연히 우러나왔겠지만 일본의 본에 그처럼 수용적일 수 있는 바탕에 전통적 현토체(懸吐體)에 대한 낯익음이 자리잡고 있었다고 하겠다. 더구나 유교의 핵심경전, 칠서는 구당에게는 몸에 각인된 강력한 아비투스가 아닌가. 일본은 물론이고 구미의 문물을 궁구할 때마다 칠서는 단지 언해의 법으로서만 아니라 그것을 비추는 마음 속의 거울이 되었던가? 이 점에서 「서유견문비고(備考)」에 나오는 한 대목은 극히 시사적이다. "본서가 내가 서유(西遊)한 배 견문한 것을 기록함이나 혹 우리의 현존한 사실을 논의첨보(添補)한 것은 피아(彼我)를 서로 비교하기를 위함이오 혹 경사자집(經史子集)의 구어(句語)를 인용한 것은 피아가 서로 합한 의의를 취함이라."(3~4면) 서양의 문물을 경사자집이라는 거울 앞에 세워놓고 그 어느 한쪽으로 기울지 않는 앨쓴 균형을 견지하는 구당의 놀라운 현실주의가 국한문체의 실험으로 현현되었던 것이다. 동/서의 마주섬에서 동이 서를 배타하는 것이 한문체요 서가 동을 집어삼킨 것이 국문체라면 동과 서가 최소한의 긴장을 놓지 않으면

---

13) 李秉根 「유길준의 어문사용과 서유견문」, 발제집 『서유견문의 종합적 검토』, 진단학회 1999, 73면.

서 진지한 대화를 견지하는 것이 국한문체라고 해도 좋다.

물론 나는 오늘날에도 『서유견문』식의 사유내용이 여전히 전적으로 유효하다고 여기는 것은 아니다. 국한문체 가운데서도 가장 고색창연한 그 문체는 이미 낡디낡은 것이 돼버렸다. 세계화의 파고 속에 국한문체의 주변으로만 돌던 국문체 또는 한글체의 승리가 이제 확고해진 세월이다. 그런데 영어의 내습을 동반한 한글체의 승리가 거꾸로 우리 어문 자체의 위기를 야기한 반어를 상기할 때 유길준을 다시 생각하게 된다. 일본과 구미의 근대에 대해 당대 누구보다도 통투했던 구당이 맹목적 근대주의 또는 반동적 전통주의로 탈주하지 않는 동시에, 동도서기 또는 서도동기 식의 위계적 양분법에 기초한 평범한 절충주의로 떨어지지 않고, 일여의 지평에서 동과 서의 상합(相合)을 꿈꾸되, 불가피하게 또는 자연스럽게 동의 위치에서 그를 추구했다는 점이야말로 귀중하다. 근대와 유교, 또는 근대문학과 유학사상이 한반도의 간난한 역사를 통과하면서 그려낸 울퉁불퉁한 길항의 흔적들 가운데 그 초입의 장관을 보여준 구당 유길준의 지적 모험은 서도의 황혼에서 인류의 오늘을 밝힐 세계형성의 새로운 원리를 탐구하고자 하는 동아시아 한국의 지식인들에게 여전히 새롭다.

주변, 국가주의 극복의 실험적 거점

동아시아론 보유(補遺)

1. 동북아와 동아시아

나의 '동아시아론'은 한반도를 축으로 삼아 동아시아를 하나의 분석단위 또는 사유단위로 설정하는 곳에서 출발한다. 통상적으로 말하면 동아시아는 동북아시아와 동남아시아를 포괄하는 지역을 지칭하는 이름이다. 그럼에도 현상적으로 '동아시아론'은 한반도(남과 북)·중국·일본을 핵으로 하는 동북아 중심에 머물러 있다. 이론적·실천적 역량의 한계에 말미암은 이 불가피한 머무름은 마땅히 타개되어야 할 것이기에 나는 '동북아' 대신에 '동아시아'를 선호한다. '동아시아'라는 이름의 선택을 통해서 나는 세계지도의 완성과정에서 서구가 구획한 동북아와 동남아의 경계를 일정하게 교란하는 한편, 동아시아론이 동북아중심주의로 경사하는 것을 예방하는 이중효과를 기대한다. 동아시아론이 지역주의와 제휴한 일종의 (황)인종주의로 제한되어서는 '대동아공영권(大東亞共榮圈)'의 전철(前轍)을 다시 밟을 위험이 적지 않기 때문이다. 동아시아는 결코 이 지역을 구성하는 개별 국가들의 합이 아니다. 따라서 동아시아론은 이 지역을 매개로 세계체제의 모순이 착종하는 각종 심급(審級)의 관계를 실천적으로 사유하는 것을 담론의 기초로 삼을 것이다.

이 점에서 동아시아의 정회원(正會員)이라고 보기 어려운 러시아와 미국을 비껴갈 수 없다. 아니 이 '초대받지 않은 손님'들이야말로 동아시아의 '숨은 신'들이다. 사실 러시아는 비록 제국주의적 팽창의 결과이기는 하지만 이미 동북아와 접경을 이룬 지 오래여서 정회원에 준한다고 볼 수도 있다. '20세기 사회주의' 붕괴 이후 러시아의 영향력이 이 지역에서도 축소되었지만 극동에 막강한 군사력을 보유하고 있다는 점[1]에서, 또한 최근 유럽과 아시아의 가교로서 자신의 국가적 미래를 투사하고 있어 더욱이 면밀한 고찰대상이 아닐 수 없다. 미국의 경우는 한층 미묘하다. 미국은 이 지역과 국경으로 접하고 있지 않기 때문에 엄밀히 말하면 동아시아국가가 아니다. 그럼에도 유일패권국으로서 그 영향력은 이 지역에서도 여전히 막강하다. 한국과 일본에 주둔하는 미군의 현전(現前)을 바탕으로 미국은 이 지역 곳곳에 마치 유령처럼 스며 있다. 부시의 등장 이후, 특히 9·11테러(2001)를 계기로, 해체의 길을 더듬어가던 한·미·일 삼각동맹의 복구를 서두르고 있어 제국의 추이가 더욱 주목되는 것이다.

---

[1] 극동러시아의 군사력은 육군이 16사단 약 11만명, 해군이 3백여척 80만톤, 공군이 680여대다. 주한미군과 주일미군을 합쳐 5만 7천명이라는 지표만 비교해도 이 지역의 러시아군사력의 크기를 짐작할 수 있다.『동아일보』2003. 7. 8.

동북아라는 이름을 자제하는 이유가 또 하나 있다. 베트남의 존재다. 베트남은 동남아국가지만 여타 동남아국가들과는 일정하게 차별된다. 아다시피 동남아시아는 불교와 힌두교의 발신자이자 회교의 중개자인 인도문명권과 깊은 관계를 맺고 있어 중국문명권의 공유재인 유교의 영향이 거의 없다고 보아도 좋다. 물론 이 지역에 편재하는 화교(華僑)사회가 유교의 온상이지만 그 집단은 어디까지나 이 지역의 정치적 소수자에 지나지 않는다. 개혁·개방 이후 부상하는 중국의 존재감 속에 화교의 영향력이 싱가폴을 중심으로 최근 더욱 강화되곤 있지만 그것이 이 지역의 지표를 바꿀 정도인지는 의문이다. 이 점에서 유교적 원리가 일정하게 작동하는 베트남은 각별하다. 소승불교가 지배하는 동남아에서 유독 베트남에서만 대승불교가 성행한다는 점에서도 베트남은 동남아에 위치하지만 동북아적 특성을 공유하고 있는 것이다. 왜 그런가? 조선과 일본이 전통적인 중화체제의 동쪽 주변을 구성했듯이[2] 베트남은 그 남쪽 주변을 이루고 있었기 때문이다. 한반도가 중국의 동북쪽 관문이라면 베트남은 그 농남쪽 입구다. 한반도와 베트남의 연동성은 2차대전 직후 냉전의 예고 속에서 양자 모두 분단된 사실에서도 드러나거니와, 두 지역이 앞서거니 뒤서거니 국제적 내전의 포화 속으로 빨려들어간 데서 더욱 분명해진다. 중국혁명 성공(1949)의 여파로 한반도에서는 한국전쟁(1950~53)이 발발하고, 인도차이나전쟁(1946~54)에서 베트남의 우위가 결정된다. 2차대전 후 남베트남에 다시 진주한 프랑스에 대항하여 일어선 베트남은 마침내 1954년

---

[2] 일본이 전통적인 중화체제의 동쪽 주변인지에 대해서는 이의를 제기하는 설이 없지 않다. 확실히 섬이라는 그 지정학적 위치 덕분에 일본은 조선과 달리 중화체제의 귀속이 유연했다. 그럼에도 일본이 중화체제의 바깥에 있었다고는 보기 어렵다는 점에서 나는 근대 이전의 일본도 중화체제 안에 있었다고 판단한다.

디엔비엔푸에서 결정적 승리를 거머쥔다. 프랑스에 이어 베트남에 개입한 미국은 통킹만 사건(1964)을 빌미로 본격적인 전쟁에 돌입했지만 1973년 치욕적인 패배 속에 베트남으로부터 철수한다. 인도차이나반도에서 벌어진 전쟁들, 특히 그 후반부의 베트남전쟁에 동북아국가들이 거의 모두 직·간접적으로 참여하였다는 사실에 유의하면 베트남과 동북아의 각별한 관련을 다시금 실감하게 된다. 미국의 동아시아 반공 포위망에서 동북쪽 교두보가 한반도라면 동남쪽 교두보는 베트남이다. 한국전쟁을 통해서 1945년에 이미 확보한 남한을 겨우 재확보한 데 그친 미국은 베트남전쟁을 통해서는 동남쪽 교두보 전체를 상실하였다. 미국의 전략이 수정되지 않을 수 없었다. 닉슨의 중국방문(1972)을 계기로 이루어진 중·미수교(1979)는 그 단적인 표현이다. 중·소를 다 적으로 삼는 기존의 전략으로부터 중국과 비적대적 관계를 수립함으로써 마침내 '20세기 사회주의'의 '조국' 소련이 붕괴된다(1991). 이 점을 염두에 두면 한국전쟁과 베트남전쟁이 중국사회주의체제를 보우하는 데 큰 방조(傍助)가 되었는지도 모른다. 베트남은 이처럼 동북아와 긴절하다.

이러한 고려들 속에서 나는 '동북아' 대신에 '동아시아'를 선택하였다. 동아시아가 세계체제 또는 한반도의 분단체제처럼 안정적 체제인지는 아직 단언할 수 없지만 두 체제를 매개하는 일종의 구조로서 이 지역에 작동한다는 것이 나의 판단이다. 동아시아에 도착한 이후 미국은 일본을 하위파트너로 삼아 전통적인 중화체제를 압박하는 한편, 러시아를 견제하였다. 청일전쟁(1894)과 러일전쟁(1904~5)을 거치면서 미국은 일본을 이 지역의 위탁관리자로 삼았다. 마침내 1911년 신해혁명으로 중화체제의 심장인 중국에서 '지속의 제국' 청조가 붕괴하고 1917년 10월혁명으로 러시아제국이 와해한다. 두 제국의 해체로 이제 동아시아는 일본과 미국의 안마당으로 변했다. 주구(走狗)가 주인을 문 태평양전쟁(1941~45)을 겪은 직후 미국은 동아시아를 직접 관리하기로 마음먹는다. 2차대전 후 동아시아의 사회주의민족해방운동들을 거점으로 삼아 미국에 대한 소련의 도전이 개시되었다. 한국전쟁 이후 미국은 일본을 축으로 삼아 남한·대만·남베트남을 연결하는 반공포위망을 구축한다. 그 결절점에 한반도의 분단선이 가로지른다. 이를 경계로 북방 삼각동맹(북·중·소)과 남방 삼각동맹(한·미·일)이 결고 틀고 있었기 때문이다. 앞에서 지적했듯이, 통일베트남의 출현으로 미국이 중국과 화해함으로써 동아시아의 이데올로기적 동맹관계가 해체되기 시작하는 단초가 마련된다. 마침내 소련이 붕괴되고 대신, 아편전쟁(1840~42) 이후 추락을 거듭했던 중국이 국제사회에 화려하게 복귀한다. 탈냉전시대를 이끌어냈던 중·미화해가 이제는 다시 반전한다. 중국의 부상을 두려워하는 미국과 일본이 해체의 길을 더듬던 한·미·일 삼각동맹을 수선해서 재활용하려는 헛된 꿈을 꾸고 있다. 이 망상의 지렛대가 한반도의 분단선이다. 한반도의 분단은 밤마다 부활하는 드라큘라백작의 관(棺)이다. 미군으로 상징되는, 군사력에 입각한 동아시아의 아슬한 평화를 비군사적 협력에 기초한 진정한 평화로 전환하는 작업이야말로 백작의 가엾은 영혼을 구제할 것이다. 백작에게 편안한 잠을 선사할 한줌의 강렬한 햇볕은 어디에 있는가? 나는 미국으로 끊임없이 우회하면서 동아시아로 귀환하는 이중의 도정을 더듬을 것이다.

2. 중심과 주변 사이

다시 강조하건대 동아시아는 이 지역을 구성하는 개별 국가들의 단순 합이 아니다. 그 관계의 중심에 세계체제의 중심부 중의 중심인 미국이 엄존한다. 미국이 동아시아에서 일종의 최종심급으로 존재하는 조건으로 말미암아 한국에서 동아시아론을 발신해도 역내에서는 대체로 '쇠귀에 경 읽기' 형국이다. 미국은 이탈의 조짐으로 백안시하고 중국은 중국대로 오불관언(吾不關焉)이다. 사실 중국은 동아시아에 한정되지 않는 일종의 제국이다. 근대 이후 상처받은 자존심을 보상하기 위해 중국은 세계제국을 꿈꾼다. 현재 중국은 '빛을 감추고'[3] 미국에 수그리면서 미국을 추월할 '그날'을 손꼽아 기다리고 있는 것이다. 한마디로 중국은 중심부를 꿈꾸는 반주변부라고 할 수 있다. 메이지(明治) 이래의 '탈아입구(脫亞入歐)'와 2차대전 이후의 '탈아입미(脫亞入米)' 속에 자신의 아시아성을 부정하는 일본 또한 무관심하기는 마찬가지다. 일본의 속마음은 아마 이럴 것이다. '자타가 공인하는 아시아의 우등생으로서 세계체제의 중심부에 이미 진입한 일본이 일찍이 후꾸자와 유끼찌(福澤諭吉)가 '동쪽의 나쁜 벗'이라고 지칭했던 한·중과 어찌 함께 어울릴 수 있단 말인가?' 냉전시대에 이웃 나라의 고통을 자양으로 경제대국으로 올라선 일본이 탈냉전시대의 입구에서 휘청거리고 있기에 일본사회에는 더욱 냉전에 대한 향수가 강하다. 미·일동맹으로부터의 이탈을 결코 용납하지 않는 미국에 고삐가 쥐어 있는 일

---

[3] 중국정부의 숨은 슬로건이 '도광양회(韜光養晦, 빛을 감추고 어둠속에 웅크림)'다. 미국에 대한 중국의 현 정책을 대변하고 있다.

본은 중심부이면서 또한 반주변부적 성격을 공유하고 있는 것이다. 이런 조건들이 일본의 동아시아 복귀를 지연시킨다. 이는 북조선에도 나타난다. 한때 사회주의 우등생이었던 북이 탈냉전시대에 들어서 주변부로 추락하면서 안전보장에 온통 쏠려 있다. 가장 격렬한 반미국가이면서도 미국과의 교섭에 매달린다. 이 때문에 겉으로는 민족공조를 내세우면서도 남한을 진지한 대화상대로 좀체 인정하지 않는 분위기다. 미국에 대한 종속이 가장 심한 남한은 물론이고 이 지역 전체가 미국이라는 강력한 자석을 향해 도열한 형국이다. 그런데 냉전시대, 미국에 꼼짝없이 주박(呪縛)되었던 남한이 주변부에서 반주변부로 상승하면서 미국으로부터 더 넓은 자율성을 요구하고 있다. 물론 내부에는 한·미동맹을 신주단지처럼 위하는 세력과 그로부터 자유로워지려는 세력 사이의 갈등이 목하 첨예하지만 대세는 이미 잡혔다. 분단이라는 화약고를 품에 안은 이 흥미로운 반주변부 국가에서 다양한 동아시아론이 발신되고 있는 게 그 결정적 증거의 하나일 것이다.

    동아시아론의 핵심적 대당(對當)은 미국이다. 동아시아는 제국의 주술에 지핀 '잠자는 미녀'다. 탈주술화의 도정에서 미국의 일극지배구조가 해체될 때 동아시아는 갈등과 분쟁으로 얼룩졌던 20세기와 진정으로 결별할 수 있다. 증오 또는 경배 속에 미국을 향해 줄지어선 동아시아가 아니라, 미국을 포함하여 역내의 국가와 국민 들이 화이부동(和而不同)으로 마주보는 동아시아의 출현을 어떻게 실현시킬 것인가? 동아시아론은 냉전의 최대 피해자인 동아시아가 20세기의 혈사(血史)로부터 탈출하려는 평화의 전언이다.

    미국은 어디에 있는가? 9·11테러 이후 유연한 저강도전략을 거의 포기하고 아프간전쟁과 이라크전쟁으로 치닫는 람보는 전성기의 미국이 이미 아니다. 거침없는 일방주의는 내적 위기의 징후이기 때문이다.4) 과연 미국은 '악의 축'은 물론이고 동맹국들에 대해서도 람보다. 이라크전쟁에 대한 유럽의 반대는 전통적 동맹관계의 유동화를 극적으로 보여주는 것이다. 심지어는 이라크전쟁의 통합군에 참여한 영국조차도 미국의 일방주의에 당황하며 끝까지 참여를 주저했을 정도였다. 동아시아에서는 유럽처럼 반대의 목소리를 내지는 못했다. 그렇다고 동아시아국가들이 미국의 지도력을 승인한 것은 결코 아니다. 과거의 북방삼각동맹에 속한 나라들은 차치하더라도, 남방삼각동맹 소속의 한·일도 심기가 편치 않다. 이라크전쟁이 '강 건너 불 구경'이 아닌 한국은 그렇다 쳐도 남방삼각동맹의 중추인 미·일동맹도 속으로는 어근버근한 모양이다. 국내외의 비판여론에도 불구하고 부시정권에 충성을 바쳐온 코이즈미(小泉)정권이 최근 미국으로부터 불의의 일격을 당했다고 한다. 일본이 '국책'으로 추진한 이란유전개발사업에 대해 부시가 미국의 국내법 '이란·리비아 제재강화법'을 들어 성사 직전에 느닷없이 압력을 가했던 것이다. 더구나 '반미'가 드높은 유럽의 기업에 대해서는 면책하고 만만한 일본 기업에 대해서만 이 법을 적용했다니5) 미·일동맹에 집착하는 일본 정부/우파들은 '닭 쫓던 개, 지붕 쳐다보는 격'에 빠진 꼴이다. 이 일로 일본정부가 미국으로부터 유턴하지는 않겠지만 미국에 편승하여 국익을 확장하려는 일본 정부/우파의 고민도 만만치 않으리라고 전망된다.

근대 이후 세계는 구미의 눈으로 해석되어왔다. 그 중심에 1차대전

---

4) 미국이 전쟁의 승리를 호기롭게 선언한 이후 최근 이라크는 '부시의 베트남'으로 전화되고 있다. 이에 따라 미국 안에서도 부시에 대한 비판이 강화되고 있음을 상기할 때, 9·11테러 이후 미국이 달려온 일방주의가 쇠퇴의 징후라는 관측이 더욱 그럴 듯해진다.
5) 이종원「미-일동맹의 허실」,『한겨레』 2003. 7. 14.

을 계기로 세계체제의 중심으로 올라선 미국이 있다. 한때 소련이 구미가 장악한 세계해석의 독점에 도전하였다. 20세기의 동아시아는 이 두 시각의 적나라한 충돌장이었다. 20세기의 유산은 소련이 붕괴한 지금도 한반도의 분단선을 경계로 이 지역에 깊은 그림자를 드리우고 있다. 이 그늘로부터 동아시아는 어떻게 탈출할 수 있을까? 소련의 붕괴로 미국식 자본주의는 물론이고 '20세기 사회주의'도 그 대안적 의의를 상실한 지금 동아시아는 속깊은 당혹에 빠져 있다. 미국과 소련이라는 손님들이 발신한 냉전이라는 가상에 휘둘려 피흘린 동아시아의 20세기는 과연 무엇이었던가? 이 헛되고 헛된 그림자전쟁의 막이 일거에 찢기면서 동아시아를 동아시아의 눈으로 보는 '후천(後天)의 눈'이 개안(開眼)했다.

동아시아가 새로이 보인다. 그림자전쟁의 격렬한 접종(接踵)에도 불구하고 동아시아국가들의 저류에는 동아시아의 유구한 역사적 기억 또는 각 나라들의 유전적 추억들이 지역 전체 또는 각 나라들에 의연하다. 특히 탈냉전시내, 서구에서 기원한 제도라는 의상이 바래지면서 더욱 전통적 정체성이 일종의 퓨전 상태로 또렷이 드러나곤 한다. 중국은 여전히 중국이고 한반도는 여전히 한반도고 일본은 여전히 일본이다. 동아시아론은 이 엄연한 현실을 접수하는 데서 출발한다. 그렇다고 근대 이전의 중화체제로 복귀하자는 것은 물론 아니다. 동아시아론은 대륙 중심의 관점에 거리를 두는 한편, 일본 중심의 해양사관(海洋史觀)에도 비판적이다. 그렇다고 한반도를 특권화하자는 것도 물론 아니다. "한국의 동아시아론은 기존의 중심주의들을 비판하고 새로운 중심을 세우는 것이 아니라, 중심주의 자체를 철저히 해체함으로써 중심 바깥에, 아니 '중심'들 사이에 균형점을 조정하는 것이 핵심이다."[6]

근대 이후 구미의 타자로 조정돼온 동아시아, 그 가운데서도 비서구

식민지 경험의 유산 속에 분단된 한반도의 남쪽에서 그림자전쟁의 긴 터널 끝에 마침내 아시아에 발딛고 세계를 바라보는 동아시아론이 제기되는 것 자체가 중심에 억압된 주변의 시각을 의식화한 것이다. 주변에서 중심을 바라봄으로써 중심과 주변이 함께 이 고약한 위계제로부터 탈주할 길은 없을까? 영국의 아일랜드 지배에 대해, "다른 인민을 노예화하는 인민은 그 자신의 쇠사슬을 벼린다"고 맑스가 지적했듯이,[7] 위계제는 억압당하는 주변은 물론이고 억압하는 중심에도 파괴적이기 마련이다. 그런데 남미의 현실에서 구성된 종속이론과는 일정하게 차별된다. 중심과 주변 사이에 건널 수 없는 다리를 설정한 종속이론은 일종의 결정론이다. 동아시아는 주변이로되 세계체제를 흔들 풍부한 가능성을 품은 역동적 지역, 다시 말하면 대체로 중심과 주변 사이에 둥지를 틀고 있다. 이 미묘한 중간지대에 근거한 동아시아론이 한반도 분단체제의 변혁이라는 실험적 작업을 지렛대로 삼아 동아시아에 평화체제를 구축하고 그 과정에서 후천세상으로 가는 출구를 발견하는 데 이르른다면 더없이 좋은 일이다.

그런데 동아시아가 세계체제의 지정학적·지경학적(地經學的) 중간지대에 속한다고 할지라도 이제는 여기서 한걸음 더 나아갈 필요가 있다. 이 지역 안의 불균등을 진지하게 사유할 시점이다. 세계체제의 중심/주변은 이 지역 안에서도 복제되고 있다. 특히 탈냉전시대로 접어들면서 체제 또는 제도적 차이가, 물론 아직도 중요한 변수지만, 탈경계화하고 있다는 점에서 더욱 그렇다. 이 지역 안의 비자본주의국가들에 대한 지구자본의 포섭이 강화되는 과정에서 냉전시대의 위계제가

---

6) 본서의 「한국발 또는 동아시아발 대안?」 279면.
7) Karl Marx and Frederick Engels, *On Colonialism*, New York: International Publishers 1972, 7면.

목하 복잡한 재편의 도정에 들어섰다. 북에 대한 남의 비교우위가 뚜렷해지면서 북의 생존게임이 한반도 최고의 문제로 부상하고 있고, 홍콩과 마카오를 다시 품에 안은 중국은 양안(兩岸)문제가 쟁점이고, 일본은 한·중·러에 영토문제로 딴지를 건다. 동아시아는 하나가 아니다. 동아시아를 하나로 묶어보는 훈련과 함께 일즉다(一卽多)의 관점에서 풀어서 볼 필요도 절실하다. 북조선과 대만·홍콩·마카오와 오끼나와(옛 琉球)의 관점에서 동아시아라는 주변적 시각을 다시 주변화하는 이중의 작업이 요구되는 것이다. 사실 그동안 동아시아론도 국가주의에 다소 침윤되어왔다. 이 지역의 중심국가들 '중심'이었던 것이다. 동아시아론이 이 지역에 특히 우심한 일국주의 또는 국가주의를 넘어서기 위한 훈련이라면, 국민국가를 분해할 수 없는 원자로 실체화하는 오랜 관행에서 유연해져야 할 것이다. "하나의 국민국가는, 동시에 다른 국민국가들을 억압하지 않으면, 자유로워질 수도 없고 지속되지도 않는다."[8] 중심/주변을 이 지역 안에서도 적극적으로 사유해야 힐 터인데, 국민국가의 안과 밖에 포진한 독특한 수변부와 함께 국민국가들의 경계를 가로질러 분산된 디아스포라의 문제 또한 중요하다. 중·일·미·러를 중심으로 이 지역에 널리 흩어진 한국/조선 동포, 가장 강력한 네트워크를 보유하고 있는 화교, 그리고 중국의 안과 밖에 널리 걸친 다양한 소수민족들은 그 대표적인 존재들이다. 그렇다고 기존의 틀들이 무효라고 주장하는 것은 아니다. 국가간 관계는 국민국가의 해체가 가시화하는 날까지 여전히 중요한 상수다. 최근 북핵문제에서 보듯이 그 해결의 중요한 실마리는 국제적 역학에서 주어지기 때문이다. 그리고 무엇보다 계급이라는 심급이 주변의 관점으로 유실되어

---

8) 같은 곳.

서는 안된다. 우리가 꿈꾸는 후천세상이란 국가·지역·계급·인종·젠더의 차이가 지워지는 대동(大同)세상인데 동아시아론도 그로 가기 위한 소강(小康)에 준하는 것이기 때문이다. 기존의 틀을 싸안되 동아시아론의 국가주의를 극복하기 위한 실험적 거점으로서 '주변의 관점'을 내세울 필요가 절실하다. 동아시아의 안팎을 주변이라는 키워드로 다시 보는 작업을, 대륙중심의 관점·해양중심의 관점·한반도 거점(hub)의 관점, 이 모든 관점을 비판적으로 조망할 수 있는 제4의 선택으로 주목하고 싶다.

3. 예시: '자이니찌(在日)'의 관점

나는 국민국가중심 또는 일국주의에 기운 기왕의 민족문학론을 갱신하기 위한 작업의 일환으로 디아스포라문제를 미·중·일의 해외동포문학을 통해서 고찰한 바 있다(「민족문학과 디아스포라」, 『창작과비평』 2003년 봄호). 그 후속으로 재일동포 카네시로 카즈끼(金城一紀)의 소설 『GO』를 동아시아론을 보유하는 주변의 관점에서 다루고 싶다.

이 작품의 반향은 작지 않다. 2000년 3월 코오단샤(講談社)에서 첫 출간되자, '재일문학의 『호밀밭의 파수꾼』'으로 주목, 그 해에 나오끼상(直木賞) 수상작으로 선정됐다. 대중문학 분야에서 상업적 '권위'를 자랑해온 상의 수상작이 대체로 그러했듯이, 2001년 유끼사다 이사오(行定勳)감독에 의해 영화화되었다. 영화 「GO」 역시 각광을 받아 그해 일본아카데미상 감독상을 수상하였다. 한국의 반응도 신속했다. 2000년 말에 번역본이 나왔다. 한·일합작영화라는 프리미엄 덕에 한국에서도 곧 개봉되었다. 최근 점증하는 한·일대중문화의 쌍방향적 교류의 물결 속에서 영화의 영향력도 만만치 않아, 남주인공역을 맡았던 쿠보쯔까 요오스께(窪塚洋介)의 한국여성팬이 적지 않다고 한다. 재일동포의 대중소설이 일본과 한국 두 나라에서 미묘한 탈경계화 작용을 수행하고 있다는 점에서도 더욱 주목할 필요가 없지 않은 것이다.[9]

이 소설은 고3짜리들의 연애를, 운명적 만남-달콤한 진전-결정적 위기-상쾌한 극복이라는 충실한 도정에 따라 풀쎄트로 그린 하이틴 로맨스다. 여주인공 사꾸라이 쯔바끼(櫻井椿)는 로맨스의 레이디로서 모자람이 없다. 집안도 좋다. 토오꾜오대(東京大) 출신으로 대기업에 다니는 아버지를 둔 유복한 집안의 딸로 "세따가야(世田谷)의 고급주택가"[10]에 산다. 그녀 또한 사립명문고에 재학하는 깜찍한 여학생이다. 여주인공만 보면 정통 로맨스다. 그런데 남주인공을 축으로 삼으면 로맨스에서 한계단 하강한다. 그의 이름은 끝내 은폐된다. 한참 가서야 그의 통명(通名) 스기하라(杉原)가 밝혀지고(25면), 더 한참을 지나야 "내 진짜 성은 이(李)"(184면)라고 간신히 고백하지만, 통명이나 본명에서나 이름은 숨는다. 여기서 단적으로 드러나듯이 그는 일본사

---

9) 일본 여성 도모꼬를 애인으로 둔 조선인 출신 카미가제 특공대원 카네야마(조선명 김선재)이야기를 다룬 후루하따 야스오(降旗康男) 감독의 「반딧불이(ホタル)」(2000)도 흥미롭다. 죽음의 출격 전야 일본인 부하들에게 "나는 대일본제국을 위해 죽는 게 아니라 조선의 내 가족과 도모꼬를 위해서 죽는다. 조선민족 만세! 도모꼬 만세!"를 나직이 절규하는 그의 모습을 부조해내는 감독의 솜씨가 인상적이다. 도모꼬 부부가 김선재의 고국을 찾아가는 화해여행이라는 결말 부분이 감상적인 흠은 있지만, 최근 일본에서 전전/후의 조선인문제를 진검하게 사유하는 기풍이 일어나고 있는 현상은 고무적이다. 한국문화계에서도 진지한 화답이 있어야 하지 않을까?
10) 카네시로 카즈끼, 김난주 옮김『GO』, 현대문학북스 2002(2쇄), 120면. 이하 작품 인용은 따로 주를 달지 않고 본문 안에 이 책의 면수만 표시함. 일본어본 金城一紀『GO』, 東京: 講談社 2002(17쇄)도 참고했다.

회의 하층을 구성하는 재일동포다. 소학교 출신의 전 프로권투선수로서 빠찡꼬 경품교환소를 운영하는 아버지 덕에 그의 집안은 그런대로 유복하다. 그럼에도 그 유복함이 일본사회의 주류로 결코 편입될 수 없는 재일동포라는 운명적 낙인을 지울 수는 없다. 그는 소학교와 중학 시절을 보낸 조총련계(朝總聯系) 민족학교에서 탈출, 일본계 고등학교에 진학하는 데 성공했지만 그 학교는 "수준이 전국에서 꼴찌 가라면 서러워할"(27면) 정도로 '불량'이다. 그는 그 학교의 불량소년이니 철저히 계급적인 장르인 로맨스의 영웅적 주인공, '백마 탄 기사'와는 거리가 멀다. 그런데 불량소년이야말로 기사의 현대적 후예인지도 모른다. 말하자면 그는 기사를 패러디한 서푼짜리 기사다. 조선인 불량기사와 일본인 레이디의 연애를 그린 이 작품은, 요컨대, 남녀의 위치가 뒤바뀐 일본판 『춘향전(春香傳)』인 것이다.

이도령이 춘향이에게 그러했듯이 선택권은 스기하라가 아니라 사꾸라이가 시종일관 행사한다. 그녀가 처음부터 의도적으로 그에게 접근함으로써 연애가 성립했고, 그가 한국계라는 사실을 고백하면서 야기된 연애의 위기도 그녀의 결단에 의해 극복되기 때문이다. 그 지배력은 이 소설의 제목 'GO'가 이 작품을 맺는 그녀의 말 "가자"(239면)와 호응하고 있는 데서 단적으로 드러난다. 그녀는 머뭇거리는 그에게 씩씩하게, 첫 쎅스를 위한 모험을 재촉하는데, 이 지점에서 그녀는 여성기사로 전신한다.

그녀는 왜 그에게 매혹되는가? 그녀는 언니의 말을 빌려 말한다. "스기하라군, 굉장히 멋지다고. 특히 눈빛이 다부지고 날카롭고, 그 옛날의 '일본남아' 같은 분위기라고"(144~45면). 그녀들은 전후의 고도성장사회에서 온실의 꽃처럼 자란 일본남성들이 잃어버린 어떤 강렬함을 이 '황야의 고독한 이리'에서 발견한 것이다. 그를 선택함으로써 그녀의 각별히 낭만적인 연애가 완성된다. 이 산문적인 부르주아사회에서 그녀는 일본남성을 대신해서 잃어버린 사무라이세상의 낭만적 부활을 꿈꾸는 것이다. 그녀의 남근선망이 또렷이 표출되는 대목인데, 참으로 로맨스의 현대판인 대중소설의 정석을 충실히 보여주는 작품이다.

그런데 작가는 이 로맨스를 스기하라를 통해서 조망함으로써 무수한 샛길을 만들어낸다. '나'=스기하라가 바로 이야기꾼이다. 소설 속에서 실제적 지배권은 사꾸라이가 행사함에도 이 로맨스 전체를 이야기판에서 장악한 것은 스기하라다. 그의 눈을 통해 이 로맨스를 해석함으로써 로맨스는 균열한다.

그의 위치가 미묘하다. 그는 통상적 하층이 아니다. 그는 억압과 차별의 기억이 적층된 조선인 집단거주지에서 성장하지 않았다. 이 작품의 무대가 시종일관 토오꾜오라는 사실에 유의해야 한다. 그는 일본의 심장부에서 자란 '아스팔트 킨트'인 것이다. 재일동포사회에 편재하는 가족의 해체도 경험하시 않았나. 하꾸산(白山)의 주택가에 사는(185면) 핵가족의 외동아들로 자라난 것이다. 일본 중산층을 대표하는 사꾸라이가 스기하라에게 계급적 거리를 전혀 의식하지 않을 정도로 그는 표면으로 일본중산층과 구별되지 않는다. 이 작품의 시간적 배경도 일조한다. 그는 현재 고3, 하이틴이다. 18세의 청춘을 구가하는 이때는 언제인가? "얼마 전 김일성이 죽었을 때"(82면), 이 구절이 가리키듯이 때는 1994년, 일본제국주의와 투쟁했던 혁명카리스마의 죽음이라는 통과제의를 거쳐 마침내 한 시대가 종언을 고하였다. 일본에서도 이미 혁명의 가능성은 사라졌다. 스기하라는 혁명을 봉쇄한 풍요사회의 자식인 것이다. 이런 존재적 조건으로 말미암아 그는 전통적인 억압과 저항의 이분법 바깥을 살아간다. 그는 사실, 대중소설의 주인공답게

주변, 국가주의 극복의 실험적 거점 229

어린 시절부터 권투로 단련한 뛰어난 육체인이고 게다가 머리도 비상하다. 사회적 상승을 원천적으로 차단하는 재일동포라는 낙인이 그의 체제순응을 끊임없이 교란한다. '불량' 행각은 그 상징행위다.

그는 왜, "동화냐 배척이냐"(202면)를 끊임없이 강제하는 일본사회의 '이지메'에 민족주의로 대응하지 않는가? 여기서 그가 재일동포 3세라는 사실에 주목해야 한다. 조총련활동에 헌신했던 아버지, 그리고 급기야 '귀국운동'[11]의 물결 속에서 북조선에 귀환한 삼촌을 둔 그는 앞세대의 민족주의에 반발한다. 민족학교의 경험이 오히려 그의 탈민족주의를 부양한다. 이주의 경험이 깊어진 새 세대가 대체로 그러하듯이, 한반도로 끊임없이 회귀하는 앞세대와 달리 그도 '자이니찌'를 일종의 실존으로서 강렬히 의식한다.

그렇다.
나는, 일본에서, 태어났다.(21면)

한반도의 남에 귀속하는 '한국인'이 아니다. 한반도의 북을 모국으로 삼는 '조선인'도 아니다. 일본을 삶의 터전으로 삼을 것이지만, 그렇다고 열도(列島)에서 기원한 일본인처럼 살 수는 없다. 그는 '한반도계 일본인'(Korean Japanese)이라는 '무국적의 국적'으로 일본에서 살아갈 새로운 주민이다. 그는 일종의 하위자집단(subaltern), 즉 지배

---

[11] 북조선적십자사와 일본적십자 사이의 캘커타협정에 따라 1959년 12월 14일 니이가따(新潟)항에서 재일동포의 북송선이 첫 출항한 이후 1967년 중단될 때까지 무려 88,000여명의 동포들이 북으로 갔다. '귀국운동'의 열정 속에 '조국'에 귀환했지만 이 소설 속의 삼촌이 비참하게 죽는 데서 보여지듯이 북송동포들의 엑소더스(Exodus)는 가나안땅을 발견하는 데 실패했다고 평가된다.

와 피지배의 이분법 아래 억압된 주변인인 것이다.[12]

　이 소설은 '나'의 성장기(成長記)다. 이 주변인의식이 새벽처럼 동 트기까지 그는 마치 어린 기사처럼 편력한다. 그의 첫번째 성장학습의 둥지는 그의 가정과 그 연장선에 있는 민족학교다. '동양의 하와이' 제주도 태생으로 부모가 군수공장에 징용당해 식민지시대에 일본으로 이주한 아버지(10~11면)가 해방 후 북을 선택함으로써 그는 조총련계 동포사회의 일원으로 자라는데, 첫번째 위기는 14살, 조선인 중학교 시절에 찾아온다. 아버지가 하와이 여행을 위해(실은 아들의 장래를 위해) 한국으로 국적을 바꾸겠다고 선언한 것이다. 베를린장벽의 붕괴(1989)를 기폭제로 한 탈냉전의 물결이 동포사회를 엄습하였다. 국적을 바꾸는 데 동의한 그는 하와이여행 대신, 민족학교를 이탈, 일본계 고등학교로 진학하겠다고 밝힌바, 그로부터 야기되는 일련의 사건을 통해서 이 소설은 북과 연계된 총련계 동포사회의 실상을 핍진하게 보여준다. 민족학교 교사가 '매국노'로 매도하며 그를 구타했을 때, 민족학교의 모범생 정일이 "우리들은 나라란 것을 가져본 적이 없습니다."(75면)고 절규하는 대목은 압권이다. 한국계 아버지와 일본인 어머니 사이에서 태어난 정일이의 외침은, "언제나 북조선만 향하고 있지 재일 조선인은 제대로 쳐다보지 않는"(13면) 조총련 민족주의(내지 북)에 대한 통렬한 비판인 것이다. 북조선과 그 축소판인 민족학교에 대한 환멸속에 이탈했어도 그가 민족학교를 온통 부정하는 것은 아니다. 학교가 달라졌어도 그는 민족학교의 교사가 되겠다는 정일과 여전히 우정을

---

12) 스기하라의 경력은 작가의 이력과 일정하게 조응한다. 1968년 토오꾜오 인근의 사이따마현(埼玉縣)에서 태어난 작가는 초·중등학교를 민족학교에서 보낸 후 일본계 고등학교를 거쳐 케이오오대(慶應大)를 졸업하였다.

나누고 있기 때문이다. 아쉬운 것은 민족학교를 새로운 상황에 즉해 갱신할 이 매력적인 인물 정일이를 곧 죽게 만든 점이다. 그럼에도 남한에 대한 귀속의식은 더욱 희박하다. 민단(民團)에 뇌물을 주고 한국 국적을 취득한 후 이루어진 이 가족의 한국여행 장면에서 극명히 드러나듯이 한국여행은 그의 '자이니찌'를 한층 강화시키는 계기로 될 뿐이던 것이다.

그의 두번째 학습장소는 일본계 고등학교다. 민족학교 시절의 집단적 패싸움 대신 그는 일본애들과 고독한 투쟁을 계속한다. 그 과정에서 야꾸자의 아들 카또오와 민족을 넘어선 우정을 나누는 게 인상적이다. 일종의 '주변인 연대(連帶)'라고 할 수 있는데, 그럼에도 그는 카또오와 일정한 거리를 유지한다. 야꾸자의 길을 가지 않겠다는 무의식의 표현이겠다. 그에게는 사꾸라이와의 연애, 즉 일본 주류사회와의 일생일대의 모험적 결투가 기다리고 있다. 스기하라는 고백한다. "난 지금까지 차별을 당하고도 태연했어요. 차별을 하는 놈은 대체로 무슨 말을 해도 알아듣지 못하는 놈이니까, 한대 쳐주면 그만이고, 싸움은 자신이 있었으니까 전혀 아무렇지도 않았어요. (…) 그런데 그녀를 만나고부터는 차별이 두려워졌어요."(192면) 그녀의 집도 원래부터 주류사회에 속한 것 같지는 않다. "아버지 고향은 칸사이(關西)고 엄마는 큐우슈우(九州)"(108면), 지방사람이다. 더구나 아버지는 대학시절 "학생운동의 투사"(120면)였다. 비록 운동에서 이탈한 지 오래지만, 그는 여전히 "일본을 싫어"(121면)하는 내면적 진보파인 것이다. 그런데 그 진보의 커튼이 일거에 찢겨진다. 첫 쎅스를 위해 제국호텔에 갔을 때, 그리고 스기하라가 일본인이 아니라는 사실을 고백했을 때, 사꾸라이는 나직이 중얼거린다. "아빠가 (…) 어렸을 때부터 줄곧 아빠가, 한국이나 중국 남자하고 사귀면 절대로 안된다고 그랬었어" "아빠는 한국이

나 중국 사람들은 피가 더럽다고 했어."(180면) 사꾸라이 집안 특유의 개방성도 결국 일본사회의 텍스트 안에서만 작동하는 불구적인 것임이 폭로된다. 진보파도 보수파의 짝패지 주변인의 벗이 결코 아니다. 물론 사꾸라이는 아버지의 말을 그대로 승인하는 것은 아니지만 아버지의 훈육은 그녀의 몸에 새겨졌다. "이성적으로는 이해하지만, 그래도 정말 힘들어. 웬지 겁이 나 (…) 스기하라가 내 몸 속으로 들어올 일을 생각하면 웬지 무서워"(182면). 몸의 정치학, 그 정치적 무의식은 그들 젊은 육체의 자유로운 교섭에 날카로운 분단선을 긋는 것이다.

재일조선인에서 재일한국인으로 적(籍)을 바꾸는 경계에서 야기된 위기를 배경으로 재일동포사회, 한반도(남과 북) 그리고 일본사회를, 스기하라의 편력을 통해 예리하게 분석한 이 소설은 국가주의에 포섭되지 않는 주변인의 관점이 지닌 유용성을 새삼 깨닫게 한다. 남은 남대로 북은 북대로 일본은 일본대로 재일동포를 자신의 그물 속에 포획하려는 국가주의정치의 압력 속에서 작가는 '자이니찌'의 실존적 감각으로 탈국가주의를 실험하는 것이다.

그는 그녀에게 말한다. "상관없어. 너희들이 나를 재일이라고 부르든 말든, 부르고 싶으면 얼마든지 그렇게 불러. 너희들, 내가 무섭지? 어떻게든 분류를 하고 이름을 붙이지 않으면 안심이 안되지? (…) 나는 나야. 아니, 난 내가 나라는 것이 싫어. 나는 내가 나라는 것으로부터 해방되고 싶어."(233~34면) 그는 국가주의의 저장소인 이름의 정치학을 온몸으로 거절한다. 그녀가 이 거부에 동참함으로써 소설은 행복한 결말에 이른다.

이 결말은 얼마나 튼튼한 것일까? 물론 나는 그들의 연애를 축복하고 싶다. 그럼에도 그처럼 깊숙한 몸의 정치학으로부터 사꾸라이가 너무 쉽게 빠져나온 게 아닐까? 그러고 보면 이름을 거절하는 스기하라의 선언도 과연 가능한 것인지, 일말의 의구심을 감출 수 없다. 이 작품에서 주인공들은 이름을 가능한 한 숨긴다. 이 작품의 키워드는 '이름'이다. 작가는 제사(題辭)로 『로미오와 줄리엣』의 유명한 발코니 장면의 대사를 제시한다.

이름이란 게 뭐지?
장미라고 부르는 꽃을
다른 이름으로 해봐도 아름다운 향은 그대로인 것을[13]

몬터규(Montague)와 캐퓰릿(Capulet)은 로미오와 줄리엣을 선험적으로 규정하는 이름, 즉 중세의 계급적 지표다. 작가는 몬터규와 캐퓰릿의 유추를 조총련과 민단에도 적용한다. "원칙적으로 조선국적을 갖고 있는 재일 조선인은 조총련에, 한국국적을 갖고 있는 '재일 한국인'은 민단에 소속하도록 되어 있다. 두 기관은 북조선과 한국의 관계를 여지없이 반영하고 있는데, 그래서 조총련과 민단은 『로미오와 줄리엣』의 몬터규와 캐퓰릿 양가처럼 뗄레야 뗄 수 없는 관계 속에서 종종 충돌을 일으키며 반목하고 있다."(12면) 재일 한국인/조선인을 태생적으로 규정하는 민단과 조총련이라는 이름을 부정한 작가는 재일 한국인(조선인)과 일본인 사이에도 '탈(脫)이름의 정치학'을 실험한다. 그런데 이름을 버리고 실존적 감각에 충실했던 로미오와 줄리엣, 이 가여운 연인들이 결국 그 이름에 포박되어 죽음에 이르는 이 비극이

---

[13] 金城一紀, 앞의 책 3면. 영어원문은 다음과 같다.
"What's in a name? That which we call a rose / By any other word would smell as sweet;" W. Shakespeare, *Romeo and Juliet*, Methuen & Co. 1980, 129면.

일찍이 보여줬듯이, 이름으로부터 우리는 쉽게 탈출할 수 없다. 그것은 도덕적 결단의 문제가 아니다. 알뛰쎄르의 말처럼, 이데올로기는 개인들을 주체들로 호명(呼名)한다. 따라서 "개인은 항상-이미 주체다. 심지어 태어나기도 전에."[14] 이 때문에 스기하라의 '자이니찌'가 한반도와 재일동포, 그리고 재일동포와 일본 사이의 경계를 함께 사는 것이 아니라 한쪽으로 경사할 때, 그것은 선(善)한 의도에도 불구하고 자칫 일본사회 안으로 단순 편입되는 편리한 입구로 될 가능성도 없지 않은 것이다.

앞에서 지적했듯이, 이 작품은 일본에서 '재일문학의『호밀밭의 파수꾼』'으로 찬미되곤 한다. 상호텍스트성이 일정하게 성립한다.『GO』처럼『로미오와 줄리엣』을 상상력의 원천으로 삼고 있는 것은 아니지만,『호밀밭의 파수꾼』(1951)에도 이 비극에 대한 약간의 토론이 나온다.[15] 그런데『로미오와 줄리엣』의 공유는 부차적이고, 명문 사립교 펜씨(Pencey)에서 퇴학당한 16세의 홀든 콜필드(Holden Caulfield)가 1인칭으로 이틀간의 일날여행의 경험을 경쾌한 냉소조로 서술하는 방식이 스기하라의 어조(tone)와 반향한다. 그럼에도 이야기를 끌고 나가는 노선은 사뭇 다르다. 두 이야기꾼의 신분이 차별되기 때문이다. 홀든은 미국 주류사회의 자식이다. 부르주아사회의 위선적 부패에 대해 진저리를 치지만 홀든은 모호한 태도 속에 결국 기성사회로 복귀함으로써 이 소설의 진정성은 훼손된다. 피카레스크를 패러디했지만 피

---

14) Louis Althusser, *Lenin and Philosophy and other Essays*, trans. by Ben Brewster, Monthly Review Press 1971, 176면.
15) 제롬 데이비드 쎌린저, 공경희 옮김『호밀밭의 파수꾼』, 민음사 2001, 150~51면 참조. 영어본 J.D. Salinger, *The Catcher in the Rye*, Little, Brown Books 1991도 참고함.

카레스크로 미끄러진 것이다. 이에 비하면 처음부터 대중소설을 겨냥했음에도 주변인 스기하라의 충돌은 훨씬 리얼하다. 한반도로부터 유턴하면서 일본사회에 직면한 스기하라는 지금 분기점에 서 있다. 모쪼록 '이름의 정치학'과 '탈이름의 정치학'을 가로질러 '한반도계 일본인'이라는 3중 정체성을 포옹함으로써 재일동포사회를 관통하는 한반도의 남/북과 일본의 경쟁하는 국가주의를 넘어서는 제4의 모험적 도정이 열리기를 기원한다. 그 개척이 동아시아를 우회하면서 동아시아론을 구원하는 새 길의 하나가 된다면 더욱 좋은 일이다.

한류, 동아시아 소통의 도구

1. 동아시아의 문화혁명

2005년 후지TV와 인터뷰를 했다. 주제가 흥미로웠다. 왜 일본소설이 한국소설시장을 석권하고 있는가? 리포터는 야마다 아까네(山田あかね), 40대 후반의 일본 여성작가다. 그녀는 TV쪽에서 오래 일했다. 1995년에 등단해서 재작년에 첫 장편 『베이비 샤워』를 출간했다. 그런데 자신의 처녀장편을 번역하겠다는 한국쪽의 연락을 받고 너무나 놀랐다는 것이다. 무라까미 하루끼(村上春樹) 같은 유명작가라면 모를까 무명에 가까운 일본작가의 작품을 과감하게 선택하는 한국의 사정에 큰 흥미를 느끼게 되어 그 방면을 조사해보니 놀랍게도 현재 한국에서 일본소설이 대유행이라는 사실을 알게 된 차, 이 문제를 다루어볼 필요에 직접 이렇게 나섰다. 대충 이런 얘기다. 통역을 맡은 북코스모스

의 김수경씨도 거든다. 하루끼붐도 요즘은 옛날일이란다. 요즘 한국소설시장에서 일본소설은 오히려 젊은 작가의 새 작품들이 더욱 인기라는 얘기다. 김수경씨가 아는 여성작가가 있는데 그녀도 친구들이 자기 소설은 읽지도 않고 최근 유행하는 일본소설 이야기만 해서 난감해한단다. 나도 내심 저으기 놀랐다. 일본소설을 비롯해 외국소설들이 한국소설시장에서 강세라는 것을 듣고는 있었지만 이 지경에 이를 줄은 몰랐던 터다. 뒤에 어느 자리에서 만난 탁석산(卓石山)씨에 의하면 요즘 학생들이 아는 한국문인의 상한은 60년대 작가 김승옥(金承鈺), 그 이후 한국문학에 대해서는 까막눈 신세란다. 김승옥도 알고 싶어 안다기보다 교과서에 실려 있는 덕분인데, 학생들이 즐겨 찾아 읽는 작품들은 거의 일본소설이라니, 한국의 대중문화가 일본에서 한류(韓流)로 자리를 잡고 있는 사이, 한국소설계에는 일류(日流)가 채를 잡고 있는 것이다.

　최근 출판계, 특히 문학분야는 전반적으로 독자의 격감을 실감한 지 오래다. 문학출판의 중심은 소설이다. 때로는 최영미(崔英美)처럼 시집이 베스트쎌러가 된 적이 없지 않지만 이는 예외적인 경우고 문학시장을 주도해온 것은 소설이다. 그런데 한국소설을 변함없이 지지해온 독자들이 지금 급속히 분해중인 것이다. 그동안 이 현상의 원인을 영상언어의 발달에서 찾아왔다. 영화 드라마 그리고 IT의 발달로 독서시장이 위축일로를 걸어왔던 게 사실이다. 이처럼 독서층이 얇아져가는 추세 속에 그 남은 파이를 일본소설이 점유해 들어가고 있다니 한국소설은 현재 내우외환(內憂外患)에 시달리는 형국이 아닐 수 없다. 왜 한국의 젊은 독자들은 일본의 젊은 소설에 매료되고 있는가? 이는 명백히 한국소설에 대한 거절이다. 독자들은 한국소설의 무엇에 대해 반란하고 있는가? 이념과잉의 80년대 소설에 대한 반동으로 90년대 이후 한국의 젊은 작가들은 탈사회성으로 탈주하였다. 서사의 붕괴 속에 소설의 재미가 적어졌다. 일본소설의 강세를 90년대 이후 가속화한 탈사회적 한국소설에 대한 부정의 연장으로 해석할 수 있겠다. 그런데 일본소설은 한국보다 한술 더 뜬다는 점에서 이런 해석은 한계가 있다. 카라따니 코오진(柄谷行人)이 하루끼를 '학생운동세대가 흘러든 패션'이라고 비판한 데서 단적으로 드러나듯이 일본소설은 일찍이 고도산업사회 안으로 포섭되었다. 그렇다면 최근 한국독자들의 일본소설 경도는 사회성이 강한 한국소설의 전통 전체에 대한 부정이라고 볼 수도 있다.

한국의 일류와 일본의 한류는 어쩌면 함께 가는 것인지도 모른다. 일본의 한류가 일본근대문화 주류에 대한 일본인의 거절이듯이 한국의 일류에도 한국의 현대문학 전체에 대한 강렬한 부정이 숨쉬고 있는 것일까? 중국의 한류와 한국의 화류(華流)까지 고려하면 현재 동아시아에는 일종의 문화혁명이 진행되고 있는지도 모른다. 새로운 문화에 대한 욕구가, 차단되었던 이웃나라 문화 또는 문학에 대한 경도로 분출되고 있다고 생각하면 이 현상들을 동아시아 문화혁명으로 활용할 새로운 접근이 절실하다. 동아시아에서 드물게도 문화교차 현상이 착종되고 있는 경향을 제대로 탄다면 지금까지와는 다른 차원에서 각 국민문화를 쇄신하면서 동아시아 공통의 문화를 재구축할 호기로 삼을 수 있지 않을까, 하는 엉뚱한 꿈도 꾸게 된다.

2. 소통하는 동아시아

동아시아에서 문화적 교차현상이 새삼스런 일은 물론 아니다. 중국문명이 부동의 중심으로서 작동했던 근대 이전은 물론이고, 서구학교의 우등생으로 동아시아에서 전통중국이 누렸던 지위를 계승하려 한 일본의 문화적 우위가 두드러진 근대 이후에도, 나라의 경계를 넘는 동아시아의 문화적 교류는 더욱 심화되었던 터다. 그런데 최근 한류를 매개로 일류와 화류가 착종하는 현상은 그 이전과는 일정하게 차별된다. 우선 쌍방향성이 강화되었다는 점에 유의해야 한다. 이전의 교류는 대체로 일방적이었다. 근대 이전 중국이 발신자라면 한국은 중개자, 일본은 수신자였다. 근대 이후는 서양이 발신자라면 일본이 중개자요, 한국과 중국은 함께 수신자의 위치로 떨어졌다. 일제가 패망한 2차대전 직후 이 도식은 심각히 요동했다. 한반도의 분단이 두 나라의 출현으로 현실화하고(1948), 중화인민공화국의 성립(1949)으로 중국이 자본주의 시장 밖으로 이탈하면서 동아시아 근대 도식의 유효성이 소진되는 듯했지만, 일본이 전후 부흥에 성공하고 남한이 세계체제의 주변부에서 벗어나고 중국이 개혁·개방 이후 시장사회주의를 내걸면서 이 도식은 다시 복원되기에 이른다. 그런데 바로 이 복원의 찰나에 한류가 나타나 도식을 수정한다. 한류는 먼저 중국에서 시작되었다. 한·중수교(1992) 이후 남한에서는 그동안의 단절을 조롱이라도 하듯 강력한 중국바람이 불었다. 아다시피 남한은 한국전쟁(1950~53)에서 적으로 대면한 이후 중국과 거의 완벽히 단절되었는데, 이 공백기는 한중관계의 저 유구한 유전(遺傳)에서 참으로 희귀한 시기로 기록될 터이다. 이 단절 때문에 그 이후의 중국바람은 더욱 극적으로 보이기 마련인데, 그럼에도 좁은 의미의 문화분야에서 중국의 영향력은 미미했다. 거꾸로 한류가 중국을 아래로부터 먹어가기 시작한다. 그 흐름이 급기야 일본으로 상륙한다. 사실 남한은 일본과도 한동안 단절되었다. 그런데 한·일수교(1965) 이후는 물론이고 그 이전, 해방(1945)에서 한·일

수교까지 20년의 격리기에도, 남한에서 일본, 특히 일본문화는 여전히 편재(遍在)했다. 20세기 전반기에는 식민모국으로서, 그리고 20세기 후반기에는 한때 개발독재의 모델로서, 일본바람에 끊임없이 휘둘렸던 한국, 그 대중문화가 한류의 이름으로 일본에 상륙한 것은 최근 동아시아 문화교류의 쌍방향성을 단적으로 상징하는 것이 아닐 수 없다. 그 쌍방향성이 시민적 자발성과 짝하고 있다는 점도 흥미롭다. 대중문화현상, 특히 팬덤(fandom)이 과연 자발적인가, 라고 근본적 질문을 던지면 간단히 수긍할 수는 없는 일이다. 그렇다고 이를 오직 자본의 호출에 응답하는 유사(類似)-주체성의 발현으로만 파악하는 것도 일종의 엘리뜨주의이기 쉽다. 일본의 한류에 두드러지는 '아줌마 팬덤'을 관찰컨대, 설령 자본 또는 문화권력에 의한 조종에서 비롯되었다고 하더라도, 그것은 곧 그 텍스트 밖으로 분출하는 일종의 반란에 가깝다. 이 때문에 한류에 대한 팬덤이 과잉이라고 판단될 때 나라 또는 문화권력이 팬덤을 질병으로 고발하면서 개입한다. 사실 한국에서도 일본 대중문화의 (밀)수입이 본격화할 때 그랬다. 폭력과 쎅스가 난무하는 일본대중문화의 악으로부터 한국의 청소년을 보호해야 한다는 상투적 문화민족주의가 기승을 부리곤 했다. 이런 절차를 감안할 때 일본과 중국에서 한류의 확대와 혐한류(嫌韓流)의 확장은 동반자 관계를 면치 못할 것이다. 일본대중문화에 대한 문화민족주의적 경계론의 끈질긴 발신에도 불구하고 한국에서 이제는 일본대중문화에 대한 전면적 개방이 성수(成遂)되었듯이, 혐한류가 오히려 한류의 보통화를 촉진할지도 모른다. 최근 한·일관계는 좋지 않다. 독도(獨島)문제 야스꾸니(靖國)문제 북핵문제 등등, 예민한 쟁점들이 줄을 섰다. 예전 같으면 민간교류에도 즉각 영향을 미칠 터인데, 한국의 일류도 일본의 한류도 안녕하다. 어느 틈에 한·일 두 나라의 생활세계가 짐작했던 것이상으로 엇물린 탓이 아닐까? 생활세계의 엇물림이라는 실존적 기초가, 언제든지 폭발할 준비가 되어 있는 한·일 두 나라의 국가이성, 그리고 그에 기꺼이 호응하는 두 나라 국민의 맹목적 무의식을 강력히 제어하는 형국에 처해 있다고 보아도 좋을 것이다. 한류와 일류의 민간적 성격 또는 자발성은 의외로 깊숙하다.

그런데 최근 한·일 사이의 문화교차가 평지돌출(平地突出)이 아니라는 점에 주목해야 한다. 비대칭성이 너무나 뚜렷했던 식민지시대는 물론이고 박정희독재정권과 자민당정권이 유착했던 시기에도 진정한 의미의 교류는 거의 불가능했다. 교류란 문자 그대로 호혜평등(互惠平等)의 조건에서 자연스럽게 주고 받으면서 이루어지는 것이기 때문이다. 그런데 이 유착시기에 매우 흥미로운 현상이 일어났다. 그것은 바로 반독재투쟁에 나선 한국의 활동가들에게 일본의 양심적 지식인사회가 강력한 연대를 실천한 사건이다. 전설적인 시인=혁명가 김지하(金芝河)에 대한 일본사회의 열렬한 지지는 대표적인 것이다. 김지하야말로 한류의 원조인지도 모른다. 정권들 사이의 부정한 유착을 거부하면서 이루어진 한·일 두 민중의 월경(越境)하는 우애, 그 후계적 위치에 있는 것이 한류다.

그런데 양자는 단순히 연속적 관계는 아니다. 무엇이 달라졌는가? 한류를 대표하는 「대장금(大長今)」(2004)을 중심으로 최근 한국대중문화의 변화를 잠깐 들여다보건대, 「다모(茶母)」(2003)에서 시작하여 「대장금」으로 이어진 사극열(史劇熱)에는 새로운 역사감각이 준동하고 있다. 궁중암투극으로 시종하던 기존 역사물에서는 전경(前景)으로 나서기 어려운 다모나 궁녀 또는 의녀(醫女)같은 하위자들이 드라마의 축으로 떠올랐다. 왕실과 양반관인층이 지배하던 궁정사극을 일거에 해체한 이 반란적 성격은 2002년 한·일월드컵에 신화처럼 출현하여 마침내 참여정부를 출범시킨 대중의 문화적 폭발과 일정하게 연락될 것이다. '구텐베르크 은하계'와 경쟁하는 '인터넷 은하계', 이 미지의 영토에 익숙한 이 '대중'은 왕년의 '민중' 즉 민족주의 또는 사회주의 기획에 기초한 역사의식으로 무장한 민중이 아니다. 그것은 민중을 계승하는 한편, 민중의 전위적 성격을 다시 해체하고 있기 때문이다. 저항적 전위가 새로운 지배집단으로 전향하는 것에 대한 거의 무의식적 경계심을 공유하고 있는 새로운 대중 또는 새로운 민중은 근대와 탈근대의 경계에 둥지를 틀고 있는지도 모른다. 하위자 서사의 유행은 근대적이면서 동시에 탈근대적인 것 또는 탈근대를 머금은 근대라는 과도기의 표정을 짓고 있는 것이다. 두 얼굴의 표정을 내장한 한류는 지금 한반도가 통과하고 있는 과도기, 그 과도기의 독특한 문화적 징후들과 일정하게 연동된다.

3. 동아시아 네트워크로서의 한류

동아시아는 지금 새로운 기회를 맞이하고 있다. 탈냉전의 물결이 동아시아에 도착하면서 한반도 분단체제가 마침내 변경될 조짐이 뚜렷해지는 찰나에 한류와 일류와 화류가 착종하는 과정에서 한·중·일, 세 나라 국민들 사이의 쌍방향적 교류가 본격적으로 개화하기 시작하였기 때문이다.

사실 그동안 문화적 유사성과 지리적 근접성이 마치 운명처럼 얽혀 있음에도 불구하고 세 나라의 시민적 교류는 두텁지 못했다. 식민주의와 냉전체제가 20세기의 동아시아를 항상적인 갈등과 분쟁 상태로 밀어넣었으니 나라 또는 민족의 생존이 위기로 되는 시대에 진정한 의미의 시민적 교류는 망상이기 십상이었다. 국가이성의 적나라한 충돌에 시민들조차 스스로 국민주의에 투항하여 서로를 타자화하는 데 열중하곤 했다. 그런데 동아시아 나라들 사이의 이 상호왜곡이 기본적으로는 근대서구에서 기원했다는 점이 흥미롭다. 서구의 오리엔탈리즘이 동아시아 안에서 무한 복제되면서 우리 스스로 서구의 분리지배에 즐거이 투항한 꼴인 것이다.

이런 사정이 동아시아의 소통을 방해한다. 근대 이전 동아시아 문인·지식인들은 이중언어 사용자였다. 각 모국어로 생활을 영위하지만, 공동문어인 한문을 매개로 한 상호소통 속에 문화사적 기억을 공유했던 것이다. 중국에서 기원한 유교와 인도에서 전파된 불교라는 동아시아 보편종교의 존재는 공동문어의 생명을 이 지역 전체에 더욱 깊이 착근하게 했으니, 근대 초에 아시아연대론이 제기될 수 있었던 것도 바로 공동문어의 전통이 쇠락한 형태로나마 살아 있었기 때문일 터이다. 중화체제의 붕괴 이후 공동문어의 전통이 쇠약해지면서 동아시아는 서구의 상상을 자기화하는 치열한 경쟁에 빠져들었다. 이 상호불통을 치유하고 동아시아에 '공동의 집'을 건축할 방안은 어디에 있을까? 말이 '존재의 집'이다. 공동어의 창출에 서로의 지혜를 나눌 때다.

한류를 동아시아 공동어 발견의 도구로 활용할 수 없을지 진지하게 검토할 필요가 있다. 한국의 일류와 일본의 한류는 각기 두 나라에서 상호무지를 자각하는 데 초보적 역할을 해왔다. 이제 이 자연발생적 자각을 한층 높은 수준으로 들어올릴 세심한 노력이 요구된다. 대중적 자발성을 충분히 존중할 때 획득되는 의식으로 동아시아 네트워크로 가는 단초를 우선 한·일 시민사회가 협동적으로 추진하는 일이 중요롭다. 중국과 일본 그리고 동남아 등 소통의 영역을 공유하고 있는 한류를 우선 초기도구로 써도 좋다. 한류가 일본과 한국사회가 개혁의 도정에서 함께 만나 동아시아 평화체제를 구축하는 다정한 동반자로 되는 아름다운 날을 앞당기는 데 일정한 쓸모가 있다면 그보다 더 큰 명예는 없을 것이다. 물론 그때 한류의 껍데기는 버리고 그 알맹이만 거두는 원전비평은 항상 성성(醒醒)해야 한다.

1965년과 2002년
'포스트 65년'을 위하여

감사

여러분, 안녕하십니까?

따듯한 남쪽나라에서 상쾌한 아침을 맞게 해준 케이오오(慶應)대학 경제학부 현대사상강좌의 기획자, 특히 오다 마꼬또(小田實)선생과 타까꾸사끼 코오이찌(高草木光一) 교수께 먼저 깊은 감사를 드립니다. 그리고 무엇보다 일본의 젊은 지식인들을 만날 수 있게 된 것을 기쁘게 생각합니다.

오늘 저는 한·일관계를 다시 생각해보는 시간을 함께 가지고자 합니다. 한·일관계에 대해 다시 생각한다는 것은 무엇을 뜻하는 것입니까? 그것은 한국사람과 일본사람이 어떻게 '열린 도시들'(자끄 데리다의 'open cities')의 세계시민으로서 실존적으로 만날 수 있을까를 내다보는 것입니다. 한국사람과 일본사람이 만날 때 우리는 도망칠래야 도망칠 수 없는 구질구질한 기억을 주렁주렁 달고 만나기 마련입니다. 임진왜란의 기억, 일제의 조선지배의 망령, 그리고 남한 역대독재정권과 유착한 자민당(自民黨)의 기억 등등이 한·일 두 나라 사람의 형제 같은 만남에도 개입합니다. 조상이 저지른 일 때문에 여러분이 일본인이기 때문에 도매금으로 책임을 추궁당한다면 이는 고약한 연좌제입니다. 책임을 추궁당하는 여러분만 억울한 게 아니라 조상이 당한 일 때문에 그 후손인 한국의 젊은이들이 일본의 젊은이들과 교류하는 데 장애를 느낀다면 이 또한 가없은 일이 아닐 수 없습니다. 한·일 사이를 가로지르는 이 정치적 무의식으로부터 해방될 고리는 어디 있을까요?

65년체제와 포스트 65년

2002년 한·일월드컵이 끝났다. 이 대회를 앞두고 한·일관계가 역사교과서와 신사참배문제로 비우호적인 트랙을 밟아나갔던 점을 상기하면 그 악화에 브레이크를 걸 뿐만 아니라, 시민적 교류에 새로운 장을 연 월드컵이 한·일관계의 미래를 위한 중요한 디딤돌이 된 점, 다행스럽기 짝이 없다. 그럼에도 우리는 일말의 불안을 감출 수 없다. 한국정부가 독도를 국립공원화한다는 발표에 일본정부가 강력히 항의하고, 이어 일본에서 역사교과서문제가 재연될 조짐도 보이고 있다. 미래를 향해 나아가다가도 숨은 불씨에 일거에 휘발(揮發)하는 두 나라 민족주의의 충돌을 넘어설 길은 정녕 없는 것인가?

돌이켜보건대, 김대중(金大中) 대통령과 오부찌(小淵惠三) 총리가 합의한 '한·일공동선언'(1998)은 획기적이었다. 방어적일 수밖에 없던 한국이 일본의 전후청산이 미진했음에도 먼저, 21세기의 새로운 한·일파트너십을 제안한 것은 소모적인 한·일 두 나라 민족주의의 충돌을 넘어서고자 한 용기있는 결단이었다. 바야흐로 한·일관계는 탈냉전시대의 입구에서 무거운 과거의 악령으로부터 해방되는 역사적 걸음을 내딛게 된 것이다. '선언' 직후 한국정부는 일본대중문화의 부분적 해금조치를 단행하였다. 사실 일본대중문화에 대한 전면적 금기란 얼마나 어색한 일인가? 친일파를 자기 정권의 기반으로 삼았음에도 외교적으로는 대일강경(對日強硬)을 견지한 이승만(李承晚)정권과, 정권적 차원에서는 한·일유착(韓日癒着)이라는 지탄을 받을 만큼 친일적이었지만 이 문제에 관해서는 이승만의 유산을 계승한 박정희(朴正熙)정권의 이율배반이 극복될 기틀이 마련되었으니, 한국사회의 민주화의 진전 속에서 대중문화에 대한 국가주의적 통제가 이완되는 징표로서도 뜻깊다.[1] 마침 2002년 월드컵을 공동으로 치뤄야 하는 과제를 앞에 두고 있어서[2], '선언'을 계기로 그동안의 불행한 유착을 넘어 진

---

[1] 해방 이후 한국의 역대 독재정권은 일본제국주의의 식민지지배책의 유산인 검열을 적극적으로 활용하였다. 특히 대중과 직접 대면하는 공연문화 또는 대중문화에 대한 검열은 혹독하기 짝이 없었다. 일본문학과 일본대중문화에 대한 전면적인 봉쇄정책은 '검열을 부정하는 검열'이라는 점에서 원천적이라 할 수 있다. 이 때문에 그것은 국민적 반일감정을 빙자하여 문학예술에 대한 국가주의적 통제를 정당화하는 최초이자 최후의 금기, 또는 금기 그 자체였다. 일본문학에 대한 해금은 4월혁명(1960) 직후 이루어졌다. 최근 나는 어느 좌담에서 60년대의 대표적 작가 김승옥(金承鈺)으로부터 이 흥미로운 이야기를 들었다. 혁명 후 한국독서계의 큰 변화는 일본문학의 번역이 속출하였다는 것이다. 이승만독재의 붕괴가 일본문학의 해금을 불러왔듯이, 한국민주주의의 이정표로 되는 김대중정부의 출현 이후 일본대중문화의 해금이 시작되었다는 점은 검열이 한국에서 해체의 최후단계에 들어섰음을 드러내는 것은 아닐까?
[2] 월드컵 유치를 놓고 경쟁하던 한·일 양국은 1997년 공동개최로 결정되자 오히려

정한 의미의 국민적 협력의 시대가 한·일 양국의 안전(眼前)에 전개되리라는 희망을 품게도 되었다.

'선언'에 대해 한·일 양국, 특히 일본의 여론이 우호적이었다. 이를 "65년 한·일기본조약을 실질적으로 수정하는 의미를 지닌 역사적 문서"로 평가한 오꼬노기 마사오(小此木政夫)가 "낡은 한·일관계는 지금 소리를 내며 급속도로 무너지고 있다"(『한겨레』 1998. 10. 10)고 진단한 일은 대표적인 것이다. 그런데 과연, 냉전시대의 한·일관계를 근본적으로 규정해온 '65년체제'는 붕괴했는가? 모처럼 맞이한 한·일관계의 봄을 언제나 겨울로 되돌릴 만큼 그것은 여전히 위력적인 불씨다. 사실 '선언'이 발표되었을 때, 한국 안에서는 비판적인 시각도 없지 않았다. 대통령이 나서서 일본의 한반도 침략에 면죄부를 발행하는 것이 비록 선의에서 나온 것이라고는 해도 냉엄한 국제사회에서, 그것도 가장 적나라한 국가이성의 집행자인 일본정부를 상대할 때, 너무 순진한 것이 아닌가, 하는 의문이 제기되기도 하였다. 탈냉전시대의 한·일관계 즉 '포스트 65년'은 정녕 불가능한 꿈인가?

우리는 여기서 고통스럽지만, '포스트 65년'으로의 순항을 끊임없이 방해하는 냉전시대의 악령, 1965년을 되돌아볼 필요가 있다. 4월혁명(1960)으로 탄생한 장면(張勉)내각을 전복한 쿠데타(1961)로 집권한 박정희는 대일교섭을 서둘렀다. 군정 시기에 이미 한·일회담 타결을 결정하고 소위 '김종필(金鐘泌)·오오히라(大平)메모'를 통해 청구권 문제에 합의를 본 박정희정권은 한·일회담을 조기에 타결하려 했으

한·일관계의 새로운 시대를 위해 협력하는 방향으로 나아갔다. 한국에서는 "1965년체제에서 2002년체제로"라는 구호가 나올 정도였으니, 이듬해 '선언'의 출현에는 공동개최로 조성된 우호적 분위기도 한몫을 하였음에 틀림없을 것이다.

나, '굴욕외교'에 대한 전국적 반대시위에 부딪혀 비상계엄령을 발동, 이를 탄압하고(6·3사태, 1964), 이듬해 서울지구에 위수령(衛戍令)을 발동하여 '한·일협정' 비준안을 강압적으로 통과시킴으로써, 2차대전 이후 단절됐던 한국과 일본 사이의 국교가 일단 정상화되었다.

박정권은 왜 두 차례의 비상사태 선포라는 무리수를 무릅쓰고 '굴욕적'인 한·일협정 체결을 밀어붙였을까? 폭력적 방법으로 집권한 정권에 내재하는 정통성의 위기를 경제개발로 보전(補塡)하려 한 박정권은 일본의 자금이 절실히 필요했다. "이승만정권 말기에 이미 종래 무상원조(無償援助)방식으로 도입되던 외국자본이 점차 차관으로 전환하기 시작했지만, 원조경제체제에서 외자경제(外資經濟)체제로 바뀌기 시작한 것은 구체적으로 1962년 제1차 경제개발 5개년계획이 시작되면서이며 또 그것이 본격화한 것은 한·일협정(1965) 이후부터였다. (…) 한·일협정은 외자경제 전개과정에서 하나의 획기를 이루었다. 이 협정은 상업차관 등 일본자본을 적극적으로 도입함으로써 과거 식민모국으로서의 일본자본이 해방 후 20년 만에 다시 침투하는 길을 열어놓았고, 종전의 미국 일변도 외자도입선을 일본은 물론 서독·영국·프랑스 등 선진 자본국에 개방하는 계기가 되었다."[3] 박정권은 경제개발의 밑돈으로서 일본자본이 필요했을 뿐만 아니라 일본의 기술을 빌리고자 하였다. 협정 이전 미국의 대한원조(對韓援助)는 경제원조의 경우에도 군사적·정치적 배려가 우선해서, 민생안정을 위한 잉여농산물 증여나, 그것과 관련한 제분(製粉)·제당(製糖) 등 소비재산업에 대한 원조가 중심이었다. 이와같은 농산물 가격 억제책으로 농업생산력은 심각한 타격을 입게 되고 공업화는 지연되었다. 군사원조와 소비재 중

---

3) 강만길 『한국현대사』, 창작과비평사 1984, 242~43면.

심의 미국의 무상원조를 보완하기 위해 공업화를 우선 과제로 설정한 박정권은 협정을 통해 일본의 공업화 원조를 기대하였던 것이다.[4]

피침략국이 오히려 침략국에 외교관계 수립을 '구걸'하는 한국정부의 약점을 빌미로 일본정부는 과거 식민지배에 대한 진지한 청산문제를 적당히 얼버무리고 이 과정에서 시종일관 우월적 지위를 과시하였다. 한국전쟁(1950~53)를 계기로 기사회생한 일본자본에 있어서 한·일수교는 일본 상품의 시장 확대라는 실익을 바탕으로 한국에 대한 잃어버린 영향력을 회복할 기회라는 점에서 불감청(不敢請)이언정 고소원(固所願)인 셈인데도 말이다. 임진왜란(1592~98) 후, 이 전쟁의 책임으로부터 상대적으로 자유로운 토꾸가와막부(德川幕府)의 끈질긴 화의(和議)요청에 의해 1607년 조·일수교(朝日修交)가 회복되었던 과거의 예에 비추어도,[5] 박정권의 대일자세는 기막힌 전도가 아닐 수 없다. 이 점에서 '65년체제'의 성립에서 박정권의 책임이 일본 못지않게 엄중함을 유념해야 한다.

또한 우리는 일본에서도 이 협정에 반대하는 민중운동이 치열했던 사실을 기억할 필요가 있다. 1965년 7월 "'베트남 침략반대, 한·일조약 비준저지 국민공동행동의 날'이 정해졌고, 두번째의 1일 공동투쟁이 행해졌다. (…) 한·일조약 비준저지투쟁은 중앙실행위원회 주최로 9월 12일 전국에서 연인원 50만명을 동원하면서 급속히 고조되었다. 조약 안건이 중의원 본회의에 상정된 11월 9일에는 양(兩)실행위원회 공동주최 집회가 열렸고, 여기에는 전국에서 연인원 60만명이 행동에 참가했다. 중의원 본회의에서 안건이 강행처리된 11월 13일에는 제2차

---

4) 隅谷三喜男『韓國の經濟』, 東京: 岩波書店 1976, 115~16면과 122면.
5) 이상백『진단학회 한국사: 근세전기편』, 을유문화사 1971, 671~73면.

공동주최 집회가 열렸는데, 전국 30개 노동조합에서 300만명의 노동자가 시한파업·직장집회를 가졌다."[6]

'안보투쟁'(1960)의 패배 이후 침체했던 일본의 민중운동이 한·일협정과 베트남전쟁을 계기로 다시 고조되었다는 점은 흥미롭다. 주지하다시피 1959년 1월 키시(岸信介)내각이 미·일안보조약 개정 교섭에 박차를 가하자 그해 3월부터 반대운동이 시작되어, 1960년 1월 신안보조약 조인과 함께 안보투쟁은 불타올랐다. 4월혁명의 승리 소식이 안보투쟁에 일정한 자극을 주었다는 점도 기억할 일인데,[7] 신안보조약의 핵은 소련·중국·북조선 등에 대한 미국의 동아시아 반공포위망을 새로이 짜는 데 일본의 역할을 강화하는 것, 즉 "일·미(日米)군사동맹과 일본제국주의 부활의 방향"에 있다.[8] 한반도의 분단(1945)과 한국전쟁을 통해 발진한 냉전체제는 1950년대 후반 새로운 단계를 맞이한다. 소련은 1956년 핵탄두를 발사할 수 있는 대륙간탄도탄(ICBM) 실험에 성공하는 한편, 이듬해에는 인공위성 스뿌뜨니끄 1호를 우주에 쏘아올림으로써, 핵병력의 우위에 기초한 미국의 냉전정책은 파산하였다. 자신감에서 우러난 소련의 평화공존 공세에 맞서서 미국은 처처에 반공포위망을 강화하기에 이르니, 1958년 인도네시아, 미얀마, 태국, 파키스탄에서 미국이 지원하는 반공쿠데타가 발생했던 것이다.[9] 미일안보

---

6) 藤原彰·荒川草二·林博史, 노길호 역 『우리가 알아야 할 일본의 현대역사: 1945~1991』, 명진출판 1991, 220면.
7) 1998년 가을 토오꾜오(東京)에서 이루어진 대담자리에서 카라따니 코오진(柄谷行人)으로부터 이 이야기를 들었다. 그는 1960년 당시 토오꾜오대 학생으로 이 투쟁에 참여했다. 일본의 안보투쟁, 한국의 4월혁명, 그리고 독재정권을 붕괴시킨 터키의 4월학생시위, 1960년에 일어난 이 일련의 사건들을 하나의 연쇄 속에 파악할 필요가 있다.
8) 藤原彰『日本近代史 III』, 東京: 岩波書店 1978, 244면.

조약의 개정은 일본을 동아시아 반공포위망의 중요한 하위파트너로 삼으려는 미국의 신냉전정책의 소산인바, 한·일협정 또한 미국의 구도 아래 이루어졌다고 보아도 좋다. 미국은 한국과 일본을 각기 관리하는 쌍무동맹에서 일종의 삼각동맹으로 한걸음 나아갔던 것이다. 4월혁명의 승리에는 삼각동맹 형성에 걸림돌인 반일적 이승만정권의 교체를 고려하던 미국의 속셈도 한몫을 했음을 냉철히 접수해야 하는데, 또한 미국의 신냉전정책을 파열할 중요한 고리로 부상한 베트남사태도 중요한 변수의 하나였다. 1960년 베트남민족해방전선의 결성과 함께 남베트남이 위기에 몰리자 미국은 1963년 반공쿠데타로 부패한 응오딘지엠(吳廷琰)정권을 붕괴시키고 이듬해부터 베트남사태에 개입하기 시작하였다. 베트남전쟁을 계기로 미·소대결이 격화되는 와중에 1963년 11월 케네디가 암살되고 1964년 10월에는 흐루시초프가 실각했다는 사실은 상징적이다. 매파적 성격이 더욱 강한 존슨행정부의 베트남 개입이 본격화하는 바로 1964년, 박정권은 미국의 요청 아래 파병을 개시하였고[10], 베트남전쟁을 일본자본주의 발전에 있어서 한국전쟁에 이은 절호의 기회로 파악한 일본정부는 미국의 베트남 개입을 전폭적으로 지지하며 일본을 베트남전쟁의 "최대 작전·보급기지"[11]로 제공하였으니, 한·일협정과 베트남전쟁은 긴밀한 고리로 연결되어 있었던 것이다.

요컨대 한·일협정은 베트남전쟁을 계기로 미·소대결이 악화되는 신냉전정책의 산물이었다. 한국정부를 '한반도의 유일한 합법정부'로

---

9) 藤原彰, 앞의 책 237~38면.
10) 강만길, 앞의 책, 188면.
11) 藤原彰·荒川草二·林博史, 앞의 책 219면.

인정한 이 협정은 박정희의 개발독재와 자민당의 장기지배의 유착 아래 주로 북한을 겨냥한 일종의 반북동맹을 출현시켰다. 그런데 흥미로운 것은 한·일 두 정부의 유착에도 불구하고 진정한 의미의 한·일의 화해는 좀체 이루어지지 않았다는 점이다. 오히려 연대의 가능성은 '65년체제'에 저항한 한·일 두 나라 민중의 투쟁 속에 숨쉬고 있는지도 모른다. 이 점에서 미국의 신냉전정책에 기꺼이 참여한 박정권과 자민당정권의 한·일협정 체결에 반대한 한국과 일본 민중의 투쟁은 비록 패배했지만, 이후 한국의 민주화를 전진시키고 일본군국주의 부활을 견제한 진정한 한·일연대의 소중한 원동력이 아닐 수 없다.

 1989년 동베를린장벽의 붕괴로 냉전체제가 붕괴했음에도 65년체제는 왜 아직도 위력적인가? 그것은 무엇보다 세계적 차원의 해체에도 불구하고 동아시아에서 냉전체제가 한반도를 고리로 작동하고 있기 때문이다. 그 사이 한반도, 특히 한국은 탈냉전시대로 진입할 뜻깊은 행보를 거듭해왔다. 1997년 겨울, 한국을 강타한 금융위기의 와중에서 이루어진 김대중정부의 탄생은 획기적이다. 물론 김영삼(金泳三)정부의 출현도 그 징후지만, 한국민주주의는 분단체제 아래에서는 거의 불가능한 것처럼 여겨졌던 평화적 정권교체를 이룩함으로써 그 완강한 분단체제의 균열이 본격화했던 터이다. 한반도의 화해와 협력시대를 열기 위해서 한국정부는 주변 4강과 긴밀히 협의하면서, 특히 일본의 이해가 핵심사안이라는 점에서 '65년체제'를 넘어설 '한·일공동선언'(1998)을 주도적으로 추진했던 것이다. 그리하여 마침내 6·15남북공동선언(2001)의 이정표를 세움으로써 우리는 홍콩과 마카오의 반환이 20세기를 마감하는 빅쑈라면 한반도의 통일시대로의 진입은 21세기를 여는 상서로운 조짐으로 믿어마지 않았다. 그런데 이 문제에 뜨아한 태도로 방관하던 일본 우익/정부가 국가주의적 부시정권의 등장을 계기로 공세로 전환하면서 '포스트 65년'을 위한 기획이 정체를 면치 못하고 있는 형국이다. 한반도의 화해시대가 혹 한반도를 친중(親中)으로 기울게 하지 않을까 하는 우려가 일본의 조야(朝野)에 없지 않은 모양인데, 한국은 동아시아의 균형추라는 점에 유의했으면 싶다. 동아시아 분쟁의 충돌점이, 근대 이전은 물론이고, 특히, 근대 이후에도 한반도라는 사실에 착목할 때, 분쟁과 갈등으로 얼룩진 동아시아의 20세기를 넘어서는 데 한반도의 화해는 필수적이라는 사실을 깨닫게 된다. 4강의 힘이 교착하는 결절점, 한반도의 평화 없이 동아시아의 평화, 나아가 세계평화도 없다고 보아도 좋다.[12]

미 테러사태(2001) 이후 21세기가 불확실성 속으로 일거에 함몰하고 있다. 부시행정부가 국가주의적 대결정책을 취하면서 이에 고무된 일본 우익/정부의 공세로 남북관계와 한·일관계가 함께 유동적 상황으로 기운 현실은 우리로 하여금 1965년을 다시 떠올리게 한다. 동아시아의 평화를 위협하는 전찰(前轍)을 반복할 수는 없다. 추호의 낙관도 허용하시 말며, 시레 비관 속으로 빠지시도 말고, 사태에 엄숙히 즉하면서 어떤 선택이 한·일에 이로울지 지혜로운 숙고와 실천이 요구되는 때다. 이 점에서 98년 공동선언을 이끌어냈을 뿐 아니라, 한·일관계의 악화를 다시 구원한 2002년 한·일월드컵[13]이 종요롭다. 공동개최 결정에는 한·일관계의 개선뿐 아니라 남북관계의 화해를 내세운 한국의 호소가 중요한 요인의 하나로 작용했다는 점에서 2002년을 한반도의 화해시대를 돕는, 그럼으로써 탈냉전시대의 한·일관계를 여는

---

12) 이에 대해서는 본서의 「탈냉전시대와 동아시아적 시각의 모색」을 참고할 것.
13) 월드컵과 함께, 1965년 때처럼 미국의 구도가 중요한 역할을 했다는 점을 망각할 수 없다. 미 테러 사태 이후, 세계적 차원에서 반테러연합을 조직하고자 하는 미국에 있어서 한·일의 반목은 방치할 수 없는 문제이기 때문이다.

'포스트 65년'의 거점으로 삼는 인식의 전환이 요구된다. "검은 피부의 노동에 낙인이 찍혀 있는 곳에 흰 피부의 노동도 해방될 수 없다"는 남북전쟁에 관한 맑스의 언급을 음미하면서, 한반도가 분단으로 고통받는 한 일본도 진정한 평화에 이를 수 없다는 자각 아래, '65년체제' 이후 이루어진 한·일의 '저항의 연대(連帶)'를, 물론 저항을 포기하지 않으면서, 한반도의 화해와 일본의 개혁을 위한, 그리하여 한·일이 함께 21세기로 나아가는 '건설의 연대'로 재구축할 바로 그때다.[14]

희망

최근 한반도가 다시 세계의 이목을 끌고 있습니다. 다행스럽게도 일본정부도 미국의 일방주의를 일정하게 견제하면서 남한정부와 공조하여 북·일교섭을 추진하고 있습니다. 이미 제가 누차 강조했듯이 일본사회의 향방은 남한, 아니 한반도 전체의 운명에 깊은 영향을 끼칩니다. 왕년에 메이지정부가 조선의 근대화를 지지하다가 돌연 '동방의 나쁜 친구들'을 거절하는 방향으로 틀면서 동아시아 전체가 일본 자신도 희생되는 대재난의 전쟁으로 빠져든 바 있습니다. 지금 일본에서 북조선의 일본인 납치문제로 북·일교섭의 기조가 흔들릴 정도라는 보도를 접하고 깊은 우려를 금할 수 없었습니다. 한국인의 큰 병폐 중 하나가 일본을 잘 알지도 못하면서 우습게 아는 것입니다만, 일본사회도 자기의 힘을 제대로 알고 있는지 의아할 때가 없지 않습니다. 일본은

---

14) 이에 대해서는 나의 인터뷰 「統一時代に建設的連帶を」(『世界』 2000. 12)를 참고할 것.

대국입니다. 저는 물론 북의 납치를 옹호할 마음이 추호도 없습니다. 예전에 일본이 식민지조선에 대해 저질렀던 행실을 생각하면 그건 약과라고 들이대는 논리 또한 적절한 것은 아닙니다. 데리다는 용서할 수 없는 것을 용서하는 것이 진정한 용서라고 말했습니다. 한국과 일본, 북조선과 일본이 상호 관용의 정신으로 가해와 피해의 역사를 가로지를 때 일본과 한반도는 21세기를 진정으로 맞이할 수 있을 것입니다.

서로에게 유리한 것만 기억하는 낡은 기억의 정치를 넘어설 때, 한반도에 새 시대가 가능할 것이고, 나아가 일본사회 전체의 갱신도 가능해질 것입니다. 기억의 정치가 아니라 기억의 황홀한 연금술로 한·일 두 나라 시민이 각기 자기사회를 함께 자유로운 공동체로 만드는 작업의 도정에서 만날 때 한·일관계도 비로소 냉전시대의 악령으로부터 해방될 것입니다.

한국에서 일본을 좋아하는 젊은이들이 늘어가고 있습니다. 일본에서도 한국을 좋아하는 젊은이들이 생기기 시작했습니다. 국가주의 망령에서 자유롭지 못한 한·일 두 기성세대를 넘어서 두 나라 젊은이들이, 21세기의 새로운 시민으로서 함께 살아가는 '자유도시'가 출현할 새로운 조짐이 아닐 수 없습니다.

저도 그 도시에서 살고 싶습니다.

그날이 빨리 오기를 희망합니다.

오늘 우리의 만남이 부디 그 상쾌한 출발로서 기억되기를 간절히 빌면서 제 서툰 강의를 끝냅니다. 감사합니다.(2003년 2월 개고)

: 보론 :

한·일·미 삼각동맹 결성이라는 방향으로 선회한 미국의 동아시아 전략 수정에 따라 이루어진 근본적 제한성에도 불구하고 한·일관계는 비준 이후 반세기의 연륜을 통과하면서 이제 상호의존성을 '의식'하는 단계에까지 도달했다. 특히 최근에 이르러 민간적 교류의 통로들이 다변화하면서 쌍방향성의 조짐들이 확산되고 있다. 한·일관계는 이제 두 나라의 생활세계를 아래로부터 먹어들어가는 문화적 상호침투의 새로운 단계를 경험함으로써 한·일유착이라는 한 시대의 어두운 그림자로부터 탈각할 결정적 분기점에 도착한 것이다.

그러나 이 낙관은 한편 일거에 붕괴될 수 있는 취약점들을 감추고 있다. 유령들이 배회한다. 탈냉전시대의 심화 속에서 북방 삼각동맹(북·중·러)과 남방 삼각동맹(한·일·미)의 대치가 완화되면서 한반도 분단체제가 해체의 길로 들어서는 것에 대한 반동으로 특히 일본에서 냉전에 대한 향수가 준동하고 있다. 2001년 일본역사교과서 사태는 그 징후를 날카롭게 대변한다. 일본 일각의 움직임에 자극받아 한국에서도 반일감정이 타올랐다. 그런데 한·일 두 나라 민족주의의 적나라한 충돌로 귀결될 이 사태의 위기 속에서 새로운 출구가 발견되었다. 일본에서는 시민사회의 치열한 대응으로 우익교과서의 채택률이 1%에도 미치지 못하는 성과를 거두었고, 한편 한국에서도 단순한 일본교과서 비판에서 나아가 한국역사교과서에 대한 반성이 제기되었던 것이다.

남에게만 엄격한 것이 아니라 자기에게 엄격할 때 비로소 진정한 상호비판과 상호연대가 구축될 수 있다. 정치적 무의식으로 복재(伏在)했다가 때만 되면 강렬한 휘발성을 발휘하는 두 나라 민족주의의 충돌, 이 지리한 반복으로부터 탈각하여 한·일 두 나라 사람들이 '열린 도시'의 새로운 시민으로 공생(共生)할 터전을 마련할 근본적 사유, 즉 냉전시대의 한·일관계를 넘어서 탈냉전시대 한·일관계의 새 연대의 틀을 구축할 시점이 아닐 수 없다.

한·일협정 50주년을 맞이하는 2005년, 일본에서 교과서사태가 재연될 조짐이다. 일본 우익의 책동에 중국의 동북공정이라는 악재까지 겹쳐 한국에서도 민족감정이 다시 인화될 우려가 높다. 애써 쌓은 한·일 사이의 우정을 일거에 무로 돌릴 수 있는 불행한 충돌을 공동으로 방지하는 1차적 작업을 통해 한·일의 시민들이 20세기 한·일관계의 악령으로부터 벗어나 연대의 21세기로 함께 나아갈 길을 개척하는 전화위복(轉禍爲福)의 기회로 삼는 지혜가 요구된다.

임진왜란을 다시 생각한다

『수길일대와 임진록』을 읽고

1. 기억의 공유

한국과 일본은 그토록 오랫동안 침략과 저항 또는 교류와 단절의 복잡한 교환과정을 통과했음에도 서로에 대해 무지하다. 물론 일본의 한국연구는 만만치 않은 성과를 축적해왔지만, 그럼에도 식민지 경영이라는 일본근대국가의 요구에 기초한 관학(官學)에서 출발한 근본에서 좀체 헤어나오지 못했다고 할 수 있다. 한·일연대를 내다보는 드문 연구들이 없지 않았지만, 그것은 어디까지나 예외자 또는 소수자의 목소리에 그치기 일쑤였다. 한국의 경우는 어떤가? 한국의 일본연구는 빈약하기 짝이 없다. 일종의 피해의식 속에 한국사회에서는 오랫동안 일본을 전공한다는 것 자체가 의식적·무의식적 금기였던 것이다. 최근에 일본연구자들이 급증하는 추세지만, 아직은 그 금기에 대한 근본적

'위반'에 이르지는 못했다고 판단된다. 요컨대 국민적 차원에서는 여전히, 풍문만 무성한 기이한 상호(무)관심 상태가 한·일 두 나라 사회를 지배하고 있다고 보아도 좋다.

알려지지 않은 과거는 알려지지 않은 미래다. '중심의 도그마'에 자족하는 중국에 대한 대타(對他)의식 속에 일본은 '독자성의 도그마'에 지펴 있고, 중국과 일본의 포위에서 한국은 '단일성의 도그마'로 탈주한다. 평행선을 달리는 이 도그마들의 분할 속에 역사적 경험은 각 나라의 국가주의적 통제 아래 분산되었다. 일본은 한국의 현재 속에서 일본을 찾고, 역으로 한국은 일본의 과거 속에서 한국을 찾는다. 자기 안의 타자를 부정하는 이 지독한 동일성의 확인으로부터 탈각하여 두 나라 사이를 가로지르는 경험들을 옹근 의미에서 복원함으로써 자기동일성의 복제적 확대가 아니라 차이의 발견과 존중으로서의 한·일 역사에 대한 상호이해와 상호교육이 절실히 요구된다. 역사를 지우는 문화론으로 전락하지 않으면서 역사적 기억을 공유하는 과정에서 자연스럽게 생성되는 화이부동(和而不同)의 문화적 접근이 관건이다. 일제의 직접적인 지배 아래 굴종했으면서도 일본에 대한 이해를 방기해온 한국사회, 그리고 아시아의식을 결락한 채, 대(對)아시아의식만 도드라진 일본사회, 한·일 두 나라의 국가주의적 통제 아래 분할된 역사상(像)을 교차하는 문맥 속에 재구축하는 한·일 지식인의 공동의 노력이 조직된다면, 이 일이야말로 상호무지를 넘어서 상호이해로 가는 첫걸음이 될 것이다.

희망은 있다. 우리는 일본 우익/정부의 역사교과서 소동에 보잘것없는 채택율로 응답한 일본시민사회의 저력에 주목한다. 또한 이 소동이 한국에서 반면교사(反面敎師)의 역할도 하였음을 잊을 수 없다. 이 파동으로 한국에서도, 일본 우익/정부의 민족주의 못지않게 민족주의에 물든 한국의 역사교과서와 역사교육에 대한 진지한 반성을 이끌어 냈기 때문이다. 이 두 힘이야말로 탈냉전시대의 도래에도 불구하고 새로운 한일관계의 정립을 간단없이 방해하는 '65년체제'를 해체할 소중한 불씨가 아닐 수 없다.

2. 망각된 저술가 현병주

나는 이 자리에서 역사적 기억의 진정한 공유를 시도한 희귀한 선례(先例)로서 현병주(玄丙周)의 『수길일대(秀吉一代)와 임진록(壬辰錄)』을 소개하고자 한다. 어디에서 구입했는지 그 기억조차 가물가물한 채, 서재의 한 구석에 숨어 있던 이 책을 나는 최근에야 '발견'하였다. 간기(刊記)에 의하면 이 책은 1930년에 초판, 1932년에 재판, 1933년에 3판을 찍었다. 그런데 저자가 서문을 쓴 날짜는 기사년(己巳年, 1929) 11월이고, 집필에 착수한 날짜는 '재작년 겨울' 즉 1927년 겨울이니, 2년에 걸쳐 씌어진 것이다. 출판사는 신구서림(新舊書林), 주로 구소설과 신소설 등 대중물을 간행하는 상업출판사다.[1]

이 책의 저자 현병주는 누구인가? 조각보 맞추듯 이 생소한 이름의 몸을 찾아가보자. 이 책에서 얻을 수 있는 저자정보는 두가지다. 그의 호(號)는 '수봉(秀峯)'이다(상편 1면). 그리고 간기에 의하면 이 책을 출간할 당시 그의 거주지는 '경성부(京城府) 견지동(堅志洞) 80번지,' 서문 끝에 나오는 대로 '탑공원(塔公園) 밖' 즉 3·1운동의 진원지인 탑

---

[1] 텍스트는 현병주 『秀吉一代와 壬辰錄』 上下合編, 新舊書林 1933(3판). 이하 이 책의 인용은 따로 주를 달지 않고 면수만 표시함.

골공원 근처 동네다.

  빈약한 저자정보에 답답해하는 내게 사나다 히로꼬(眞田博子)가 결정적 자료를 찾아주었다. 뜻밖에도 현병주는 우리 회계학자들이 주목한 인물이었으니, 윤근호(尹根鎬)에 이어 조익순(趙益淳)이 이 망각된 저술가의 행적과 저술목록의 대강(大綱)을 이미 수습하였다. 조익순에 의하면, 현병주의 『사개송도치부법(四介松都治簿法)』(덕흥서림德興書林 1916)은 "우리나라의 고유부기를 체계적으로, 그리고 논리적으로 설명한 우리나라 최초의 저서"로서 당시 일본의 회계학계에도 일정한 충격을 선사했다는 것이다.[2] 그런데 그의 저술은 이에 그치는 것이 아니다. 조익순은 총 16권에 이르는 그의 방대한 저술목록을 제시하였다.

  1) 『명자길흉자해법(名字吉凶自解法)』 1916

  2) 『사개송도치부법』 1916

  3) 『남녀연합토론집』 1921

  4) 『박문수전(朴文秀傳)』 1921

  5) 『명사시담(名士時談)』 1921

  6) 『송도말년불가살이전(松都末年不可殺爾傳)』 1921

  7) 『시사강연록』 제4집(제5집의 착오—필자) 1922

  8) 『조선팔도비밀지지(朝鮮八道秘密地誌)』 1923

  9) 『비난정감록진본(批難鄭鑑錄眞本)』 1923

  10) 『남녀토론집』 1927

  11) 『임진록』 1929

  12) 『사육신전』 1929

---

2) 조익순 『四介松都治簿法前史: 우리나라 고유부기의 발자취』, 태남 2000, 235면.

13) 『생육신전』 1929

14) 『장개석(蔣介石)부인과 청방(青幇)수령 두월생(杜月笙)의 수단』 1933

15) 『단종혈사』 1936

16) 『순정비화(純情秘話) 홍도(紅桃)의 일생』 1953[3]

금수호연생(錦水胡然生)·호연생·영선(翎仙)·허주자(虛舟子)·금강어부(錦江漁父)·수봉 등 다양한 호를 사용하여 복서(卜書)에서 실록(實錄)에 이르기까지 백과전서적 스펙트럼을 보여준 현병주는 참으로 기이한 저술가가 아닐 수 없다. 이 목록을 바탕으로 나는 그의 저술활동을 고증하여 아래와 같이 보완하였다.

1) 『화원호접(花園蝴蝶)』(대창서원大昌書院 1913) ― 소설
 * 현재로서는 이 신소설이 그의 첫 저서다. 이 책 1면에 '호연생 현영선'이라 저자를 표시했고 간기에는 '저작자 玄丙周'가 뚜렷하다. 당시 그의 주소는 '충청북도 청안군내(淸安郡內) 옥기리(玉岐里) 2통 3호'다.

2) 『실용자수(實用自修)사개송도치부법』(덕흥서림 1916) ― 부기학
 * 금강어부 현병주 편집 / 개성 金璟植 裵俊汝 幷閱(1면)
 * 덕흥서림 1928년 출판본도 있다.

3) 『명자길흉자해법』(신구서림 1916) ― 복서

4) 『홍문연회항장무전(鴻門宴會項莊舞全)』(박문서관博文書館 1917) ― 소설
 * 박문서관 1919년본도 있다.

---

[3] 조익순, 앞의 책 237면. 이 목록은, 연도별 번호를 붙여 정리한 원 목록을 논의의 편의를 위해 내가 권별로 다시 정리한 것.

5) 『파자점서(破字占書)』(영창서관永昌書館 1921) — 복서

6) 『박문수전』(백합사百合社 1921) — 전기

7) 『남녀연합토론집』(광문사廣文社 1921) — 편저

* 광문사 1928년본도 있다. 조익순 목록의 10번도 이 책인 듯하다.

8) 『명사시담』(광문사 1921) — 편저

9) 『송도말년불가살이전』(우문관서회友文館書會 1921) — 소설

"우문관서회 5판본(1927)의 '첫머리말'에 의하면, 이 소설은 1917년 여름 '한양공원하(漢陽公園下)'에서 창작되었는데, 그때 제목은 『불가살의전기(不可殺議傳奇)』였다. 이를 1921년 중추(中秋) '광화문전(光化門前)'에서 개작·개명하여 출판한 것이라고 한다. 본문 앞에 '錦江漁父 玄虛舟子 翎仙 著'라고 명기했다.

10) 『시사강연록』제5집(광문사 1922) — 편저

* 권두변언(卷頭弁言) 「가즉시진(假卽是眞)!!」에서 현병주는 이 책의 성립을 다음과 같이 밝힌다. 윤치호(尹致昊) 이상재(李商在) 신흥우(申興雨) 김필수(金弼秀) 등의 강연을 바탕으로 책임정리한 원고들을 묶었다고. 그런데 목차를 보면 강매(姜邁) 장도빈(張道斌) 윤익선(尹益善)의 글에는 '수고(收稿)'라고 명기한 것으로 보아 필자들에게 직접 청탁됐음을 알려준다. 간기에 '편집 겸 발행자'로 현병주가 뚜렷한데, 당시 그의 주소는 '경성부 견지동(堅志洞) 51번지'다.

11) 『조선팔도비밀지지』(우문관서회 1923) — 비서(秘書)

* 이 책의 본문 앞에 현병주는 복잡한 출판경위를 밝히고 있다. "淸潭 李重煥 原著, 芝山 李章薰 藏本, 于堂 尹喜求 校閱, 翎仙 玄丙周 修輯". 이 책의 저본은 이중환의 『택리지(擇里志)』다. 그런데 요즘 우리가 접할 수 있는 『택리지』와는 사뭇 다르다. 비기적 성격의 서술이 대폭 첨가되었다. 이본이라기보다는 거의 위서(僞書)에 가깝다. 현병주는 서문에서 "是歲夏月에 都中一宿儒 일편의 고서로써 秘書라 칭하며 余에게 간행을 권유"했다고 말한다(5면). 그러니까 '도중일숙유'(서울의 어느 높은 선비)가 바로 지산 이장훈일 것이다. 지산 소장본을 우당의 교열을 거쳐 현병주가 정리해 출판한 것이다. 이 책의 간기에도 현병주의 주소는 견지동 51번지다. 그런데 이 주소가 우문관서회의

소재지라는 점이 흥미롭다. 혹 현병주가 우문관서회의 주인인가?

12) 『비난정감록진본』(우문관서회 1923) — 비서
   * 이 책의 본문 앞에 '금강어부 현영선 병주 총비(總批)'라고 적었다. '총비'란 곧 편집인데, 이 책 제목에 들어 있는 '비난'과 같다.
   * 서울대소장본 우문관서회 1926년 재판본.

13) 『임진명장이여송실기(壬辰名將李如松實記)』(덕흥서림 1929) — 전기

14) 『수길일대와 임진록』(신구서림 1930) — 실록
   * 나의 소장본은 신구서림 3판본(1933)이다. 안표지에 '우문관서회 장판(藏板)'이라 밝혔는데, 그의 주소가 견지동 80번지로 바뀌었다.

15) 『장개석부인과 청방수령 두월생의 수단』(대성서림大成書林 1933) — 실록

16) 『일만군(日滿軍)의 열하(熱河)토벌기』(삼문사三文社 1934) — 실록

17) 『사육신전』(신구서림 1935) — 전기

18) 『생육신전』(신구서림 1935) — 전기

19) 『단종혈사』(거문당巨文堂 1936) — 실록

20) 『순정비화 홍도의 일생』(세창서관世昌書館 1953) — 소설
   * 영화(永和)출판사 1961년판도 있다.

3. 다시 쓴 『임진록』

이 책의 내용은 제목 그대로 임진왜란사다. 그런데 정사(正史)가 아니라, 아마도 30년대 야담(野談)의 유행과 무관하지 않은 일종의 야사(野史)다. 저자 스스로 "내 기록은 항상 시골농군이나 들어앉힌 아낙네를 독자의 대상으로 하야 그저 얼른 풀기 좋게 뜻 알기 쉽게 하면 그만이다 하는 버릇"(「머리말」)에 기초하였음을 밝히고 있기 때문이다. 그

렇다고 그냥 야사는 아니다. 그가 밝힌 참고문헌은 한·중·일을 망라하고 있다. 한국측 기록은 유성룡(柳成龍)의 『징비록(懲毖錄)』을 비롯하여 10여종, 일본측은 텐께이(天荊)⁴⁾의 『세이세이닛끼(西征日記)』를 위시하여 10여종, 그리고 중국측은 쭈거 웬쎵(諸葛元聲)의 『양조평양록(兩朝平攘錄)』을 비롯하여 7종(1~2면), 실로 만만치 않은 자료섭렵(涉獵)이다. 그럼에도 "가장 사실에 치중하야 할 수 있는 대로 맹랑한 말 허튼 소리 같은 것은 기록에 넣지 아니하기로 하였다"(「머리말」)는 언명에서 보듯 사료에 대한 엄격성을 유지하였다. 그것은 이 책이 방대한 주(註)를 포함하고 있는 점에 잘 드러난다. 이는 "검열당국의 주의"에 말미암은 것인데, 저자는 차라리 다행으로 여긴다. "다시 앞주〔前註〕를 대여 대문(大文)의 허실(虛失)한 데를 대강 짓고 꿰어매고" 할 수 있었기 때문이다. 말하자면 이 책은 정사와 야사 사이를 횡단하고 있다. 저자는 말한다. "마치 좁은 장소에서 여러 사람이 지꺼려서 듣는 사람의 귀를 소란케 하는 것 같아였다(「머리말」)." 임진왜란에 관여한 그 모든 관점들이 이 공간 안에서 일종의 씸포지엄의 형식으로 충돌하고 소통한다. 조선지배층의 관점과 그에 저항한 반체제의 관점뿐 아니라, 엘리뜨들 사이의 권력의 교체사 바깥의 하위자집단(subaltern)의 관점도 억압되지 않는다. 또한 이 전쟁의 국제적 성격도 충분히 조명된다. 침략자 일본과 원조자 명(明)도 동등하게 참여함으로써 한국사 기술에 두드러진 일국주의(一國主義)를 극복하고 있다. 16세기 말 조선을 둘러싸고 벌어진 동아시아의 대전란(大戰亂)인 임진왜란의 전과정과 전국면을 야담체에 녹여낸 이 저작은 정말로 경이롭다.

---

4) 아즈찌모모야마(安土桃山)시대 곧 16세기 말의 승려로 임진왜란(일본에서는 '분로꾸노에끼 文綠の役')에 종군한 경험을 기록한 『세이세이닛끼』를 남김.

현병주는 왜 임진왜란을 다시 쓰고 있는가? 이 전쟁 이후 조선에서는『징비록』을 비롯한 수많은 기록문학이 출현하였다. 그 과정에서 기이한 소설『임진록』이 탄생하였다. 일본의 침략을 규탄하면서도 이 소설은 조선지배층의 무능을 비판하고 있는데, 더욱 흥미로운 것은, 조선 팔도(八道)를 돌며 산천의 혈맥을 끊는 이여송(李如松)의 행적을 제시하는 데서 드러나듯, 원조자 명에 대해서도 우호적이지 않다. 이 작품은 임진왜란을 바라보는 가장 날카로운 민중적 관점을 제출한다. 그런데 여기에는 1차원적 공상도 개입한다. 일본 정벌 이야기가 그렇다. 물론 이 정벌은 소설 속에서도 실패하지만 승군(僧軍) 의병장으로 활약했던 사명당(泗溟堂)이 도술(道術)로 왜왕(倭王)의 항서(降書)를 받아내는 욕망성취의 서사로 귀결되는 것이다.

임진왜란은 대한제국의 운명이 바람 앞의 등불 형국으로 떨어진 시기에 다시 주목된다. 단재(丹齋) 신채호(申采浩)의『이순신전』(李舜臣傳, 1908)은 대표적인 것이다. 전투적인 계몽주의자 단재는 임진왜란사에서 이순신을 단독적으로 호명(呼名)하여 일제에 대항하는 국민주의 영웅으로 전경화(前景化)하였으니, 이는『임진록』의 재편이기도 하다. 집단적 전기(傳記)의 성격이 풍부한 전자를 하나의 위인전으로 예각화하는 후자로의 이행과정이란, 만신전(萬神殿)의 해체와 유일신전(唯一神殿)의 구축을 통한 일종의 근대적 종교개혁으로 이해할 수 있는데, 이 과정에서 영웅주의와 일국주의가 더욱 강화되었다는 점도 주목되어야 한다. 이 작업은 춘원(春園) 이광수(李光洙)의 장편『이순신』(1931)으로 계승되고, 특히 박정희시대에는 구국의 영웅 이순신이 개발독재의 수호신으로 이행하기에 이르니, 대표적인 저항서사(抵抗敍事) '이순신'이 홀연 체제서사(體制敍事)로 편입되었던 것이다. 김지하(金芝河)가 희곡「구리 이순신」(1971)에서, 지금도 세종로 한복판에 서 있는 이순신장군 동상이란 껍데기를 해체하여 그 알맹이를 구원하고자 했던 것은 상징적이다. 그런데 이 과정의 근원에 『임진록』이 자리잡고 있다.

현병주의 작업은 의식적이든 무의식적이든 바로 이 『임진록』과 마주한다. 제목에 '임진록'이 드러난 것으로 보아 의식적이기 쉽다. 그런데 그 앞에 '수길일대'가 첨가된 것으로 판단컨대 계승적 성격이 강한 단재 이후의 작업과는 차별된다. '수길일대'란 임진왜란의 원흉 도요 또미 히데요시(豊臣秀吉)의 일대기란 뜻이다. 상편은 히데요시의 일대기요, 하편은 임진왜란사로 구성된 이 책[5]에서 그는 과감하게 히데요시를 전경화하였던 것이다. 『임진록』에는 아예 히데요시가 부재한다. 이 부재 또한 그 공상적 성격을 반영하는 것인데, 현병주는 친일파라는 지목(指目)을 뒤집어쓸 위험을 무릅쓰고 히데요시를 임진왜란의 한 축(軸)으로 내세운다.

무슨 의도일까? 히데요시의 조선침략이 조선·명·일본, 모두에 해독을 끼친 점을 분별(分別)한 후 작가는 말한다.

> 동방의 이러한 불행이 온전히 수길 한 사람의 허물이겠느냐 하는 것은 한번 토구(討究)하야볼 일이다. (…) 역사를 과학으로 해석한다 하면 시대가 영웅을 산출하는 것이니 수길의 허물은 그때의 시대가 얼마쯤 부담하지 않어서는 안될 것이다. (…) 수길의 허물도 봉건시대 말기에 반다시 있을 것이라고 아니할 수 없는 것이다. 그때 동방에 일어난 폭풍우를 그때에는 수길이 빚어내인 것같이 생각하얏지마는 다시 과학

---

[5] 상편이 86면이고 하편이 132면이니, 히데요시의 일대기가 이 책의 거의 2/5 분량을 차지한다.

으로 한번 분석해보면 폭풍우 그것부텀이 폭풍우 그것 자체의 돌변(突變)이 아니오 폭풍우를 빚어내인 기후를 발견하게 되는 것이다. 하여간에 나는 수길을 지목하야 한때 동방을 난사(亂射)한 혜성(彗星)이라 한다.(「총평」, 133~34면)

성(姓)은 빼고 이름만 부르는 데서 이미 암시되었듯이, 그는 결코 히데요시를 미화하지 않는다. 그럼에도 그를 단지 단죄만 하지는 않는다. 동아시아 삼국을 전란 속에 몰아넣음으로써 이후 삼국의 역사를 반동적 방향으로 이끈 히데요시의 선택에 비판적이면서도 그 선택에 관여한 역사의 힘을 발견할 것을 과학의 이름 아래 강조한다. 악역이든 선역(善役)이든 영웅을 역사의 대리자로 파악하는 그는 친일/반일의 도덕적 판단을 일단 정지하고 '영웅'을 경유해 역사로 직핍(直逼)함으로써 영웅 또는 영웅사관을 해체한다. 도덕의 피안(彼岸)에서 임진왜란을 조망하는 그 각도로부터『임진록』의 공상성과『이순신전』의 애국적 영웅주의로는 파악되지 않는 새로운 텍스트가 형성되었던 것이다. 물론 우리는 이 각도의 치명적 한계를 망각할 수 없다. 친일/반일, 친중/반중, 애국/매국의 양분법을 넘어서 임진왜란이란 대전란을 추동해간 힘을 추적하는 그 과학적 눈이, 속깊은 체념과 제휴한 일종의 허무주의로 전락할 싹을 내포하고 있기 때문이다.

중국침략의 전야에 집필되어 만주사변(1931) 즈음에 유통된 이 책의 생성과 출현 시기를 감안하면 더욱 그렇다. 일제의 중국침략은 임진왜란의 확대복제다. 나는 쿠로자와 아끼라(黑澤明)의「카게무샤(影武者)」(1980)를 보고, 타께다(武田)의 기마부대를 일거에 전멸시킨 오다 노부나가(織田信長)의 조총부대에 주목하였다. 아시가루(足輕)에서 칸바꾸(關白)에 오른 히데요시 이야기는 전형적인 근대서사다. 그러니

오다를 더욱 진전된 평민적 차원에서 계승한 히데요시의 군대, 조선으로 밀려온 일본군은 이미 근대적 군대가 아닐 수 없다. "일본군의 배후에 서구가 있었다는 점이야말로 임진왜란을 전통적 전쟁과 차별짓는 결정적 지표다. 다시 말하면 임진왜란은 시장 바깥에 별립(別立)한 중세조선을 향한 일본을 앞잡이로 한 서구의 때이른 엄습인 것이다. 중세가 육상의 시대라면, 근대는 바다의 시대다. 임진왜란의 발발은 이미 16세기 동아시아에 바다의 시대가 도착했음을 알리는 조숙한 징표다."6) 메이지유신(明治維新, 1868) 이후, '서양 패도(覇道)의 주구(走狗)'로서 조선을 비롯한 아시아 침략의 길을 걸은 일제는 근본적으로는 히데요시의 전철을 밟았던 것이다.

현병주는 장구하게 지속된 중화체제를 일거에 붕괴시킨 청일전쟁 (1894) 이후, 승승장구하는 일본제국주의의 도정, 그 원형을 히데요시와 임진왜란에서 보았다. 그는 또한 목전의 승리에도 불구하고 그 행진의 종말에 무엇이 기다리고 있는지도 예견했다. 이것이 그가 이 책을 통해 은밀히 전하고자 한 핵심이다.

역사를 추동해가는 힘의 맹목성 또는 필연성에 대한 그의 체념에도 불구하고 이 책은 일본에 대한 한국사회의 낮은 이해를 극복한 점에서 단연 이채롭다. 히데요시의 일대기를 추적하면서 그는 서구와의 접촉 속에서 근대를 향해 들끓는 전국시대(戰國時代)의 일본사회의 격동을 생생히 전달한다. 예컨대 오다의 반전통적(反傳統的) 정향이 어떻게 친서구적(親西歐的)인 것과 제휴하고 있는지를 놓치지 않은 다음과 같은 대목이 그렇다.

---

6) 본서의 「한국發 또는 동아시아發 대안?」 참조.

신장(信長)이 (…) 본원사(本願寺) 싸홈터에는 남만사(南蠻寺)를 새로 이룩하고 절 안에는 예수를 신봉하는 천주대(天主臺)를 높이 싸올리니 일본의 예수교가 이때부터 유행한 것이다. 신장은 지방에서 모아드는 늙은 선비를 모아들여 경전(經傳)을 논란하고 때로는 천주대에서 예배도 본다. (상편, 54면)

오다의 이런 성향이 정통의 제자인 히데요시에게도 계승되었으니, 히데요시의 근거지 오오사까성(大阪城) "한복판에 예수의 십자가(十字架)가 높이 걸린 천주각을 높이 싸올"(상편, 71면)렸다든가, 일본의 병선(兵船)이 예수교 선교사의 소개로 "포도아(葡萄牙, 포르투갈—필자)의 큰배〔大船巨舶〕을 많이 사들였다"(하편, 11~12면)는 기록도 흥미롭다. 이 점에 착목할 때, 근대적 조총을 중세적 칼의 숭배로 되돌린 도꾸가와 이에야스(德川家康)의 반기독교적 성격, 그 반동성이 해명된다. 히데요시의 근대성이 조선침략으로 파멸했다면, 들끓는 내란을 종식시킴으로써 평화를 이룩한 이에야스의 공(功)은 아래로부터 분출하는 시민적 에네르기를 억압적으로 관리하는 보수체제의 구축이라는 과(過) 속에 상쇄되는 것이다.

이 책에는 또한 일본의 침략에 앞잡이가 된 조선의 반민(叛民)에 대한 흥미로운 정보가 담겨 있다. 히데요시가, "조선의 반민이 많이 들어와 사"(상편, 80면)는 곳이라는 큐우슈우(九州)에 갔다가 요시라(要時羅)로부터 조선 사정을 청취하는 대목은 압권(壓卷)이다. 주에서 이 문답이 '소설식' 곧 허구라는 점을 고백하면서, 그는 "그때 구주나 사국(四國)으로 들어가 사는 사람은 대개 삼포란이나 죽도란에 들어간 사람"이라고 밝혔다(상편, 82면). '삼포란'이란 '삼포왜변(三浦倭變)'을 가리킬 터인데, 이는 1443년 일본과의 통상을 허락하면서 삼포를 개방

했던 조선왕조가 1510년 거류지를 폐쇄하려 하자 일으킨 일본거류민의 대규모 폭동이다. 그런데 이 왜변에 조선인들도 참여했다가 일본거류민들과 함께 일본으로 도망쳤다니 흥미롭다. 이런 부류가 존재하고 있었다는 점을 확인하는 것은 임진왜란 자체를 더 깊이 이해하는 데도 유익하다. 7년에 걸친 일본군의 장기 주둔에 따라 조선의 백성과 향리(鄕吏) 가운데 '부역자(附逆者)'들이 증가했으니[7], 선조(宣祖)는 귀순(歸順)하면 전비(前非)를 묻지 않겠다고 이들을 달래는 한글 교서(敎書)[8]를 반포(頒布)했을 정도다. 한국에 특히 두드러진 의병(義兵) 전통과 함께 이 '부역자'들의 동태를 시야에 넣을 때, 왜란 초기, 일본군의 빠른 북상(北上)을 더 잘 설명할 수 있을 뿐 아니라, 임진왜란의 교훈도 비로소 옹근 의미를 획득하게 될 것이다.

이와 함께 조선왕조의 차별정책에 불만이 내연(內燃)하던 함경도(咸鏡道)에서 왜란 중에 터진 민란(民亂)을 다룬 대목도 눈여겨볼 만한데(하편, 57면), 구국의 영웅뿐만 아니라 조선의 패장(敗將)들에도 주의를 기울이는 점이 재미있다. 예컨대 당대 조선의 명장(名將)으로 충주(忠州)전투에서 패한 신립(申砬)을 논한 변설(辨說)은 예리하다. 아다시피 신립은 천험(天險)의 요새 새재[鳥嶺] 관문(關門)을 포기하고 충주 탄금대(彈琴臺)에 배수진(背水陣)을 치는 어리석음을 범한 못난 장수로 조롱받아왔는데, 작자는 말한다. "신립의 그때 경우를 살피지 않고 덮어놓고 실수라기만 하기는 애매하지나 않을까 한다. 신립은 팔도순찰(八道巡察)이였으니 팔도를 감시할 책임을 가진 터에 조령은 지키는 조방장이 있은즉 (…) 충주에서 진을 치면 조령과 죽령(竹嶺)의

---

7) 崔永禧「壬辰丁酉亂時 沿海民의 動態」, 『史叢』 제2집 (고대 사학회 1957), 20~21면.
8) 『朝鮮前期國寶展圖錄』, 三星文化財團 1996, 123면.

두 길목을 받는 것인즉 조령만을 지키지 아니할 만한 이유가 있고,"그런데 이보다 전투력의 열세를 배수진으로 돌파하려는 신립의 비장한 결단에서 근본원인을 찾는다(하편, 19~20면). 그렇다고 신립의 책임이 면제되는 것은 아니지만, 우리는 이런 해석을 통해 일본의 조총부대에 파멸한 신립과 그의 기병대의 최후를 애도할 수 있게 되는 것이다.

이 책에 세밀히 그려진 명의 동태도 리얼하기 짝이 없다. 일본과 전쟁을 계속하며 한편 '시정의 무뢰배 출신'(하편, 44면), 심유경(沈唯敬)이 나서서 일본과 교섭을 진행하는 대국(大國)의 양면성은 마치 6·25를 보는 듯한데, 명의 총사령관 이여송의 출자(出自)문제에 대한 언급도 귀중하다. "그 고조가 되는 이영(李英)이 원래 함경도 사람으로서 명나라에 들어가 붙어[內附] 가지고" 그 아버지 이성량(李成樑)이 여진(女眞)과 달단(韃靼)을 토멸하는 큰 공을 세워 출세가도를 달리게 되었다는 것이다(하편, 49~50면). 변경 함경도의 유동성을 잘 보여주는 사례의 하나인데, 이런 콤플렉스가 조선에 대한 더 가혹한 태도를 조장했을지도 모른다. 이미 지적했듯이. 이런 연유로 이여송은 우리의 혈맥을 끊는 대국주의자의 대행자로서 우리 설화에 낙인찍히는 것이다.

달리는 말 위에서 대강 살핀 바에 의해도 이 저작의 독특성이 조금은 드러났을 것이다. 이 저작은 임진왜란을 통해 동아시아 삼국사를 하나의 문맥 속에서 종합하는 드문 안목을 보였다. 이 저작은 지금 암시적이다. 이 외로운 저작의 밑에 깔린 체념을 넘어, 동아시아 근대사의 기원으로 되는 임진왜란에 대한, 한국과 일본, 더 나아가 북조선과 중국이 함께 참여하는 공동연구와 공동토론을 차례로 진행한다면, 그리하여 민족주의의 예리한 충돌점에서 그 극복의 가능성을 발견할 수만 있다면 이보다 다행한 일이 어디 있을까?

한국發 또는 동아시아發 대안?
한국과 동아시아

1. 중화주의와 동양주의 사이의 균형

우선 여기서 자주 거론될 두 용어에 대해 제한을 해두는 것이 좋겠다.

먼저 '한국', 이는 대한민국 또는 남한을 가리킨다. 아다시피 한반도는 해방(1945) 이후 남북으로 나뉘었다. 물론 6·25(1950)의 발발로 해방 직후의 분계선이었던 북위(北緯) 38도선의 요동이 있었음에도, 38도선의 약간의 변동 속에 휴전(1953)이 이루어짐으로써 임시적인 분단이 그 이후 하나의 불안한 체제로 정착하였다. 이 국제적 내전을 분석하는 각도는 참으로 다양하지만, 대국적으로 보건대 2차대전을 승리로 이끈 반(反)파시즘 민주연합의 전후의 균열이라는 외재적 요인이 내발적 계기를 압도하고 있었다. 소련은 2차대전 직후 한반도의 북부를 자기 영향력 아래 포섭함으로써 제정러시아 시절 이래의 오랜 꿈을 부분적으로 실현하였고, 미국은 일본을 점령하고 한반도의 남부를 직·간접적으로 지배함으로써 남북전쟁(1861~65) 이후 뒤늦게 제국주의 경쟁에 뛰어들면서 일본을 하위파트너로 구사할 수밖에 없었던 전전(戰前)의 동아시아 진출과 달리 동아시아에서 획기적 우이(牛耳)를 쥐게 되었다. 양차대전을 19세기 세계체제의 중심부였던 대영제국의 지위를 계승하려는 미국과 독일의 경쟁으로 파악한 월러스틴에 의하면, 20세기는 미국의 세기였다.[1] 그럼에도 현상적으로는 2차대전 직후 동아시아에서는 사회주의의 영향력이 증대되었다. 1949년 중국혁명의 성공은 결정적 징표의 하나다. 전전의 일본을 대신하여 중국의 국민당 정부를 미국의 대(對)동아시아정책의 보루로 삼았던 미국의 구도는 마오 쩌뚱(毛澤東)의 승리로 붕괴되었기 때문이다. 이러한 대세에서 볼 때 세계적 힘의 충돌이 약한 고리인 분단 한반도에서 폭발한 것은 필연의 코스였는지도 모른다. 그렇다고 6·25의 발발을 남탓으로만 돌릴 수는 없다. 남과 북이 각각 외세를 끌어들여 동족을 상잔(相殘)한 어리석음은 냉철히 기억되어야만 한다. 개전 초기 북한의 지도부가 취한 남진통일이나 인천상륙작전 이후 남한의 지도부가 추진한 북진통일이나 모두 한반도가 처한 지정학적 위상에 대한 매우 순진한 파악에 기초하고 있었던 것은 아닌가? 미·소·중·일이라는 세계적 4강이 포진하고 있는 한반도는 애초부터 남에 의하건 북에 의하건 어느 한쪽의 전일적 지배를 허용하지 않는 일종의 결절점이라고 할 수 있기 때문이다.

---

1) Immanuel Wallerstein, *The So-called Asian Crisis: Geopolitics in the Longue Durée*, 1998년 International Studies Association에 제출한 발제문, 3면.

따라서 전후(戰後) 남북의 역대정권들이 속으로 포기했음에도 겉으로 내건 통일은 마치 병자호란(丙子胡亂, 1636) 이후 조선 지배층의 북벌론(北伐論)이 그러했듯이 대내용이라는 혐의가 짙다. 전후에 이 전쟁에 책임을 져야 마땅할 남북의 양 정권이 오히려 자기의 독재체제를 굳혀나가는 데서 뚜렷이 드러나듯이, 6·25는 남과 북의 적대적 공존체제, 즉 분단체제를 정착시킨 결정적 계기로 되었던 것이다. 더구나 역전에 역전을 거듭하면서 한반도 전체를 초토화하여 지역적 토착성을 항상적인 유동성으로 대체한 6·25는 남북의 독재체제를 뒷받침할 공업화를 추진하는 데 걸림돌이 될 농업부문의 해체를 촉진함으로써 30년대 일제에 의해 추진된 식민지 공업화를 새롭게 추진할 유리한 지점이 마련되었던 점에도 유의해야 한다. 이 망외(望外)의 효과 속에 처음에는 북의 우위로, 70년대 이후는 남의 우위 속에 급격한 산업화가 전개된 것은 이미 주지하는 바이다. 그런데 남한의 공업화가 북한과의 경쟁을 의식하는 것과 함께 남한 안의 민중운동의 성장과 긴밀히 맞물려 있다는 것에 주목할 필요가 있다. 마치 자본주의가 사회주의를 끊임없이 의식함으로써 자기의 생명력을 갱신하였듯이. 또한 우리는 남한 공업화의 일정한 성취가 미국과, 중국혁명 이후 다시 미국의 하위 파트너로 부활한 일본의 대(對)사회주의 경쟁, 즉 냉전체제의 우산 아래 이루어졌다는 점을 냉정히 직시해야 함을 덧붙이고 싶다. 사실 미국은 2차대전 이후 49년 중국에서의 대실패, 6·25에서의 부분적 실패, 그리고 베트남전쟁에서의 패배 등, 동아시아에서 계속적인 후퇴 속에 종국적으로 승리하는 기묘한 모습을 보였다. 그리고 89년 이후 미국의 승리가 확인된 순간 한반도 분단체제는 북의 식량위기와 남의 금융위기의 병발(竝發)에서 보듯이 최근 극히 유동적 상황으로 빠져들었다. 이 상황을 여하히 지혜롭게 극복하는가? 문제의 핵심은 여기에 있다.

나는 이 모든 사안을 감안하면서 한국을 내세웠다. 물론 북한을 하나의 대상으로 격하하고 그럼으로써 배제하자는 것이 아니다. 그것은, 한반도 전체의 주민이면서도 불가피하게 남한의 경험에 충실할 수밖에 없는 나의 현실적 조건을 결함으로 접수하면서도 오히려 하나의 특권으로 삼는 복안(複眼)의 시각을 견지하자는 충정의 표현이다.

다음은 동아시아. 일반적으로 말해서 동아시아의 지리적 범위는 동남아시아와 동북아시아를 아우른다. 그런데 최근 한국에서 논의되고 있는 동아시아론은 대체로 한·중·일을 중심에 둔다. 이는 물론 동남아시아를 배제하자는 것이 아니다. 좁은 범위의 동아시아, 즉 한·중·일의 역사적 지층 안에는 서구의 압도적 현전성(現前性)이 자태를 드러낸 근대 이후는 말할 것도 없이 근대 이전에도 동남아시아, 인도를 비롯한 서남아시아, 중앙아시아와 중동 등 아시아 전체의 역사적 기억이 적층되어 있는 터라, 한·중·일에 투철하면 오히려 아시아와 소통할 가능성은 더욱 넓어지게 마련이다. 따라서 한·중·일을 중심으로 하는 현단계 한국의 동아시아론은 우리의 한계라고 해도 무방하다. 그 한계를 겸허히 인정하되 경험적 한계에 충실함으로써 무언가 새 돌파구를 찾는 역전의 가능성을 묻어두고 싶다. 중화체제의 동북 변방은, 지금은 중국과 소련에 분할 흡수되었지만 근대 이전 이 지역 전체에 항상적인 위협을 제공했던 북방 유목민족들과의 긴장과 함께, 한반도를 향한 중·일의 각축이 연면했던 일종의 동아시아의 화약고였다. 이 화약고가 근대 이후 서구의 도착과 함께 더욱 휘발성을 발휘했던 바는 여기서 재론할 필요도 없다. 어쩌면 한반도를 풀면 동아시아가 풀리고 세계가 풀릴지도 모른다. 한국 지식계가 최근 동아시아론에 몰두하는 것은 이러한 기대의 표출일 터이다.

우리는 왜 여타 아시아지역의 정당한 의구(疑懼)에도 불구하고 동아시아라는 용어를 선택했는가? 특히 동남아시아가, 동북아시아 삼국이 아시아의 새로운 패권을 지향한다는 혐의를 두고 동아시아론에 일말의 경계를 감추지 못하는 점을 우리는 요해(了解)한다. 실제 이러한 면이 없지도 않다. 중국과 일본은 물론이고 한국의 일각에서도 졸부로 떠오른 한국의 민족주의적 확대로서 동아시아론을 몰아가려는 지향이 없지 않기 때문이다. 보상심리에 근거하여 한국을 일방적으로 특권화하는 이런 유의 동아시아론은 근대 이전의 중국식 중화주의와 근대 이후의 일본식 동양주의의 희극적 모방으로 떨어지기 십상이다. '중국과 일본을 대신하여 이제는 한국이!'식으로 나대는 이 부질없는 공상은 그 주관적 의도와는 달리 한국에도 이로울 게 없다. 한국의 동아시아론이 제대로 된 지평을 획득하기 위해서는 중화주의와 동양주의를 대신한다는 의식이 아니라 양자 사이에서 어떻게 균형을 잡는가가 문제다. 아다시피 중화주의는 근대 이전에는 물론이고 지금도 여전히 도저한 중국중심주의고, 동양주의는 근대 이후 중화주의에 도전하면서 동북아시아와 동남아시아에 이르기까지 이 지역 민중에 거대한 재난을 선사했던, 그리고 전후 복구과정에서 다시 부활하여 여전히 일본의 주류로 맥맥한 일본중심주의다. 한국의 동아시아론은 기존의 중심주의들을 비판하고 새로운 중심을 세우는 것이 아니라, 중심주의 자체를 철저히 해체함으로써 중심 바깥에, 아니 '중심'들 사이에 균형점을 조정하는 것이 핵심이다. 중국중심주의와 일본중심주의가 간단없이 충돌을 거듭함으로써 한국의 민중은 물론 중국과 일본의 민중조차도 가해자이자 피해자로 고통받았던 역사적 기억의 창고인 한반도에서 '동아시아'는 그래서 '중화'와 '동양'을 넘어 새로운 대안을 찾는 탐구의 발진점이 될 수밖에 없었던 것이다.

2. 「카게무샤(影武者)」를 보고 동아시아를 다시 생각한다

나는 최근에 쿠로자와 아끼라(黑澤明, 1910~98)의 「카게무샤」를 아주 흥미롭게 보았다. 이 영화가 개봉되고 깐느영화제에서 대상을 수상한 해가 1980년이니까 형편없는 지각관람을 한 셈이다. 그나마 이 영화를 볼 수 있게 된 것도 지난해 한국정부가 논란 끝에 일본대중문화의 부분적 개방조치를 단행한 덕분인데, 과연 일본이 낳은 세계적인 감독이라는 명성에 전혀 손색이 없었다.

이 영화는 전국시대(戰國時代)[2]의 말기, 막강한 타께다씨(武田氏)가 신겐(武田信玄, 1521-73)의 죽음 직후 오다 노부나가(織田信長, 1534-82)와 토꾸가와 이에야스(德川家康, 1542-1616) 연합군에 의해 몰락하는 나가시노전투(1575)를 배경으로 하고 있다. 이 영화를 보면서 나의 시선을 가장 끌어당긴 것은 조총(鳥銃)이다. 특히 타께다의 화려한 기마부대가 조총으로 무장한 보병부대를 주력으로 하는 산문적(散文的)인 연합군에 의해 궤멸하는 나가시노전투 장면은 단연 압권이다. 나가시노전투는 과연 일본전쟁사에서 한획을 그었던 것이다. "1543년 뽀루뚜갈인이 전한 조총은 1563년 모오리씨(毛利氏)가 아마꼬씨(尼子氏)를 공격할 때 이미 주요무기로 쓰였으나 조직적으로 사용되어 큰 효과를 거둔 것은 노부나가에 의해서였다. 이제 대량의 조총 탄약을 조달할 수 있는 경제력을 갖고 있을 뿐 아니라 영국(領國)의 생산력이

---

[2] 전국시대(센꼬꾸지다이)는 무로마찌막부(室町幕府)가 1467년 오오닌(應仁)의 난(亂) 이후 결정적으로 붕괴되기 시작하면서 영주들 사이의 전란으로 빠져들어 1590년 토요또미 히데요시(豊臣秀吉, 1536~98)에 의해 통일이 이루어지기까지 약 백년간의 분열시대를 이른다. 민두기 편 『일본의 역사』, 지식산업사 1998, 113면.

높아, 많은 농민을 농촌에서 떼어내어 보병대를 상비할 수 있는 경제적·사회적 조건이 갖춰진 자만이 승자가 될 수 있게 되었다."[3] 오랜 전국시대의 분열을 넘어 통일의 길을 연 신흥세력 노부나가의 군대는 이미 서구적이고 근대적이었으니, 타께다씨의 몰락은 필연이다. 나가시노전투는 전통 무사도의 패배, 또는 무사도의 종언을 고하는 비극적 만가였던 것이다.

노부나가 이전과 이후가 얼마나 단절적인가를 알리는 흥미로운 일화가 있다. 타께다 신겐과 자웅을 겨뤘던 우에스기 켄신(上杉謙信, 1530~78)은 소금 부족에 시달리는 적수 타께다의 궁상을 듣고 소금을 보내면서 "나는 소금으로 싸우는 것이 아니라 칼로 싸운다"는 유명한 말을 남겼다.[4] 물론 신겐과 겐신을 비롯한 전국시대의 영주들은 전통적 영주[守護大名]가 아니라 대부분 하극상(下剋上)을 통해 일어선 신흥영주[戰國大名]이긴 하다. 그럼에도 노부나가 이전에는 전통 무사도의 기풍이 전승되었던 것이다. 그런데 전통 무사도의 고매한 덕성은 콩 볶는 듯한 조총소리 속에 단숨에 분쇄되었다.

나가시노전투에 홀연 등장하여 막강한 위력을 발휘한 조총부대, 전통 무사도의 기마부대를 대체한 이 보병부대의 정체는 무엇인가? 조총으로 무장한 이 보병들이 바로 아시가루(足輕)다. 오오닌의 난 이후 등장한 아시가루는 원래는 농민이나 도시 하층민에서 충원된 경장(輕裝)

---

3) 민두기 편, 앞의 책 118면.
4) Inazo Nitobe, *Bushido: The Soul of Japan*, Charles E. Tuttle Publishing Co. 1969, 35면. 니또베 이나조오(新渡戶稻造)의 『武士道』는 원래 영문으로 1899년 미국에서 출판되었다. 서양인을 위한 일본 안내서로 지어진 이 책은 일본 무사도를 이해하는 데 크게 기여하지만 무사도의 역사성을 몰각한 한계를 지닌다는 점에 유의해야 한다.

의 보병인데, 전국시대의 분열이 깊어짐과 함께 전쟁이 빈발함에 따라 농민신분과 결별하고 가신단(家臣團)의 말단으로 편입되었던 터다.[5] 더구나 조총의 보급과 함께 아시가루는 화기로 무장함으로써 엘리뜨 사무라이 중심의 기존 전투로부터 획기적 전환이 일어났으니, 군사상의 평민적 성격이 대폭 강화되었던 것이다. 이 영화에서 신겐이 아시가루의 저격으로 치명적 상처를 입고 결국 사망에 이르는 대목은 의미심장하다. 아시가루의 등장은 전국시대의 하극상이 더욱 증폭되는 결과를 초래했으니, 노부나가에 이어 일본을 통일한 토요또미 히데요시가 미천한 아시가루의 아들이라는 점은 극히 상징적이다. 전국시대의 분열을 극복하고 통일을 이룩한 힘은 무사도라기보다는 아시가루의 민중적 활력에 기초하고 있었던 것이다.

　신분제가 강고한 일본사회의 폐쇄성을 넘어 왜 이 시기의 일본에서 민중의 힘을 분출시킨 조숙한 현상이 나타나게 되었을까? 그 해체력은 일본 내부라기보다는 그 외부, 즉 이미 동남아시아에 도착한 서구에서 불어온 것은 아닐까? 여기서 동남아시아에 선착(先着)하여 중국·일본과 활발한 접촉을 벌인 '대항해시대'의 패자(覇者) 뽀르뚜갈에 주목하게 된다. 일찍이 인도 항로를 지배한 뽀르뚜갈은 1511년 말래카를 식민화한 뒤 명(明)의 마카오를 새 거점으로 일본에까지 활동 반경을 넓혀나갔다. "뽀르뚜갈인의 일본도래는 1543년에 중국연안을 다니던 한 상선이 사쯔마(薩摩) 남쪽의 타네가시마(種子島)에 표류해온 데서 비롯된다. 그들은 그 섬의 일본인에게 조총 두 자루를 전해 주었는데 화승총(火繩銃)인 이 신식무기는 '철벽도 뚫을 만하다'고 일본인들로 하

---

5) 민두기 편, 앞의 책 115~16면.
6) 민두기 편, 앞의 책 134면.

여금 감탄케 하였다."⁶⁾ 이 우연한 접촉을 계기로 전도(傳道)와 무역이 혼연일체된 형태로 양국 사이의 민간교역이 확대되어갔으니, 흑선(黑船)의 도래(1853) 훨씬 이전에 일본은 이미 자본주의세계체제에 연결되었던 것이다. 일본을 통일로 이끈 아시가루의 등장은 뽀르뚜갈인이 전해준 조총 두 자루에서 비롯되었다고 해도 과언이 아니다.

이 지점에서 종전(終戰) 500주년을 맞이하는 임진왜란(壬辰倭亂, 1592~98)을 다시 생각해보자. 아시가루의 아들로서 일본을 통일한 위업을 달성한 토요또미는 왜 자신의 몰락을 재촉한 조선침략에 나섰을까? 대(大)아시아제국 건설을 꿈꾸었던 그의 망상은 몰락한 무사들의 불만을 해외로 돌리려는 책략적 성격도 없지 않지만, 근본적으로는 대외무역의 확대를 바라는 일본 상인들과 서일본지역 영주들의 이해에 기초하고 있었던 것이다. 그들은 뽀르뚜갈 상인들의 힘과 맞설 수 없었기 때문에 남방으로 침략하는 길을 버리고 북방으로, 즉 조선으로 방향을 돌렸다. 조선에 침략한 일본군은 동남아에 도착하여 북방으로 시장을 확대하려는 서구 상인의 무의식적 도구였던 것이다. 이 점에서 조선에 도래한 최초의 서양인이 임진왜란 당시 독실한 천주교도 영주 코니시 유끼나가(小西行長)의 군대에 종군한 뽀르뚜갈인 신부 세스뻬데스(Cespedes)라는 사실⁷⁾은 흥미롭다. 이 사건에 대해 종래 학계에서는 조선과 어떠한 교섭도 없는 하나의 우연한 삽화로 치부하지만, 서구가 주도한 시장확대의 의식적/무의식적 도구였던 서양인 신부가 일본군 진중(陣中)에 머물렀다는 사실 자체가 이미 중대한 의미를 지닌다. 일본군의 배후에 서구가 있었다는 점이야말로 임진왜란을 전통적 전쟁과 차별짓는 결정적 지표다. 다시 말하면, 임진왜란은 시장 바

---

7) 이상백『한국사: 근세후기편』, 을유문화사 1971, 497~98면.

끝에 별립(別立)한 중세 조선을 향한 일본을 앞잡이로 한 서구의 때이른 엄습인 것이다. 중세가 육상의 시대라면, 근대는 바다의 시대다. 임진왜란의 발발은 이미 16세기 동아시아에 바다의 시대가 도착했음을 알리는 조숙한 징표다.

그리하여 조선의 중세적 관군은 일본의 근대적 아시가루의 공격 앞에 순식간에 붕괴하였다. 그럼에도 일본은 결국 왜 성공하지 못했는가? 우리는 관군이 궤멸한 후 각지에서 봉기한 의병의 게릴라활동, 이순신(李舜臣)을 중심으로 한 조선 수군의 빛나는 승리와 함께, 명의 참전을 기억해야 한다. 바다의 시대가 도래했지만, 동아시아 중화체제를 전복할 만큼 성장한 것은 아니라는 점이야말로 토요또미 실패의 핵심일 것이다. 비록 명은 이 전쟁의 후유증으로 멸망했어도 청(淸)에 의한 중화체제의 재편이 이루어졌으니, 아직은 여전히 육상의 시대였다.

그런데 임진왜란은 19세기의 예고편이다. 서구의 근대자본주의가 더욱 개화하면서 바다는 다시 들끓기 시작하였으니, 근대 일본은 흑선을 모방하여 재차 조선에 쇄도하였다. 청일전쟁(1894)은 임진왜란의 확대복제다. 이 두번째 도전에서 일본은 성공하였다. 장구한 중화체제는 일거에 붕괴하였다. 이후 일본제국주의가 어떠한 길을 걸었던가는 재론할 필요도 없다. 그러나 청일전쟁의 성공은 또다른 실패의 씨앗이었으니, '동양'의 맹주를 자처하며 미국의 세기에 도전한 일본의 실패, 그것 또한 토요또미의 새로운 복제였다.

3. 탈냉전시대의 동아시아: 아시아의식의 결락을 넘어서

대영제국의 헤게모니를 누가 계승할 것인가를 두고 벌어진 미국과 독일의 경쟁에서 미국은 2차대전 이후 확고한 우위를 장악하였다. 독일과 연계하여 미국에 도전했던 일본이 태평양전쟁에서 패퇴한 후 아시아에서도 미국의 패권은 뚜렷해졌다. 미국과 영국의 후원 아래 아시아의 경찰로 성장해왔던 일본이 물러가자 이 힘의 공백지대로 소련의 영향력이 증대되고 이 변화 속에서 오랜 반식민지 상태에서 신음하던 중국이 혁명의 성공과 함께 독립국으로서 거대한 자태를 드러내었다. 이런 관점에서 6·25를 보자면, 그것은 20세기에 일본이 행사했던 동아시아의 패권을 이어받으려는 소련과 중국의, 북한을 앞세운 미국에 대한 도전이라는 측면이 없지 않다. 이 전쟁이 성공도 실패도 아닌 기묘한 절충으로 귀결된 뒤, 새로운 도전은 베트남전쟁으로 파열하였다. 베트남전쟁에서 미군은 패배했지만, 전세계적 차원에서는 현존사회주의의 활력이 급격히 떨어지기 시작했으니, 1989년 동구혁명은 그동안의 봉쇄된 위기의 표출에 다름아니다. 그런데 소련에 대한 미국의 우위가 뚜렷해지는 이 지점에서 6·25와 베트남전쟁을 기화로 경제대국으로 성장한 일본의 도전이 다시 재개된 점이야말로 아이러니다. 월러스틴은 아시아금융위기에도 불구하고 우리가 현재 살고 있는 근대세계체제는 구조적 위기에 들어섰기 때문에 미국의 쇠퇴와 "일본 또는 일본/중국 또는 일본/동아시아의 부상(浮上)"이라는 코스가 바뀌지 않으리라고 예견한 바 있다.[8] 나는 이 예견을 조건부로 승인한다. 일본이 한반도에 대한 지배의 강화를 통해서 '동양'의 패자를 꿈꾸는 망상을 포기할 때 즉 임진왜란과 그것을 원형으로 하는 그 이후의 전쟁들, 그 실패의 경험을 반복하지 않겠다는 다짐과 실천이라는 엄격한 조건이 충족되어야 한다. 그리고 거대한 중국이 있다. 뒤늦게 시장에

---

8) I. Wallerstein, 앞의 글 4면.

뛰어든 중국은 초조 속에 대국답지 않은 민족주의로 내닫는다. 현재 중국을 열광시키고 있는 민족주의는 근대 이전 중국이 누렸던 자족적 중화주의라기보다는 서구주의의 역모방이었던 일본식 동양주의의 또 다른 변종이다. 그런데 일본과 중국의 경쟁은 표면적으로는 미국과 갈등하면서도 내면적으로는 미국의 인증을 각각 거머쥐려는 기이한 형태를 취함으로써 결과적으로 미국의 분리지배에 말려드는 측면이 없지 않다. 이 때문에 탈냉전시대의 동아시아는 어쩌면 청일전쟁 전야와 같은 미묘한 긴장이 자욱한 형편인지도 모른다.

다시 「카게무샤」로 돌아가보자. 이 영화를 통해서 쿠로자와는 아시가루에 기초한 근대적 노부나가 군과 기마부대에 의존한 중세적 타케다 군의 대결로 집약되는 16세기 일본의 역동성을 장려한 화폭 속에 생생하게 재현하였다. 이 충돌하는 두 힘 사이에서 작가는 엄정 중립이다. 전통 무사도의 패배를 속깊이 애도하되 자신의 어리석음의 업(業)에 따라 몰락을 자초한 그 필연성을 접수하는 그의 태도에서 나는 일본 고급예술 특유의 숙명주의를 본다. 숙세(宿世)의 인연, 이 맹목의 힘에 이끌려 승리와 패배를 거듭하는 이승의 현실은 수정이 근본적으로 불가능하다는 정적주의가 이 영화를 속깊이 물들이고 있다. 물론 이 영화에도 매우 통렬한 권력비판이 존재한다. 신겐을 향해 '너희가 더 큰 도둑'이라고 야유하는 도둑 출신 그림자 무사가 이 영화의 주인공이라는 설정 자체가 의미심장한 것이다. 그런데 권력 바깥에서 작은 자유의 영역을 구축했던 도둑이 그림자 무사로 신겐을 대리하면서 전도(顚倒)가 발생한다. 도둑은 진심으로 권력에 충성스런 이데올로그로 재탄생하니, 신분이 탄로나 쫓겨났음에도 나가시노전투에 나타나 신겐군과 운명을 같이하는 마지막 장면은 착잡하다. 권력과 자신을 일체화하는 일본 민중의 국가주의적 경사를 이처럼 극적으로 보여주는 사례도 드물 것이다. 그림자 무사는 물론이고 이미 권력의 말단에 편입된 아시가루의 존재가 가리키듯이 일본 민중영역의 독자성은 상대적으로 좁다. 이 점에서 관군이 무너지면 오히려 봉기하는 한반도의 의병과 흥미로운 대조를 보이는데, 이미, 조선·중국과 달리 근대적 성격이 강한 듯, 근본적으로는 폐쇄적인 일본사회의 성격에 대한 쿠로자와의 체관(諦觀)은 아마도 여기에도 말미암을 것이다. 그래서 작가는 그 어떤 선의의 개입도 허용하지 않은 채, 윤회의 사슬을 영겁으로 반복하는 이 딱한 이승의 현실을 다만 충실히 보여준다.

작가는 누구에게 보여주는가? 노부나가의 출진을 성위에서 축성(祝聖)하는 서양신부들의 모습이 단적으로 보여주듯, 이 영화는 아시아에 닫혀 있고 서구를 향해 열려 있다. 전국시대를 마감한 세 영웅 가운데 토요또미가 등장하지 않은 이 영화의 구도 속에서 일본을 통일로 이끈 이 근대적 힘이 곧 조선침략을 향해 몰려갈 것이라는 비판적 의식의 함축이 거의 드러나지 않는다. 이 뛰어난 영화의 한계는 바로 아시아의식의 결여에 있을 것이다. 권력에 대한 숙명적 체관과 제휴하고 있는 아시아의식의 결락을 극복하는 것이야말로 일본이 당면한 최대의 과제가 아닐까?

그런데 이는 일본에만 해당되는 것은 아니다. 섬나라로서의 지리적 격절감에 기초한 일본과는 또다른 차원에서 중국 또한 천하주의에 사로잡혀 있다. 무엇보다 먼저 중국과 일본이 아시아의 일원이라는 의식을 새로이해야 한다. 중국에서는 동서대립을 중서대립이라고 한다. 중국이 곧 동(東)이라는 이 유구한 중화주의의 극복없이 중국의 도전은 근본적으로 성공할 수 없다. 일본은 어떤가? 아시아의식은 결락한 채 대(對)아시아의식만 도드라진 일본의 의사(擬似)서구의식의 극복 없이 유신(維新) 이래 일본의 비원(悲願)인 완전 독립은 없다. 중국과 일본은 아시아로 복귀해야 한다. 중국과 일본이 분단 한반도를 각기 하나의 관리대상으로만 접근하는 냉전시대의 틀에서 벗어나기 위해서는 우선 한반도를 고리로 동아시아 지식인들의 지적 소통이 무엇보다 절실히 요구된다. 이 바탕 위에서만 서구자본주의와 동구사회주의, 동아시아형 자본주의와 동아시아형 사회주의를 넘어서 새로운 문명적 대안을 찾는 작업이 제대로 발진할 수 있기 때문이다.

여기서 동아시아의 균형추로서 한반도, 특히 한국의 자각이 성숙해야 함은 물론이다. 사실 그동안 이 지역에 분쟁이 빈발했던 것은 한반도의 취약성이 원인을 제공한 바도 없지 않기 때문이다. 예컨대 13세기 말 몽골의 일본정벌에 고려(高麗)가 침략군의 일원으로 가담한 사실을 빙자하여 조선침략을 그 복수로 내세웠던 근대일본 (극)우파들의 논리[9]는 난폭하지만, 몽골의 강박에 굴복한 고려의 처지가 빌미를 제공한 것은 엄연한 사실이기는 하다. 중화체제의 한 변방으로 안주하여 일본을 경멸했던 예전이나, 역으로 일본 및 미국의 우산 아래 중국 및 러시아를 백안시하는 요즘이나, 이 두 편향을 여의고 바다와 육지가 만나는 풍요로운 결절점으로서 한반도의 운명을 숙고하는 발상의 전환이 지금 한국에 절실하다. 요컨대 냉전시대의 한·중·일 관계를 어떻게 탈냉전시대의 한·중·일 관계로 전환시키는가가 핵심이다.

그러기 위해서는 한반도가 일차적으로는 적대적 분단상태를 해소하고 나아가 종래의 민족국가 모델을 넘어선 통일의 새길을 개척함으로써, 민족주의와 탈민족주의가 얼자기성(自己性)과 얼타자성(他者性)으로서 항상적인 분쟁상태로 뒤섞이는 우리 의식의 혼란을 종식시키는 일이 종요롭다. "같은 것이 다른 것이고 다른 것이 같은 것이다. 같

---

9) 旗田巍 『元寇: 蒙古帝國の內部事情』, 中央公論社 1981, 4~5면.

은 것 속에 다른 것이 있고 다른 것 속에 같은 것이 있다"(同卽異 異卽同 同中異 異中同)는 원효(元曉)의 회통(會通)정신에 따라 한국이 신판 중화주의와 신판 동양주의의 완충에서 중형국가(中型國家)로서 자기의 소임에 충실할 때 서구의 충격 앞에 오히려 자해적 분쟁과 갈등에 함몰했던 20세기를 진심으로 넘어설 가능성이 열릴 것이다. 이것이 한국발 또는 동아시아발 대안 탐색의 균형점이 아닐까? 일본의 우경화를 비난하고 중국의 대국화를 우려하기 전에 한국의 지적 성숙이 무엇보다 먼저다. 중·일이 다시 충돌의 전철을 밟을 것이냐, 아니면 이 지역에 진정한 평화를 가져올 풍요로운 만남으로 나아가느냐, 이 또한 한반도, 특히 한국의 역할에 달려 있을 것이다.

| 원문 출처 |

제1부

대국과 소국의 상호진화 2008년 9월 한·일·중 동아시아문학포럼 발제 원고를 개제·개고하여 『창작과비평』 2009년 봄호 수록.

동북아의 평화를 위한 비망기 2008년 7월 평화재단 씸포지엄 '건국 60주년, 통일코리아를 바라보다' 발표 원고 수정·보완.

동아시아 공동어를 찾아 2005년 5월 제2회 서울국제문학포럼 발제 원고를 개제·개고.

천하삼분지계로서의 동아시아론 동북아지식인연대(NAIS) 편 『동북아공동체를 향하여』(동아일보사 2004) 수록.

제2부

세계체제의 바깥은 없다 『창작과비평』 1998년 여름호, 『문학의 귀환』(창작과비평사 2001) 수록.

비서구 식민지 경험과 아시아주의의 망령 『창작과비평』 1996년 겨울호, 『생산적 대화를 위하여』(창작과비평사 1997) 수록.

탈냉전시대와 동아시아적 시각의 모색 『창작과비평』 1993년 봄호, 『생산적 대화를 위하여』(창작과비평사 1997) 수록.

제3부

오끼나와에 온 까닭 2007년 2월 서남포럼 워크숍 발제 원고를 대폭 보완하여 『제국의 교차로에서 탈제국을 꿈꾸다』(창비 2008) 수록.

근대문학과 유교, 길항하는 흔적들 『韓國儒學思想大系 IV』(국학진흥원 2006) 수록.

주변, 국가주의 극복의 실험적 거점 『주변에서 본 동아시아』(문학과지성사 2004) 수록.

한류, 동아시아 소통의 도구 『'韓流'のうち外』(御茶の水書房 2007)에 수록된 원고를 개고.

1965년과 2002년 2002년 11월 케이오오대(慶應大) 현대사상강좌 강연 원고.

임진왜란을 다시 생각한다 2001년 11월 제14차 한·일합동학술회의의 발제문.

한국發 또는 동아시아發 대안? 『발견으로서의 동아시아』(문학과지성사 2000), 『문학의 귀환』(창작과비평사 2001) 수록.

| 찾아보기 |

ㄱ

간디(M. K. Gandhi) 132
갈퉁(J. Galtung) 91
『갑신정변과 김옥균』 124
강만길(姜萬吉) 250
강상중(姜尙中) 142
강재언(姜在彦) 154
강태웅 171
「개혁문화와 분단체제」 126
『건설기의 조선문학』 122
『谿谷漫筆』 137
『GO』 226~36
『고대에서 봉건제로의 이행』 128
「고려말 문인지식층의 동인의식과 문명의식」 94
고병익(高柄翊) 112
고세현(高世鉉) 149
고철기(高喆基) 86
관촌수필(冠村隨筆) 195
광해군(光海君) 106~7
『구당서(舊唐書)』 22
「구리 이순신」 268

『국화와 칼』 51, 59~60
그람시(A. Gramsci) 90
「근대 한국의 이중과제와 녹색담론」 31
기세춘 16~17
김구(金九) 27~28
『김구주석최근언론집』 27
김대중(金大中) 38, 44, 247
김부식(金富軾) 92
김승옥(金承鈺) 238, 248
김영삼(金泳三) 254
김옥균(金玉均) 26, 124~25, 199, 200
김요기(金耀基) 99
김용덕(金龍德) 114~15
김윤식(金允植) 26, 199, 200
김의정(金義貞) 114
김인중 90
김정한(金廷漢) 169
『김정한 소설선집』 172
김종필(金鐘泌) 249
김지하(金芝河) 65, 137, 242, 268
김홍집(金弘集) 170

292

ㄴ

나까소네 야스히로(中曾根康弘) 89
「나의 소원」 27
나종일(羅鍾一) 110
「남북국시대와 최치원」 148
네루(P. J. Nehru) 74
「네오휴머니즘의 예견」 86
노블(M. Noble) 130
『노자강의』 16~17
『老子校話』 16
『녹색평론』 86
니또베 이나조오(新渡戶稻造) 281
니베디타(Nivedita) 130
니시다 키따로오(西田幾多郎) 161
닉슨(R. M. Nixon) 218

ㄷ

「다모(茶母)」 242
단재(丹齋)→신채호
「대공황의 불가피성」 86
「대아시아주의」 198
「대장금(大長今)」 242
데리다(J. Derrida) 246
도꾸가와 이에야스(德川家康) 272
『도덕경(道德經)』 16, 18
도요또미 히데요시(豊臣秀吉) 269~72
『독립신문』 190, 203
『독일의 비극』 31

「동아시아 공동체의 이념적 기초」 57
「동아시아 근대지성의 동아시아 인식」 58
「동아시아 나라들의 상호 疏遠과 통합」 112
『동아시아의 귀환』 29
「동아시아의 실체와 그 전망」 131
『동아시아인의 '동양' 인식』 198
『동아시아, 문제와 시각』 99
『동양문화사』 111
『동양의 이상』 129
「동양주의에 대한 비평」 164
「두 번의 국제금융위기」 87
디켄(P. Dicken) 89, 103
떵 샤오핑(鄧小平) 23
또끄빌(A. de Tocqueville) 60~61
뚜 웨이밍(杜維明) 98~99

ㄹ

라티모어(O. Lattimore) 157
『러시아의 조선침략사』 119
레닌(V. I. Lenin) 135
『로미오와 줄리엣』 234~35
로웰(P. Lowell) 207
루카치(G. Lukács) 126
류 사오치(劉少奇) 158
리 펑(李鵬) 139
리마두(利瑪竇) 113
리영희(李泳禧) 141, 158

ㅁ

마 잉주(馬英九) 36
마오 쩌둥(毛澤東) 52, 156~57, 276
마이네케(F. Meinecke) 31
「만세전」 32, 191
맑스(K. Marx) 90, 96, 224
「명일(明日)」 104
『명치유신의 철학』 120
모르와(A. Maurois) 92
모리시마 미찌오(森嶋通夫) 122
모스(E. S. Morse) 206
『목은 이색의 생애와 사상』 94
『무기의 그늘』 141
무라까미 하루끼(村上春樹) 237, 239
『문명의 정치사상』 207
『문학의 귀환』 204
「문화적 평화」 91
뮈뗄(Mutel) 114
『미국 민주주의』 60
미야지마 히로시(宮嶋博史) 95
민두기(閔斗基) 131, 280~82
민세(民世)→안재홍
민영익(閔泳翊) 206
「민족문학과 디아스포라」 226
「민족문학론의 반성과 전망」 63, 64
『민족문학의 논리』 63
『민주주의조선의 건설』 56, 150

ㅂ

바트라(R. Batra) 86
박규수(朴珪壽) 116, 199, 205
박복영(朴馥永) 86~87
박영효(朴泳孝) 199
박정희(朴正熙) 26, 63, 97~98, 248
박중빈(朴重彬) 29
박지원(朴趾源) 199
박태원(朴泰遠) 76
「반딧불이(ホタル)」 227
백낙청(白樂晴) 13, 31, 68, 97, 103, 126, 137, 139, 146, 149
백범(白凡)→김구
백영서(白永瑞) 41, 69, 198
『백조(白潮)』 191
베네딕트(R. Benedict) 59~61
베버(M. Weber) 68, 98
『베이비 샤워』 237
보나빠르뜨(L. Bonaparte) 90
보겔(E. Vogel) 60
보한재(保閑齋)→신숙주
「분단체제의 인식을 위하여」 139, 149
비베카난다(Vivekananda) 130
비스마르크(O. E. L. von Bismarck) 90
뿌찐(V. Putin) 51

ㅅ

사나다 히로꼬(眞田博子) 263

사명당(泗溟堂) 268
사이고오 타까모리(西鄕隆盛) 121
『史叢』 273
『사학연구』 114
「3·1독립선언서」 190
『서유견문』 203~14
서재필(徐載弼) 124, 203~4
『세계사를 보는 시각과 방법』 110
『세상만들기』 83
세스뻬데스(Cespedes) 283
『세이세이닛끼(西征日記)』 267
『세이요오지조오(西洋事情)』 213
소태산(少太山) 29~30
소현세자(昭顯世子) 112~14
「소현세자연구」 114, 115
손병희(孫秉熙) 202
송정환(宋禎煥) 119
『수길일대(秀吉一代)와 임진록(壬辰錄)』 262~74
수카르노(A. Sukarno) 75
스즈끼 유우지(鈴木佑司) 144
신립(申砬) 273~74
신숙주(申叔舟) 169~70
신재효(申在孝) 197
신채호(申采浩) 27, 153, 163~65, 193, 268
심유경(沈唯敬) 274
「17세기 위기론과 한국사」 110
쑨 원(孫文) 117, 155~56, 198
쑹 훙삥(宋鴻兵) 23

ㅇ

아베 신조오(阿倍晉三) 35, 177~76
아부-루고드(Abu-Lughod) 94
『아세아연구』 57
「IMF시대의 노동시장과 고용위기의 극복 방안」 84
「IMF체제하 공황과 생존의 길」 83
안재홍(安在鴻) 152~53
안창호(安昌浩) 203~4
안확(安廓) 137
앤더슨(P. Anderson) 128
앨러타스(S. H. Alatas) 99
야마구찌 마사유끼(山口正之) 114
야마나까 유끼오(山中幸男) 39
야마다 아까네(山田あかね) 237
야마무로 신이찌(山室信一) 58, 96
『양조평양록(兩朝平攘錄)』 267
엥겔스(F. Engels) 90, 118~19
『역사비평』 87, 90
염상섭(廉想涉) 31~32, 191
『영국사』 92
옐찐(B. N. Yeltsin) 138
오까꾸라 텐신(岡倉天心) 129~32, 160
오까모또 유끼꼬(岡本由希子) 171
오꼬노기 마사오(小此木政夫) 249
오다 노부나가(織田信長) 270, 272, 280~82, 287
오다 마꼬또(小田實) 246
오부찌 케이조오(小淵惠三) 247
오삼계(吳三桂) 113

와다 하루끼(和田春樹) 151, 177~83
요시다 쇼오인(吉田松蔭) 120
우 뽀숑(吳伯雄) 36
『우리가 아는 세계의 종언』 47
『우리가 알아야 할 일본의 현대역사』 252
우에스기 켄신(上杉謙信) 281
울프(V. Woolf) 58~59
원 자빠오(溫家寶) 35, 176
『원불교전서』 29
원효(元曉) 289
월러스틴(I. Wallerstein) 47, 58, 94, 276
「유가윤리와 경제발전」 99
「유가철학과 현대화」 99
유길준(兪吉濬) 26, 199, 203~14
「유길준의 어문사용과 서유견문」 213
『兪吉濬全書』 205
『유네스코포럼』 89, 91
유성룡(柳成龍) 267
유재건(柳在建) 128
윤근호(尹根鎬) 263
윤진호 84
이강국(李康國) 56, 150
이광수(李光洙) 268
이돈화(李敦化) 162
이또오 히로부미(伊藤博文) 95
이명박(李明博) 37
이문구(李文求) 195
이병근(李秉根) 213
이상백(李相佰) 251, 283
이상화(李尙火) 133
이성량(李成樑) 274

이순신(李舜臣) 284
『이순신』 268
『이순신전(傳)』 268, 270
이승만(李承晩) 203~4, 248
이시바시 탄잔(石橋湛山) 24
「20세기형 동아시아문명과 국민국가를 넘어서」 29
이여송(李如松) 268, 274
이영(李英) 274
이와꾸라 토모미(岩倉具視) 121
이우성(李佑成) 148
이육사(李陸史) 193
이인직(李人稙) 190
이자성(李自成) 109, 113
이종원 222
이찌이 사부로오(市井三朗) 120
이태준(李泰俊) 107
이태진 106
이항로(李恒老) 197
『인내천요의(人乃天要義)』 162
「일본의 아시아주의와 '아시아' 學知」 58
『일본의 역사』 280
『일본인의 한국관』 109
『일제의 한국사법부 침략실화』 94
『임진록』 268~70
「임진왜란 극복의 사회적 동력」 106
「壬辰丁酉亂時 沿海民의 動態」 273
임형택(林熒澤) 66, 94
임화(林和) 122

ㅈ

『자기만의 방』 59
『자본론』 90
자산(自山)→안확
장 핑(張平) 44
장면(張勉) 249
장석창(蔣錫昌) 16
장유(張維) 137
저우 언라이(周恩來) 74
전병곤 39
『전환기의 동아시아문학』 66
정성기(鄭成基) 83
정용화(鄭容和) 207, 210
정지용(鄭芝溶) 193
정현숙 86
『제국주의론』 135
「제3개념의 중국과 분단체제론」 41
「제3세계와 민중문학」 146
「조선독립及동양평화」 163~64
『朝鮮前期國寶展圖錄』 273
조익순(趙益淳) 263
『주변에서 본 동아시아』 69
『중국시장동향』 71
『진단학회 한국사』 251
『징비록(懲毖錄)』 267~68
쭈거 웬썽(諸葛元聲) 267

ㅊ

『창작과비평』 31, 66, 104, 112, 139, 146, 148~49, 226
채만식(蔡萬植) 95, 104
『채만식전집』 105
「1848혁명의 새로운 평가」 90
천 수이삔(陳水扁) 36
천 잉쩐(陳映眞) 143
『천고(天鼓)』 163
『천도교 정치이념』 162
「초국적기업과 국민국가」 89
최영미(崔英美) 238
최영희(崔永禧) 273
최익현(崔益鉉) 117, 153
최장집(崔章集) 57
최제우(崔濟愚) 201
최찬식(崔瓚植) 95

ㅋ

「카게무샤(影武者)」 280, 286
카네마루 신(金丸信) 142
카네시로 카즈끼(金城一紀) 226
카라따니 코오진(柄谷行人) 239, 252
커밍스(B. Cumings) 85
케네디(J. F. Kenedy) 253
케인즈(J. M. Keynes) 84
코니시 유끼나가(小西行長) 283
코이즈미 준이찌로오(小泉純一郎) 35, 39,

49, 177
콜먼(J. Coleman) 99
쿠로자와 아끼라(黑澤明) 280, 286
쿠보쯔까 요오스께(窪塚洋介) 227
크루그먼(P. Krugman) 98
클린턴(B. Clinton) 141, 143

ㅌ

타고르(R. Tagore) 130~32
타까꾸사끼 코오이찌(高草木光一) 246
타까하라 모또아끼(高原基彰) 41, 43
타께다 신겐(武田信玄) 280~82
타께우찌 요시미(竹內好) 120
타나베 마꼬또(田邊誠) 142
타니구찌 마꼬또(谷口誠) 177, 180~83
탁석산(卓石山) 238
탕약망(湯若望) 113~14
『태평천하』 95
텐께이(天荊) 267
토꾸가와 이에야스(德川家康) 280
토오야마 시게끼(遠山茂樹) 153
토요또미 히데요시(豊臣秀吉) 109, 280~84, 287
『통일시대』 39
「통일운동론의 몇가지 쟁점에 대하여」 149

ㅍ

파울젠(F. Paulsen) 31
『8억인과의 대화』 158
페놀로사(E. Fenollosa) 129
폴라니(K. Polanyi) 96
푸쿠야마(F. Fukuyama) 99, 102

ㅎ

하따다 타까시(旗田巍) 108, 152
하시모또 사나이(橋本左內) 121
『한·중·일 인터넷 세대가 서로 미워하는 진짜 이유』 41~43
「한·중정상회담」 39
「한국문학의 안과 밖」 204
『한국민족주의론』 63
『한국사학』 106
『한국사』 283
『한국현대사』 250
한규설(韓圭卨) 207
한정숙(韓貞淑) 128
『해동제국기(海東諸國記)』 170
「해방전후」 107
「허생전」 199
현병주(玄丙周) 262, 271
『호밀밭의 파수꾼』 226, 235
호찌민(胡志明) 52, 155
『화폐전쟁』 23
환재(瓛齋)→박규수

황석영(黃晳暎) 141
『황해문화』 73, 84, 126
「회고 갑신정변」 124
횡보(橫步)→염상섭
후 진따오(胡錦濤) 35, 40, 176
후꾸다 야스오(福田康夫) 13~14, 34, 39, 177
후꾸자와 유끼찌(福澤諭吉) 117, 204, 213, 220
후나바시 요오이찌(船橋洋一) 71
후루하따 야스오(降旗康男) 227
후지와라 키이찌(藤原歸一) 41
흐루시초프(N. S. Khrushchov) 51, 253
히라까와 히또시(平川均) 96

제국 이후의 동아시아

초판 1쇄 발행 • 2009년 3월 2일
초판 2쇄 발행 • 2021년 1월 28일

지은이 • 최원식
펴낸이 • 강일우
책임편집 • 안병률
펴낸곳 • (주)창비
등록 • 1986년 8월 5일 제85호
주소 • 10881 경기도 파주시 회동길 184
전화 • 031-955-3333
팩시밀리 • 영업 031-955-3399 편집 031-955-3400
홈페이지 • www.changbi.com
전자우편 • human@changbi.com

ⓒ 최원식 2009
ISBN 978-89-364-8554-2 03300

* 이 책 내용의 전부 또는 일부를 재사용하려면
  반드시 저작권자와 창비 양측의 동의를 받아야 합니다.
* 책값은 뒤표지에 표시되어 있습니다.